LES RÈGLES DE LA MÉTHODE SOCIOLOGIQUE

DU MÊME AUTEUR

Textes, 3 vol., 1976.
Qui a voulu la guerre ?, Kimé, 1996.
Lettres à Marcel Mauss, PUF, 1998.
L'Éducation morale, Fabert, 2008 ; PUF, 2012.
Le Suicide, Payot, 2009 ; PUF, 2013.
La Science sociale et l'Action, PUF, 2010.
Le Socialisme, PUF, 2011.
Sur l'éducation sexuelle, Payot, 2011.
Éducation et sociologie, PUF, 2013.
De la division du travail social, PUF, 2013.
Les Formes élémentaires de la vie religieuse, PUF, 2013 ; Éditions du CNRS, 2014 ; Classiques Garnier, 2015.
L'Évolution pédagogique en France, PUF, 2014.
Sociologie et philosophie, PUF, 2014.
Le Suicide, t. II, Flammarion, 2014.
Leçons de sociologie, PUF, 2015.
De quelques formes primitives de classification, PUF, 2017.
L'Allemagne au-dessus de tout, Éditions de l'EHESS, 2017.

Émile Durkheim

LES RÈGLES
DE LA MÉTHODE
SOCIOLOGIQUE

Précédé d'un entretien avec
Florence Weber

Édition établie par
Jean-Michel Berthelot
et présentée par
Laurent Mucchielli

Champs classiques

© Flammarion, 2010 ; 2017, pour la présente édition
© Éditions de Minuit, 1975 pour la traduction de l'article
donné en Annexe
ISBN : 978-2-0814-1653-6

Cinq questions à Florence Weber

Comment avez-vous découvert **Les Règles de la méthode sociologique** *? Quels souvenirs avez-vous de votre première lecture ?*

La première fois que j'ai entendu parler de ce livre, c'était en 1975, en classe préparatoire. Notre professeur de philosophie en khâgne littéraire commentait le livre de Jules Monnerot paru en 1946, *Les faits sociaux ne sont pas des choses* [1], un violent pamphlet contre l'épistémologie durkheimienne. Dans cette même classe de philosophie, nous lisions l'*Essai sur le don* de Marcel Mauss [2] et *Anthropologie structurale* de Claude Lévi-Strauss [3], et nous vivions comme une évidence la partition du monde entre les sociétés exotiques, dont l'étude était réservée à de majestueux anthropologues, et les sociétés modernes occidentales, dont l'étude était

---

1. J. Monnerot, *Les faits sociaux ne sont pas des choses*, Paris, Gallimard, 1946.
2. M. Mauss, *Essai sur le don*, Paris, PUF, 2012.
3. C. Lévi-Strauss, *Anthropologie structurale*, Paris, Plon, 1996, 2 vol.

confiée à des sociologues sinon besogneux, du moins peu légitimes philosophiquement. C'est la lecture du *Métier de sociologue*[1] qui m'a fait comprendre l'unité épistémologique des sciences sociales et l'unité historique des sociétés humaines, au-delà du Grand Partage entre « sociétés froides » et « sociétés chaudes », entre « tradition » et « modernité », ou encore entre « l'Occident » et « le reste du monde ». Dans *Le Métier de sociologue*, publié en 1968, Pierre Bourdieu, Jean-Claude Chamboredon et Jean-Claude Passeron réintroduisaient littéralement Durkheim en France, aux côtés de Max Weber, mais aussi de la sociologie et de l'anthropologie américaines.

« Je m'y suis immédiatement reconnue, et doublement »

J'étais donc déjà engagée dans les sciences sociales lorsque j'ai enfin lu *Les Règles de la méthode sociologique*. Je m'y suis immédiatement reconnue, et doublement. « Expliquer le social par le social », c'est affirmer l'existence d'un territoire propre des sciences sociales. « Rompre avec les prénotions », c'est-à-dire avec les erreurs de la perception spontanée, c'est reconnaître les difficultés spécifiques du savant lorsqu'il prend pour objet la société de son temps, par exemple ses difficultés à reconnaître, au XXe siècle, la coexistence entre l'amour « vrai » et l'intérêt économique. Il m'a toujours semblé évident que les spécialistes des sociétés avaient trois solutions pour prendre de la distance avec leurs

---

1. P. Bourdieu, J.-C. Chamboredon, J.-C. Passeron, *Le Métier de sociologue*, Paris, Éd. de l'EHESS, 2005.

préjugés sur le monde social : travailler sur des sociétés éloignées de la leur ; s'appuyer sur le pouvoir objectivant des données statistiques ; ou, ce qui fait le sel du métier d'ethnographe, « objectiver » leur propre position dans la société qu'ils étudient, c'est-à-dire tout simplement expliciter et critiquer leur point de vue spontané sur ce qu'ils observent. Heureusement qu'il est possible de cumuler ces trois solutions, en organisant une coopération entre les différentes spécialités des sciences sociales !

> **« C'est seulement lorsque la sociologie est reconnue comme une science au sens plein du terme qu'elle peut se permettre de dialoguer d'égale à égale avec les autres sciences »**

C'est finalement moins la rupture avec les prénotions qui nous pose problème, à nous autres sociologues au sens large, que le fait de devoir réaffirmer sans cesse nos compétences propres sur notre objet. Des spécialistes d'autres domaines du savoir s'autorisent souvent à réinventer la sociologie sur des bases fantaisistes, qu'il s'agisse d'expliquer les faits sociaux par des modèles physiques, des considérations génétiques, des observations éthologiques sur des populations animales… Cela m'a coûté, en 1981, une bourse de la Fondation Thiers : alors dirigée par le philosophe Raymond Polin, celui-ci me demanda quels devaient être les liens entre la sociologie et la biologie, et je lui ai tout simplement répondu : « Aucun ». J'argumenterais davantage aujourd'hui : c'est seulement lorsque la sociologie est reconnue comme une science au sens plein du terme

Pourquoi est-ce une œuvre si marquante ?

Durkheim a fondé la sociologie à partir de la philosophie, et c'est dans *Les Règles de la méthode sociologique*, dont le titre renvoie explicitement aux *Règles de la méthode* de Descartes, qu'il expose les fondements épistémologiques de la sociologie. Ce livre est donc la Bible de tout chercheur en sciences sociales soucieux de rigueur scientifique, non pas comme une imitation servile des sciences de la nature, mais dans toute leur spécificité. Les sociologues sont des êtres humains qui étudient d'autres êtres humains non pas, comme le font les philosophes qui s'en remettent à l'introspection, en les supposant d'avance semblables à eux, mais en cherchant à reconnaître leurs différences – vivant dans d'autres conditions sociales, pris dans d'autres univers linguistiques, portés par d'autres croyances et encadrés par d'autres contraintes sociales fussent-elles inconscientes – sans cesser de les respecter en tant qu'êtres humains.

En quoi est-elle toujours d'actualité ?

Plus que jamais au moment où les sciences de l'homme cherchent ailleurs leurs modèles de scientificité, qu'il s'agisse de génétique, de physique sociale, de psychologie expérimentale ou de sciences cognitives, notamment lorsque ces modèles se réclament de la théorie individualiste de Gabriel Tarde, qui réduit la force socialisatrice de la société à l'imitation interindividuelle.

> « **Nous vivons dans une société tellement ethnocentrique qu'elle a oublié que d'autres sociétés pouvaient exister !** »

Durkheim rappelle au contraire la nature particulière de la contrainte sociale, une contrainte si bien intériorisée par les individus qu'elle ne se donne plus à voir comme contrainte mais comme nature humaine, comme spontanéité intérieure, comme évidence commune. Nous vivons dans une société tellement ethnocentrique qu'elle a oublié que d'autres sociétés pouvaient exister ! C'est ce que l'on appelle la mondialisation, un système de contraintes morphologiques si puissantes et d'obligations morales si molles et si insidieuses que rien ne semble lui échapper ou, plus précisément, que tous ceux qui lui échappent apparaissent comme des barbares ou des fous.

Les réflexions que Durkheim y formule vous ont-elles guidées dans vos propres travaux ?

Oui, et de ce point de vue je me sens aussi proche de Durkheim que l'ethnologue française Jeanne Favret-Saada lorsqu'elle observe le système d'accusations sur lequel repose la sorcellerie dans le bocage vendéen, ou le sociologue américain Erving Goffman lorsqu'il analyse les rites de la vie quotidienne comme l'expression du caractère sacré de la personne humaine dans les sociétés occidentales. Sur le terrain je fais confiance à mes surprises, y lisant le dévoilement de préjugés sociaux, les miens et ceux des personnes que je rencontre. J'étudie les accusations proférées contre les déviants par leurs voisins ou par leurs proches, y voyant un rappel à l'ordre social dans des petits groupes où « tout le monde se connaît ».

> **《 Ce livre de Durkheim est le meilleur guide pour reconnaître les formes les plus "douces" de la contrainte sociale intériorisée aujourd'hui 》**

Toutes les interactions qui dérapent, tous les jugements proférés sans y penser, sont des manifestations explicites de contraintes sociales qui resteraient inaperçues si « tout se passait normalement ». La contrainte sociale est présente dans des coutumes – que l'on suit sans y réfléchir –, dans la contrainte que représente le langage – car pour penser il faut disposer de mots –, dans l'immense continent des contraintes matérielles, qui fournissent le cadre social de toute activité humaine. Je suis particulièrement attentive à ce que les durkheimiens appellent des faits de morphologie sociale, autrement dit des relations sociales « cristallisées » dans des objets techniques, dans des infrastructures matérielles, dans des monuments au sens propre du terme. Lorsque je doute de l'intérêt, pour la sociologie générale, des faits que j'étudie et qui sont, souvent, fort peu institutionnalisés, je relis cette phrase des *Règles de la méthode sociologique* (p. 113 de la présente édition) : « Il y a ainsi toute une gamme de nuances qui, sans solution de continuité, rattache les faits de structure les plus caractérisés à ces *libres courants de la vie sociale* qui ne sont encore pris dans aucun moule défini. C'est donc qu'il n'y a entre eux que des différences dans le degré de consolidation qu'ils présentent. Les uns et les autres ne sont que *de la vie plus ou moins cristallisée.* » (C'est moi qui souligne.)

Qu'aimeriez-vous dire à un lecteur qui découvrirait aujourd'hui ce livre pour la première fois ?

Qu'après cinquante ans d'incompréhension sur la nature de l'obligation sociale (avec le fameux slogan « il est interdit d'interdire ») et sur la faillite des normes juridiques, moins par manque de légitimité politique que par défaut d'application, ce livre de Durkheim est le meilleur guide pour reconnaître les formes les plus « douces » de la contrainte sociale intériorisée aujourd'hui : l'injonction à « être soi », l'injonction à « jouir de la vie », l'injonction à être heureux... tout cela nous est imposé par des normes sociales qui se cachent comme telles. La sociologie est un métier, cela s'apprend, ceux qui nous gouvernent l'utilisent, sachons nous la réapproprier !

Florence WEBER,
Sociologue, professeur à L'École normale supérieure.

INTRODUCTION

Comment lire un « classique » des sciences sociales ? L'exemple des *Règles de la méthode sociologique*

L'ouvrage de Durkheim intitulé *Les Règles de la méthode sociologique* est un « classique » des sciences sociales qu'ont lu, que lisent et que liront encore des générations d'étudiants. On ne peut cependant faire abstraction du fait qu'il a été publié à la fin du XIXe siècle et que nous sommes au début du XXIe. Dès lors, aussi important soit-il encore aujourd'hui dans l'affirmation de la discipline sociologique et dans la formation universitaire, il ne serait pas sérieux d'en proposer la lecture ou la relecture sans un véritable effort de contextualisation [1]. Lorsque Durkheim a écrit ce livre, le monde était différent, l'état des connaissances et des représentations sur le monde était différent, l'état du développement des sciences

---

1. R. A. Jones, « On Understanding a Sociological Classic », *American Journal of Sociology*, 1977, 83, p. 279-319.

humaines et sociales à l'université et l'état de la recherche dans ces domaines étaient différents. Lire ce texte sans recul, au premier degré et comme s'il s'adressait directement à nous, aujourd'hui, serait donc une erreur conduisant à de nombreux anachronismes, contre-sens et mésinterprétations. C'est la raison pour laquelle nous invitons à relire non seulement le texte original des *Règles*, mais aussi et inséparablement un article écrit et publié exactement au même moment et qui complète le texte parfois abstrait des *Règles*, en éclairant beaucoup l'état du champ sociologique français à la fin du XIXe siècle et les positionnements critiques de Durkheim.

Cela étant, si ce livre de Durkheim a acquis un tel statut, c'est qu'il n'intéresse pas seulement les historiens des sciences mais comporte bien aussi une valeur heuristique et pédagogique pour les sociologues d'aujourd'hui et ceux de demain. Dès lors, après avoir pensé en historiens et replacé ce livre dans le contexte de son écriture, nous nous demanderons en tant que praticiens de la sociologie quel intérêt il présente encore aujourd'hui et quel usage pratique et pédagogique on peut donc en faire. Ce faisant, on sera du reste fidèle à l'éthique d'un penseur qui a toute sa vie accordé la plus grande importance à l'éducation et à la pédagogie.

Relire un texte dans son contexte

Émile Durkheim a 37 ans lorsqu'il publie les *Règles*[1]. Il les a écrites dans le prolongement de sa thèse *De la division du travail social* (soutenue et éditée en 1893) et publiées par morceaux en 1894 sous forme d'articles dans la *Revue philosophique* de Théodule Ribot dont il est alors un des importants collaborateurs. Quoique encore jeune, Durkheim a déjà une solide réputation. Trois ans après son agrégation de philosophie, en 1885, il a obtenu une bourse d'études pour séjourner en Allemagne et en a tiré une série d'articles très remarqués sur les grands penseurs allemands de la société à cette époque (Gumplowicz, Schaeffle, Tönnies, Wundt, etc.). En 1887, il s'est ainsi vu confier par Louis Liard (directeur de l'enseignement supérieur en France) le premier cours de sociologie dispensé dans une université française, à la faculté des lettres de Bordeaux. Enfin, en 1893, sa soutenance de thèse, particulièrement brillante, le désigne aux yeux de nombreux commentateurs de l'époque comme le principal représentant de la sociologie en France[2]. Aussi Durkheim veut-il manifestement pousser son avantage. D'autant que, comme nous le verrons, il a déjà en projet l'organisation d'un

---

[1]. Sur la vie et l'œuvre de Durkheim, on se reportera à ses deux principales biographies : S. Lukes, *Émile Durkheim. His Life and his Work*, London, Allen Lane, 1973 et M. Fournier, *Émile Durkheim (1858-1917)*, Paris, Fayard, 2007.

[2]. Ph. Besnard, M. Borlandi, P. Vogt (dir.), *Division du travail et lien social. La thèse de Durkheim un siècle après*, Paris, Presses universitaires de France, 1993, p. 2.

groupe et la création d'une revue (qu'il lancera en 1898 sous le titre : *L'Année sociologique*), facteurs collectifs qui seront décisifs dans son entreprise intellectuelle [1]. C'est donc dans cette perspective d'organisation de la discipline que Durkheim entend réglementer la sociologie. Encore faut-il, pour le comprendre, restituer l'état du champ sociologique en 1895, qui n'apparaît guère à la seule lecture des *Règles* [2].

Les rares interlocuteurs officiels des *Règles*

Pour restituer l'état d'un champ intellectuel, on commence souvent par interroger les références bibliographiques de l'auteur étudié. Or, à la différence de la *Division du travail social* où Durkheim cite abondamment ses sources [3], la seule lecture du texte des *Règles* peut laisser penser qu'il intervient dans un champ quasi vierge parmi ses contemporains.

---

1. L. Mucchielli, *La Découverte du social. Naissance de la sociologie en France (1870-1914)*, Paris, La Découverte, 1998, p. 210 *sqq*.

2. L'on reprend à partir d'ici une partie des éléments de L. Mucchielli, « Pourquoi réglementer la sociologie ? Les interlocuteurs de Durkheim », repris *in* L. Mucchielli, *Mythes et histoire des sciences humaines*, Paris, La Découverte, 2004, p. 269-296.

3. M. Borlandi, « Durkheim lecteur de Spencer », *in* Ph. Besnard, M. Borlandi, P. Vogt (dir.), *Division du travail et lien social*, *op. cit.*, p. 67-70.

INTRODUCTION

Les références bibliographiques des *Règles*

	Auteurs	Nbre de réf.
1	Spencer	19
2	Comte	18
3	Mill	6
4	Hobbes	5
5	Bacon	4
6	Garofalo	4
7	Descartes	2
8	Rousseau	2
9	Condillac	1
10	Darmesteter	1
11	Espinas	1
12	Galilée	1
13	Gide	1
14	Locke	1
15	Lubbock	1
16	Machiavel	1
17	Montesquieu	1
18	Pascal	1
19	Socrate	1
20	Tarde	1

Comme l'indique le tableau ci-dessus, Durkheim ne cite que vingt auteurs (pour un total de soixante-douze références), soit, même si le livre est plus court, presque huit fois moins que dans *De la division du travail social*. Et si Spencer et Comte arrivent en tête comme dans sa thèse, une foule d'autres auteurs ont disparu. Le système de références bibliographiques adopté par Durkheim dans les *Règles* ne rend donc nullement compte de l'étendue de ses lectures et de ses positionnements. Il est volontairement sélectif. On y constate au moins trois phénomènes.

Premièrement, la concentration sur la tradition rationaliste de l'histoire de la philosophie avec neuf auteurs : Bacon, Condillac, Descartes, Galilée, Locke, Machiavel, Montesquieu, Pascal et Socrate. Outre Montesquieu, qu'il considère comme l'un des précurseurs de la sociologie (il lui avait consacré sa thèse secondaire en latin en 1892), Durkheim met surtout en avant le trio Bacon-Descartes-Galilée qui renvoie à la « révolution scientifique » du XVIIe siècle. François Bacon est cité avec précision et dans le texte latin de son *Novum organum* (1620) auquel Durkheim emprunte le concept de « *prænotiones* » (prénotions) pour appuyer l'idée de rupture d'avec le sens commun que toute avancée scientifique opère nécessairement. Quant à la référence à René Descartes, elle est omniprésente, ne serait-ce que par le titre même de *Règles de la méthode* (sociologique) qui rappelle étrangement à la fois les *Regulæ ad directionem ingenii* (1627-1628) et le *Discours de la méthode* (1637) [1]. De même que ses professeurs de philosophie lui ont enseigné que « Descartes est le vrai fondateur de la philosophie moderne [2] », Durkheim se pose en fondateur de la sociologie moderne.

---

1. Cf. M. Borlandi, L. Mucchielli (dir.), *La Sociologie et sa méthode. Les* Règles *de Durkheim un siècle après*, Paris, L'Harmattan, 1995, introduction.

2. Cf. P. Janet, G. Séailles, *Histoire de la philosophie. Les problèmes et les écoles*, Paris, Delagrave, 1920, p. 1016 (1re édition : 1886).

Deuxièmement, la prépondérance des références, essentiellement critiques, à Herbert Spencer et Auguste Comte (auquel on peut ajouter John Stuart Mill, présenté comme un simple commentateur de Comte). Ce sont les philosophes qui ont explicitement discuté cette nouvelle science sociologique dans les décennies précédentes et qui sont assurément les plus connus en France à ce moment-là. De nombreux travaux ont analysé en détail ce que Durkheim leur doit, nous n'y reviendrons pas ici [1].

Troisièmement, l'occultation quasi complète des autres sources contemporaines. De même que, hormis Comte, il ne mentionne le nom d'aucun philosophe français de son siècle – pas même ceux qui l'ont fortement influencé (Charles Renouvier, Émile Boutroux) ou dont il a médité la lecture (Paul Janet, Alfred Fouillée, Jean-Marie Guyau) –, Durkheim se montre très avare de références scientifiques contemporaines. En 1895, les deux sociologues français les plus connus sont Alfred Espinas et Gabriel Tarde. Ils ne sont pourtant cités qu'une seule fois et de façon expéditive. Quant aux autres sociologues français de l'époque, les organicistes comme René Worms, les positivistes comme Eugène de Roberty, les leplaysiens comme Henri de Tourville et Edmond Demolins, les statisticiens comme

---

1. M. Borlandi, « Durkheim lecteur de Spencer », *op. cit.* ; A. Petit, « De Comte à Durkheim : un héritage ambivalent », *in* M. Borlandi, L. Mucchielli (dir.), *La Sociologie et sa méthode*, *op. cit.*, p. 49-70 ; D. Becquemont, L. Mucchielli, *Le Cas Spencer. Religion, science et politique*, Paris, Presses universitaires de France, 1998.

Paul Mougeolle et Alfred Coste, ils sont tout simplement absents (l'on ne relève qu'une référence, critique, à l'économiste Charles Gide). Durkheim ne cite pas non plus les auteurs (Coste, Guillaume De Greef, Ferneuil, Fouillée, Gaston Richard) sur lesquels il a pourtant déjà écrit de longs et souvent favorables comptes rendus. Enfin, il ne mentionne pas une fois le nom de Fustel de Coulanges, le fameux historien, directeur de l'École normale à l'époque où Durkheim s'y formait, qui enseignait pourtant dès les années 1880 que « l'histoire est la science des faits sociaux, c'est-à-dire la sociologie même [1] ». En définitive, Durkheim semble tout faire pour s'isoler de ses contemporains et se placer seul dans une lignée intellectuelle qui partirait de Comte, passerait par Spencer et aboutirait finalement à lui.

Pourtant, en réalité, Durkheim n'est pas isolé. La dernière décennie du XIXe siècle apparaît même, au contraire, comme un moment de foisonnement intellectuel considérable autour de l'idée de science sociale, « une mode », écrira-t-il lui-même. C'est la raison pour laquelle, afin de « sociologiser » la lecture de Durkheim, il nous semble indispensable de lire en parallèle le long article qu'il publie en Italie sous le titre « L'état actuel des études sociologiques en

---

1. N. Fustel de Coulanges, *L'Alleu et le domaine rural pendant l'époque mérovingienne*, Paris, Hachette, 1889, p. IV-V, cité par L. Mucchielli, « Aux origines de la nouvelle histoire en France : l'évolution intellectuelle et la formation du champ des sciences sociales (1870-1930) », repris dans *Mythes et histoire des sciences humaines, op. cit.*, p. 123.

INTRODUCTION

France[1] ». C'est le document que nous republions ici (voir p. 285). En effet, ce texte a été rédigé par Durkheim exactement au même moment que la version finale des *Règles* sous forme de livre[2]. S'adressant au public italien et non à ses compatriotes, Durkheim présente et critique toute une série d'auteurs, de courants de pensée, voire de disciplines qui n'apparaissent pas dans les *Règles*[3]. Du coup, des omissions prennent sens, le caractère apparemment abstrait et impersonnel d'un certain nombre de règles énoncées – et non des

---

1. É. Durkheim, « Lo stato attuale degli studi sociologici in Francia », *La Riforma sociale*, n° 3, 1895, p. 607-622 et 691-707 (repris dans *Textes*, Paris, Minuit, 1975, vol. I, p. 73-108).

2. Durkheim l'annonce à Mauss (son neveu) dans une lettre datée de février ou mars 1894 : « Mes articles sur la *Méthode* commenceront à paraître en mars, je pense. Je viens d'accepter de collaborer à une revue italienne qui vient de se fonder » (É. Durkheim, *Lettres à Marcel Mauss*, Paris, Presses universitaires de France, 1998, p. 30).

3. Ce phénomène n'est pas isolé dans l'histoire des sciences. On pourrait le qualifier de *phénomène d'objectivation de l'état d'un champ intellectuel par le décalage international* et le définir ainsi : un auteur important publie à l'étranger un texte dans lequel il explicite plus qu'il ne le fera jamais dans ses publications nationales l'état de son champ intellectuel, en particulier ses enjeux et ses polémiques. Donnons-en deux autres exemples dans l'histoire des sciences humaines : celui de Théodule Ribot publiant en 1877 dans la revue *Mind* un texte objectivant l'état très polémique du champ philosophique et psychologique du moment (ce texte est traduit dans la *Revue d'histoire des sciences humaines*, 2000, 2, p. 107-123) et, plus près de nous, celui de Pierre Bourdieu publiant en 1967 avec Jean-Claude Passeron un article polémique dans *Social Research* (« Sociology and Philosophy in France since 1945 : Death and Resurrection of a Philosophy without Subject », *Social Research*, 1967, 34 (1), p. 162-212).

moindres – s'estompe et le texte retrouve la signification en partie polémique qu'il avait en réalité et qu'il faut de surcroît inscrire dans le « tout petit milieu » académique qui comportait (comme à toutes les époques) ses amitiés, ses alliances, son travail en commun, mais aussi ses affrontements, ses concurrences, ses jalousies et même ses ragots [1].

L'état du champ sociologique français en 1895

Alors qu'il avait mis neuf ans pour écrire sa thèse, Durkheim a écrit les *Règles* immédiatement après avoir publié la *Division du travail social*, dans une relative

---

1. Ainsi Durkheim écrit-il dans la même lettre à Mauss : « Tiens-moi au courant de ce qui se dit sur mon compte. J'y ai intérêt. Même les canards ont leur importance » (É. Durkheim, *Lettres à Marcel Mauss, op. cit.*, p. 30). La suite de cette correspondance fournit quantité d'anecdotes illustrant les jugements de Durkheim sur les personnalités universitaires du moment et sur ce qu'il pensait de leur valeur intellectuelle. Ainsi, Durkheim évoque-t-il René Worms (un de ses rivaux sur lequel nous reviendrons dans un instant) dans une lettre du 18 juin 1894, en des termes qui trahissent clairement le mépris qu'il éprouve pour son concurrent : « D'après ce que tu m'écris, Espinas t'aurait dit que si je ne donne pas mon article à la revue de Worms ce serait par jalousie de ce dernier ! [...] Si jamais le sujet revenait devant toi, tu n'as qu'à dire que ce qui m'éloigne de cette revue c'est la réputation de farceur qu'a Worms, et que surtout je ne puis collaborer à une revue dont le directeur n'a aucun titre scientifique. Le mieux d'ailleurs en pareil cas est de hausser les épaules. J'ai pourtant bien dit à Espinas que Worms avait eu sa thèse recalée à la Sorbonne, ce qui est une honte qui n'est pas infligée à tout le monde » (*ibid.*, p. 35-36).

précipitation sans doute liée à l'accélération de la formation du champ sociologique dans les années 1890. En effet, en 1893, au moment même où Durkheim publie sa thèse, René Worms (1869-1926), juriste, économiste et philosophe de formation, lance sans crier gare et avec quelque succès la *Revue internationale de sociologie*, suivie de l'Institut international de sociologie publiant également ses *Annales*[1]. Durkheim est pris de vitesse. Un concurrent nouveau se présente qui, à la différence d'Espinas et de Tarde, manifeste de grandes ambitions institutionnelles, se pose en rassembleur et en organisateur de la sociologie, et lui donne effectivement les premières institutions de son histoire. Cet événement a certainement constitué une surprise particulièrement désagréable pour Durkheim et l'a sans doute poussé à accélérer la concrétisation de ses propres projets. On peut alors imaginer non seulement que la rédaction des *Règles* a été un peu précipitée, mais encore que la nécessité du moment a déterminé, sinon l'idée même d'écrire ce livre, du moins certains aspects de son écriture.

L'article italien que nous allons à présent utiliser paraît donc en mai 1895 dans *La Riforma sociale*, le dernier article constituant les *Règles* ayant été publié en août 1894 dans la *Revue philosophique*. Entre-temps

---

1. R. Geiger, « René Worms, l'organicisme et l'organisation de la sociologie », *Revue française de sociologie*, 1981, 22, p. 348-349 ; S. Mosbah-Natanson, « Internationalisme et tradition nationale : le cas de la constitution de la sociologie française autour de 1900 », *Revue d'histoire des sciences humaines*, 2008, 18, p. 35-62.

a eu lieu la rentrée universitaire 1894-1895, et la situation des études sociologiques a évolué. Ainsi qu'il s'en félicite dès les premières pages, Durkheim n'est plus isolé dans le paysage universitaire français :

> À Lyon, la mairie accorde des subsides à un cours de sociologie que professe notre collègue Bertrand ; à Montpellier, Bernès, chargé de cours de philosophie, a commencé cette année un enseignement sur la même matière ; à Paris, enfin, la faculté des lettres a émis il y a quelques mois un vœu pour la création d'un cours de sociologie. [...] [De plus,] parmi les auteurs que les candidats doivent étudier au programme de l'agrégation de philosophie figurent depuis quelques années des œuvres de sociologues (Comte, Mill, Spencer) et on a même appelé à la présidence du jury des spécialistes renommés de sociologie [...] [1].

Notre sociologue fait donc mine de constater avec bonheur les bonnes dispositions de l'université envers la sociologie, l'entrée du mot « dans le langage commun » et celle de l'idée dans les préoccupations de « la jeunesse de nos écoles ». Le ton change toutefois

---

1. É. Durkheim, « Lo statuo attuale degli studi sociologici in Francia », art. cit., p. 74. Cette dernière affirmation de Durkheim est difficile à comprendre. Les membres nommés pour composer le jury d'agrégation en 1895 sont cinq philosophes (Janet, Lachelier, Brochard, Darlu et Dauriac) qu'on ne saurait qualifier de « spécialistes renommés de sociologie ». Durkheim semble donc exagérer volontairement l'importance des succès de la sociologie dans les facultés de lettres. Et sans doute faut-il relier ce choix à sa rivalité avec René Worms qui, nous allons le voir, milite de son côté pour le développement de la sociologie dans les facultés de droit.

quelque peu lorsque Durkheim fait allusion aux initiatives de son nouveau rival :

> Certains esprits particulièrement impatients commencent à trouver que l'on ne va pas assez vite. On a même proposé la création pour la sociologie d'une chaire spéciale dans toutes les universités, oubliant qu'il fallait pour cela une armée de sociologues que l'on ne peut pas improviser [...]. C'est sous l'emprise de ces idées qu'a été fondée une revue de sociologie qui vit depuis plus d'un an, et, bien que son apparition nous ait semblé prématurée – la littérature véritablement sociologique n'est pas en effet suffisamment abondante en Europe pour alimenter une revue périodique –, cette publication n'en constitue pas moins un fait intéressant symptomatique de l'état d'esprit actuel [1].

Durkheim désigne Worms et la *Revue internationale de sociologie*, mais il occulte et son nom et le titre de sa revue. Il fait aussi allusion au fait que, quelques semaines après la parution des *Règles*, Worms avait appelé au développement systématique de la sociologie dans les universités et à la transformation du Collège de France en Faculté des sciences sociales. À la fin de l'année 1895, ce dernier créera même la Société de sociologie de Paris et en confiera symboliquement la première présidence à Gabriel Tarde, les deux grands adversaires de Durkheim se trouvant ainsi réunis à la tête des premières tentatives d'institutionnalisation de la nouvelle discipline.

Ni dans les *Règles* ni dans l'article italien, Durkheim ne discute directement la théorie organiciste défendue par Worms qui consiste à analyser *de façon réaliste* le

---

1. *Ibid.*, p. 74-75.

fonctionnement d'une société et de ses institutions comme on décrit en biologie un être vivant composé d'organes occupant une fonction strictement finalisée dans l'ensemble [1]. Toutefois, il en fait sans doute implicitement la critique – à travers Comte et Spencer, ses modèles repoussoirs habituels – lorsqu'il écrit ce passage (bien connu des commentateurs de Durkheim mais insuffisamment contextualisé) du chapitre V des *Règles* :

> La plupart des sociologues croient avoir rendu compte des phénomènes une fois qu'ils ont fait voir à quoi ils servent, quel rôle ils jouent. [...] Mais cette méthode confond deux questions très différentes. Faire voir à quoi un fait est utile n'est pas expliquer comment il est né ni comment il est ce qu'il est. [...] Un fait peut exister sans servir à rien, soit qu'il n'ait jamais été ajusté à aucune fin vitale, soit que, après avoir été utile, il ait perdu toute utilité en continuant à exister par la seule force de l'habitude. Il y a, en effet, encore plus de survivances dans la société que dans l'organisme [...]. C'est, du reste, une proposition vraie en sociologie comme en biologie que l'organe est indépendant de la fonction, c'est-à-dire que, tout en restant le même, il peut servir à des fins différentes. C'est donc que les causes qui le font être sont indépendantes des fins auxquelles il sert [2].

Quant à la pensée de Tarde, la critique en est beaucoup plus développée dans l'article italien que dans les *Règles*, et cette critique se trouve stratégiquement

---

1. R. Worms, *Organisme et société*, Paris, Alcan, 1896.
2. Toutefois, Durkheim ne cesse par ailleurs de faire un usage analogique de l'organicisme (J. Schlanger, *Les Métaphores de l'organisme*, Paris, L'Harmattan, 1995, p. 172-173).

placée non pas dans une partie traitant de sociologie générale, mais dans celle consacrée à la criminologie. C'est cette nouvelle classification des doctrines sociologiques qu'il faut à présent examiner, tant elle révèle un état du champ français que les *Règles* dissimulaient presque complètement[1]. Durkheim y distingue en réalité trois groupes d'auteurs et de genres d'approches qui sont autant de cibles pour sa critique.

Les trois cibles de la critique durkheimienne

Le « groupe anthropologique et ethnographique » et la question des facteurs biologiques

Première cible de la critique durkheimienne : le groupe « anthropologique et ethnographique ». Ce dernier

---

1. Signalons ici une autre occultation volontaire de Durkheim : celle de Frédéric Le Play. Sans doute celui-ci était-il mort, mais ses disciples poursuivaient son œuvre (B. Kalaora, A. Savoye, M. Marie, *Les Inventeurs oubliés. Le Play et ses continuateurs aux origines des sciences sociales*, Paris, Champ Vallon, 1993). Ils étaient divisés depuis 1886 en deux groupes, le plus proche de la sociologie étant le groupe emmené par Henri de Tourville et Edmond Demolins autour de la revue *La Science sociale*. Certes, ces groupes ne font pas directement partie du champ universitaire de concurrence au sein duquel débattent les acteurs cités ici. Toutefois, ils en sont aussi en partie exclus par ces derniers. Durkheim, de ce point de vue, a fortement participé à l'érection de cette barrière entre deux traditions d'enquêtes sociales à prétention scientifique, barrière dont les effets en termes de construction de l'histoire des sciences sociales se font sentir jusqu'à nos jours (J. David, « Avez-vous lu Le Play ? Note sur la genèse des *Ouvriers européens* », *Revue d'histoire des sciences humaines*, 2006, 15, p. 89-102).

comprend tous les travaux de sociologie qui se rattachent à la Société d'anthropologie de Paris. Cette société a été fondée par Broca en 1859. Si, à l'origine, on a pu croire qu'elle se limiterait aux études d'anatomie, elle ne tarda pas cependant à élargir son champ de recherche. Les limites mal définies de ce qu'on appelle anthropologie se prêtaient à cette extension. C'est ainsi que la sociologie, ou du moins une section de la sociologie, put y être admise ; ce fut la sociologie ethnographique [...]. Dès le début elle fut occupée par Letourneau [...] [1].

Durkheim se montre ici bien informé. En effet, l'anthropologie française développée par Paul Broca autour de la Société d'anthropologie de Paris, relayée par la *Revue d'anthropologie* (1872) et l'École d'anthropologie de Paris (1875), constitue bel et bien une communauté intellectuelle à prétention hégémonique dans les sciences humaines [2]. Intellectuellement, le paradigme dominant de ce groupe est la complète détermination du social par le biologique, appuyée sur une théorie raciale inégalitariste en vertu de laquelle chaque race physique correspond à un degré d'évolution humaine, c'est-à-dire de développement mental et d'organisation sociale. C'est ce qu'illustre le livre de Charles Letourneau (1831-1902), titulaire de la chaire d'« histoire des civilisations » à l'École d'anthropologie de Paris depuis 1885 [3]. Tout en reconnaissant le « travail

---

1. É. Durkheim, « Lo statuo attuale degli studi sociologici in Francia », art. cit., p. 76.

2. L. Mucchielli, *La Découverte du social*, op. cit., p. 42 *sqq*.

3. Ch. Letourneau, *La Sociologie d'après l'ethnographie*, Paris, Reinwald, 1880.

considérable » que représente la dizaine de livres publiés par Letourneau entre 1887 et 1895, Durkheim se montre très critique envers sa méthodologie :

> Malheureusement, les matériaux ainsi réunis sont plus remarquables par leur abondance que par leur valeur, l'auteur n'ayant pas toujours soumis à une critique approfondie la façon dont il les a choisis. Il les prend un peu partout et les situe sur le même plan [...]. Les sources auxquelles il recourt le plus fréquemment sont constituées par les descriptions de voyage ; or l'on sait que, par leur nature même, elles sont suspectes et qu'elles ne devraient être utilisées qu'avec circonspection. Les coutumes, les croyances, les institutions des peuples sont des choses trop profondes pour qu'on puisse les juger ainsi, à la légère. [...] Letourneau affronte l'étude des phénomènes sociaux avec des préjugés pratiques qui, d'avance, déterminent les conclusions. Souffrant intensément des maux qui affligent la société actuelle, il la croit pour cette raison mauvaise et, pour ainsi dire, manquée et il étend naturellement ce jugement à toutes les sociétés qui l'ont précédée dans l'histoire, et qui peuvent en être considérées comme l'ébauche [1].

On voit que Durkheim s'en prend à la méthode ethnographique de Letourneau et à ses *a priori* idéologiques [2], mais qu'il n'attaque pas le cœur du paradigme

---

1. É. Durkheim, « Lo stato attuale degli studi sociologici in Francia », art. cit., p. 77-80.
2. En 1888, dans son « Introduction à la sociologie de la famille », Durkheim avait déjà longuement critiqué la méthode ethnographique de Letourneau (repris *in* É. Durkheim, *Textes*, Paris, Minuit, 1975, vol. III, p. 9-34). Ce genre d'utilisations anecdotiques des récits de voyageurs était très courant à l'époque. Cela explique les réticences que Durkheim manifeste à cette époque envers les sources eth-

naturaliste et racial. C'est que sa position n'est pas encore assez forte pour s'en prendre de front à un groupe scientifique ancien, très étendu et institutionnalisé[1]. Prendre le risque de réfuter de front les postulats essentiels d'une discipline aussi légitimée dans le champ scientifique de l'époque aurait peut-être davantage discrédité que renforcé Durkheim. Aussi attendra-t-il la toute fin du siècle et les fissures apparues au sein de la communauté des anthropologues, notamment pendant l'affaire Dreyfus, pour mener ce combat au grand jour[2]. Toutefois, sans nommer ici ces adversaires, Durkheim exprime ses critiques de fond

---

nographiques. Cela permet également de comprendre pourquoi, dès 1888, il se donne pour règle méthodologique d'éviter les observations individuelles subjectives pour ne retenir que « ces manières d'agir consolidées par l'usage qu'on appelle les coutumes, le droit, les mœurs » (*ibid.*, p. 18). Et c'est encore pour cette raison qu'il est amené dès 1888 à définir la coutume dans les termes mêmes du premier chapitre des *Règles* : « Comment reconnaître une coutume ? À ce fait qu'elle est une manière d'agir non seulement habituelle mais obligatoire pour tous les membres d'une société. Ce qui la distingue, ce n'est pas sa fréquence plus ou moins grande ; c'est sa vertu impérative [...]. C'est une règle à laquelle chacun est tenu d'obéir et qui est placée sous l'autorité de quelque sanction. L'existence d'une sanction, tel est le critérium qui empêche de confondre la coutume avec de simples habitudes » (*ibid.*, p. 19).

1. Avec lequel son rival R. Worms n'a du reste pas manqué de faire alliance (cf. M. Staum, « "Race" and Gender in Non-Durkheimian French Sociology, 1893-1914 », *Canadian Journal of History / Annales canadiennes d'histoire*, 2007, XLII, p. 183-208).

2. L. Mucchielli, « Sociologie *versus* anthropologie raciale. L'engagement des durkheimiens dans le contexte "fin de siècle" (1885-1902) », repris dans *Mythes et histoire des sciences humaines, op. cit.*, p. 163-198.

envers les théories raciales et héréditaristes. Cette discussion intervient dans un chapitre essentiel des *Règles* puisqu'il s'agit de celui où Durkheim explique pourquoi il faut, selon lui, rejeter toute explication fondée sur la psychologie individuelle :

> Il y a d'ailleurs un moyen d'isoler à peu près complètement le facteur psychologique de manière à pouvoir préciser l'étendue de son action, c'est de chercher de quelle façon la race affecte l'évolution sociale. En effet, les caractères ethniques sont d'ordre organico-psychiques. La vie sociale doit donc varier quand ils varient, si les phénomènes psychologiques ont sur la société l'efficacité causale qu'on leur attribue. Or nous ne connaissons aucun phénomène social qui soit placé sous la dépendance incontestée de la race [...]. Les formes d'organisation les plus diverses se rencontrent dans des sociétés de même race, tandis que des similitudes frappantes s'observent entre des sociétés de races différentes [...]. S'il en est ainsi, c'est que l'apport psychique est trop général pour déterminer le cours des phénomènes sociaux [...]. Il y a, il est vrai, un certain nombre de faits qu'il est d'usage d'attribuer à l'influence de la race. C'est ainsi, notamment, qu'on explique comment le développement des lettres et des arts a été si rapide et si intense à Athènes, si lent et si médiocre à Rome. Mais cette interprétation des faits, pour être classique, n'a jamais été méthodiquement démontrée [...]. En somme, quand on rapporte avec cette rapidité à des facultés esthétiques congénitales le caractère artistique de la civilisation athénienne, on procède à peu près comme faisait le Moyen Âge quand il expliquait le feu par le phlogistique et les effets de l'opium par sa vertu dormitive [1].

---

1. É. Durkheim, *Les Règles de la méthode sociologique*, op. cit., p. 107-108.

Le point est important : Durkheim rejette d'abord la psychologie individuelle *de son époque*, c'est-à-dire d'une part la psychologie introspective des philosophes spiritualistes, d'autre part la biopsychologie héréditariste des anthropologues et des psycho-physiologues [1]. Ensuite, la position théorique de Durkheim quant au rapport individu/société est trop profonde pour être réduite à ce positionnement critique, mais il n'en reste pas moins que c'est aussi contre cette « psychologie ethnique » très en vogue à la fin du XIXe siècle que Durkheim veut établir l'autonomie des faits sociaux et qu'il est amené à poser la règle bien connue : « La cause déterminante d'un fait social doit être cherchée parmi les faits sociaux antécédents, et non parmi les états de la conscience individuelle. »

Le « groupe criminologiste » et la définition du fait social

Le deuxième groupe identifié par Durkheim « est composé de savants que la criminologie a menés à la sociologie. Il a pour organe les *Archives d'anthropologie criminelle* [...], et pour principaux inspirateurs les deux directeurs de cette revue : Lacassagne et Tarde [2] ». Ce groupe constitue effectivement une importante communauté à la fin du XIXe siècle. Le médecin anthropo-

---

1. L. Mucchielli, « Les origines de la psychologie universitaire en France (1870-1900) », repris dans *Mythes et histoire des sciences humaines, op. cit.*, p. 199-232 ; M. Staum, « Ribot, Binet and the Emergence from the Anthropological Shadow », *Journal of the History of the Behavioral Sciences*, 2007, 43 (1), p. 1-18.
2. É. Durkheim, « Lo stato attuale degli studi sociologici in Francia », art. cit., p. 81.

logue Alexandre Lacassagne a fondé à Lyon les *Archives d'anthropologie criminelle* en 1885, sur le modèle de l'*Archivio di psichiatria e d'antropologia criminale* lancé par Cesare Lombroso cinq ans auparavant. Comme son homologue italien, Lacassagne explique la criminalité par des anomalies cérébrales et, s'il invoque le rôle du « milieu social », c'est pour dire que celui-ci n'est que l'occasion de révéler le criminel, le bouillon de culture dans lequel le microbe se développe, selon la métaphore médicale alors très en vogue [1]. Dès lors, les critiques de Durkheim sont fondées :

> Ce qui caractérise l'esprit commun de ces travaux, c'est une sorte d'éclectisme qui se situe entre la conception anthropologique et biologique du crime et la conception proprement sociologique [...]. On ne peut certainement pas affirmer que les phénomènes criminels dépendent d'un seul et même ordre de causes. Mais on voudrait que le rôle attribué aux différentes conditions qui concourent à produire un crime soit mieux défini, que celles-ci ne soient pas toutes considérées de la même manière, car il semble difficile d'admettre que le même fait soit à la fois essentiellement biologique et de caractère essentiellement social [...]. Il en résulte certaines ambiguïtés dans les notions fondamentales de la doctrine, ambiguïtés qui, comme on peut l'imaginer, sont liées à la méthode [...]. Il y a quelque chose d'incertain

---

1. L. Mucchielli, « Hérédité et milieu social : le faux antagonisme franco-italien. La place de l'École de Lacassagne dans l'histoire de la criminologie », *in* L. Mucchielli (dir.), *Histoire de la criminologie française*, Paris, L'Harmattan, 1994, p. 189-214 ; M. Renneville, « Un médecin-anthropologue à la Belle Époque : Alexandre Lacassagne », *Gradhiva*, 1995, 17, p. 127-140.

et d'indécis qui est lié non seulement à la complexité des problèmes mais aussi au caractère hésitant de l'idée principale qui est à la base de cette construction [1].

Ce deuxième adversaire étant identifié, on comprend mieux pourquoi l'exemple concret le plus développé dans les *Règles* est précisément le crime. Durkheim ne se réfère alors qu'au seul auteur italien Garofalo, mais derrière ce nom c'est l'ensemble de la criminologie naissante qui est visée.

Dans le chapitre II – celui-là même qui s'ouvre sur la fameuse injonction : « la première règle et la plus fondamentale est de *considérer les faits sociaux comme des choses* » –, Durkheim s'en prend en effet directement à Garofalo pour illustrer l'erreur consistant à définir un phénomène à partir d'une « notion subjective et tronquée » des choses sociales. Comment doit-on en effet définir le crime ? Tous les criminologues de l'époque répondent en substance que le crime est l'agression physique perpétrée par un individu biologiquement inférieur, à l'image des « sauvages » dont les sociétés « inférieures » ne punissaient parfois même pas les crimes [2]. Or c'est là un préjugé, une « prénotion », comme dit Durkheim. Ces médecins réfléchissent sur la base d'une « représentation du criminel » propre à

---

[1]. É. Durkheim, « Lo stato attuale degli studi sociologici in Francia », art. cit., p. 81-82.
[2]. En effet, pour l'Italien Lombroso comme pour l'Anglais Lubbock et tant d'autres encore, il est évident que « le crime, chez le sauvage, n'est pas une exception, mais la règle générale » (C. Lombroso, *L'Homme criminel*, Paris, Alcan, 1887, p. 36 ; J. Lubbock, *Les Origines de la civilisation*, Paris, Reinwald, 1867, p. 477).

notre société : c'est celle du tueur ou du voleur, bref celui qui attente à la vie ou à la propriété d'autrui. Mais ce qui est un crime pour nous ne l'est pas forcément dans une société dont la logique sociale est totalement différente. En réalité, dans les sociétés « primitives », l'individu n'est pas une valeur comme dans la nôtre. Ce qui est sacré, ce n'est pas la personne humaine, c'est le groupe et ce qui le représente. Dès lors, il est en effet bien plus grave d'enfreindre un précepte religieux que de tuer son voisin au cours d'une rixe. Mais l'acte commis n'en est pas moins un crime, c'est-à-dire une atteinte aux valeurs du groupe. Par conséquent, c'est ce dernier élément qui peut seul permettre de définir le crime pour toute société. Il faut, pour le comprendre, réaliser une petite révolution mentale (qu'on appellera dans les années 1930 le « relativisme culturel ») : et auj.

> Certains observateurs refusent aux sauvages toute espèce de moralité. Ils partent de cette idée que notre morale est la morale ; or il est évident qu'elle est inconnue des peuples primitifs ou qu'elle n'y existe qu'à l'état rudimentaire. Mais cette définition est arbitraire. Appliquons notre règle et tout change. Pour décider si un précepte est moral ou non, nous devons examiner s'il présente ou non le signe extérieur de la moralité ; ce signe consiste dans une sanction répressive diffuse, c'est-à-dire dans un blâme de l'opinion publique qui venge toute violation du précepte. Toutes les fois que nous sommes en présence d'un fait qui présente ce caractère, nous n'avons pas le droit de lui dénier la qualification de moral ; car c'est la preuve qu'il est de même nature que les autres faits moraux. Or, non seulement des règles

de ce genre se rencontrent dans les sociétés inférieures, mais elles y sont plus nombreuses que chez les civilisés[1].

Ne pas préjuger de la nature d'un phénomène, être capable d'objectiver, dans un même mouvement de prise de conscience, à la fois les représentations propres à sa culture et celles que cette culture projette sur les autres, pour saisir la signification d'une pratique dans son contexte quel qu'il soit : telle est ici la grande leçon durkheimienne qui donne tout son sens à la règle :

> Ne jamais prendre pour objet de recherche qu'un groupe de phénomènes préalablement définis par certains caractères extérieurs qui leur sont communs et

---

1. É. Durkheim, *Les Règles de la méthode sociologique*, *op. cit.*, p. 41. Dans *De la division du travail* (*op. cit.*, p. 139-140), Durkheim avait déjà reproché à ces auteurs leur incompréhension totale de la signification sociale du crime en des termes proches : « Quant aux homicides dont parle M. Lombroso, ils sont toujours accomplis dans des circonstances exceptionnelles. Ce sont tantôt des faits de guerre, tantôt des sacrifices religieux ou le résultat du pouvoir absolu qu'exerce soit un despote barbare sur ses sujets, soit un père sur ses enfants. Or ce qu'il faudrait démontrer, c'est l'absence de toute règle qui, en principe, proscrive le meurtre ; parmi ces exemples particulièrement extraordinaires, il n'en est pas un qui comporte une telle conclusion. Le fait que, dans des conditions spéciales, il est dérogé à cette règle, ne prouve pas qu'elle n'existe pas. Est-ce que, d'ailleurs, de pareilles exceptions ne se rencontrent pas même dans nos sociétés contemporaines ? Est-ce que le général qui envoie un régiment à une mort certaine pour sauver le reste de l'armée agit autrement que le prêtre qui immole une victime pour apaiser le dieu national ? Est-ce que le mari qui met à mort une femme adultère ne jouit pas, dans certains cas, d'une impunité relative, quand elle n'est pas absolue ? »

comprendre dans la même recherche tous ceux qui répondent à cette définition[1].

Le « groupe universitaire » et l'annonce des ambitions de Durkheim

Le troisième groupe distingué par Durkheim dans son panorama des études sociologiques en France « comprend les sociologues qui appartiennent à l'Université », à savoir « des professeurs de philosophie » dans les travaux desquels il y aurait « quelque chose de commun[2] ». En réalité, il s'agit d'un ensemble sans unité dans lequel Durkheim a regroupé et très sommairement résumé quelques aspects du travail de certains de ses prédécesseurs, avant de présenter beaucoup plus longuement (et plus fidèlement) son œuvre personnelle.

Quant aux prédécesseurs, il y a peu à dire du fait que Durkheim en a habilement exclu Tarde en l'assimilant au « groupe criminologiste ». Sans doute ce classement est-il en partie légitime puisque le grand rival intellectuel de Durkheim s'est d'abord fait connaître par deux ouvrages portant sur ces questions[3], qu'en 1893 il est devenu co-directeur des *Archives d'anthropologie criminelle*, et qu'il a ensuite été nommé en 1894 à la direction de la Statistique

---

1. É. Durkheim, *Les Règles de la méthode sociologique*, op. cit., p. 35.
2. É. Durkheim, « Lo stato attuale degli studi sociologici in Francia », art. cit., p. 89.
3. G. Tarde, *La Criminalité comparée*, Paris, Alcan, 1886 ; G. Tarde, *La Philosophie pénale*, Lyon et Paris, Storck et Masson, 1890.

judiciaire au ministère de la Justice. Mais Durkheim sait très bien que Tarde est surtout connu en tant qu'auteur des *Lois de l'imitation*[1]. Cette classification a donc surtout le mérite d'écarter son principal adversaire du champ dans lequel Durkheim se situe lui-même. Durkheim passe ensuite rapidement sur Espinas qui, certes, « a été le premier à être attiré par la sociologie », mais dont « le caractère sociologique de l'œuvre est encore très restreint, elle intéresse davantage la psychologie comparée que la sociologie proprement dite[2] ». Certes, il attire l'attention sur l'introduction historique et la conclusion théorique, souligne l'heureux retour à la tradition inaugurée par Comte et insiste sur l'inspiration spencérienne (donc évolutionniste). Mais Durkheim s'abstient une nouvelle fois de tout commentaire sur ce livre qui contient pourtant des problématiques qui sont aussi les siennes (par exemple la nature du psychisme collectif) et sur lesquelles il aurait pu s'expliquer.

De la même manière, Durkheim résume mais ne discute pas Alfred Fouillée (dont le nom n'apparaît même pas dans les *Règles*). Il considère – non sans raison – que son livre, *La Science sociale contemporaine* (1880), est « une œuvre de vulgarisation scientifique » et que son auteur a rendu des services à la sociologie « surtout parce qu'il a prêté à cette science encore suspecte et discréditée l'appui de son autorité[3] ».

---

1. G. Tarde, *Les Lois de l'imitation*, Paris, Alcan, 1890.
2. É. Durkheim, « Lo stato attuale degli studi sociologici in Francia », art. cit., p. 90.
3. *Ibid.*, p. 90.

Ainsi, Durkheim se débarrasse rapidement de ses prestigieux prédécesseurs occupés « aux problèmes les plus généraux » de la sociologie. Et il annonce que la nouvelle génération d'universitaires se soucie moins de généralité et veut s'attaquer au vrai problème de son temps : « le mal dont souffrent les sociétés européennes », le désordre moral. De ce point de vue, la thèse de son ancien camarade normalien Gaston Richard [1] lui apparaît comme un modèle du genre puisqu'elle démontre qu'« une doctrine individuelle ne saurait fonder le droit [...]. Le dogme de l'égoïsme, quelle que soit sa forme, enlève au devoir son but, car le devoir consiste surtout à se donner, à se sacrifier, à se résigner », et que donc « l'idée de droit est fille de la solidarité sociale [2] ». Et c'est ici que Durkheim annonce qu'une école de « morale scientifique » « est sur le point de se former » et qu'il « s'en occupe », le reste de l'article italien étant dès lors consacré à la présentation de ses propres vues théoriques et méthodologiques. L'enjeu des *Règles* se précise nettement. Si Durkheim a entrepris de réglementer la sociologie, c'est parce qu'il espère aussi fonder une école et qu'il pense pouvoir la souder autour non pas d'une théorie mais plutôt d'une épistémologie, du moins d'un ensemble de principes fondamentaux qui débordent largement les simples questions de méthode. Voilà le contexte qu'il fallait rappeler.

---

1. G. Richard, *Essai sur l'origine de l'idée de droit*, Paris, Thorin, 1892.
2. É. Durkheim, « Lo stato attuale degli studi sociologici in Francia », art. cit., p. 92.

Relire *Les Règles* aujourd'hui, dépasser la lettre du texte pour en prolonger l'esprit

Les Règles de la méthode sociologique est un livre volontairement dense et abstrait, censé condenser les principes à l'œuvre dans *De la division du travail* et dans « des travaux encore inédits » – à savoir, notamment, ses recherches sur le suicide [1]. En même temps, il semble écrit dans l'ardeur et la détermination qu'encourageait cette situation sociale inédite que constituait le moment d'effervescence accompagnant la création d'une discipline. Il fallait de surcroît à Durkheim se distinguer de ses concurrents les plus récents, à la fois aux marges et au cœur de cette nouvelle discipline : la sociologie. Invoquant l'autorité de Descartes, de Bacon, de Galilée et de toute la tradition du rationalisme scientifique, il a voulu se placer au-dessus de la mêlée et montrer la difficulté d'une science qui mérite plus qu'une simple mode :

> Cet ensemble de règles paraîtra peut-être inutilement compliqué, si on le compare aux procédés qui sont couramment mis en usage. Tout cet appareil de précautions peut sembler bien laborieux pour une science qui, jusqu'ici, ne réclamait guère, de ceux qui s'y consacraient, qu'une culture générale et philosophique [...]. Nous croyons que le moment est venu pour la sociologie

---

[1]. É. Durkheim, *Les Règles de la méthode sociologique*, *op. cit.*, p. 2. Nous avons vu que certaines des convictions méthodologiques de Durkheim sont en réalité constituées dès l'année où il commence à enseigner la sociologie (1888).

de renoncer aux succès mondains, pour ainsi parler, et de prendre le caractère ésotérique qui convient à toute science. Elle gagnera ainsi en dignité et en autorité ce qu'elle perdra peut-être en popularité [1].

Emporté par son élan, Durkheim a ainsi voulu étendre l'épistémologie des sciences expérimentales à la sociologie [2]. De là le fait de vouloir « traiter les faits sociaux comme des choses », de chercher à faire des « découvertes » et de prétendre analyser la société dans « des rapports de cause à effet ». Il s'en expliquait du reste très clairement dans la préface de la première édition des *Règles* :

« [...] La seule [appellation] que nous acceptions est celle de *rationaliste*. Notre principal objectif, en effet, est d'étendre à la conduite humaine le rationalisme scientifique, en faisant voir que, considérée dans le passé, elle est réductible à des rapports de cause à effet qu'une opération non moins rationnelle peut transformer ensuite en règles d'action pour l'avenir. Ce que l'on a appelé notre positivisme n'est qu'une conséquence de ce rationalisme [3].

On retrouve ici en effet la tradition du rationalisme scientifique dans toutes ses dimensions, y compris

---

1. *Ibid.*, p. 144.
2. C'est ce que soulignait à juste titre l'introduction de Jean-Michel Berthelot (« *Les Règles de la méthode sociologique* ou l'instauration du raisonnement expérimental en sociologie ») dans les précédentes éditions de ce livre des éditions Flammarion, sans toutefois éviter la tentation et le piège d'une lecture parfois hagiographique de l'œuvre du « fondateur ».
3. *Ibid.*, p. VII-VIII.

l'ambition d'agir rationnellement et de changer rationnellement la société. On retrouve cette sorte de foi militante en la Science qui, à nouveau, ne se comprend pas en dehors du contexte de la fin du XIXe siècle, de l'affrontement entre spiritualisme et rationalisme et de l'affrontement entre républicains et cléricaux [1].

L'ensemble de ce texte peut ainsi apparaître comme quelque peu daté aux lecteurs du début du XXIe siècle. Et il l'est, évidemment, irrémédiablement. Ne nous arrêtons cependant pas en 1895, observons la réception de ce livre à l'époque, attirons l'attention sur l'évolution de Durkheim par la suite, et enfin demandons-nous ce qu'il reste encore aujourd'hui de cette œuvre.

Comprendre pourquoi ce texte a été mal accueilli à l'époque

L'illusion rétrospective fait souvent croire que ce livre que nous considérons aujourd'hui comme un classique ne put qu'être accueilli comme une remarquable avancée intellectuelle en son temps. Durkheim lui-même était du reste confiant. S'appuyant sur sa qualité de « professionnel » liée à son enseignement à Bordeaux et sur sa réputation renforcée par sa soutenance de thèse, il était persuadé qu'« une pareille entreprise peut et doit être accueillie sans inquiétude et même avec sympathie par tous ceux qui, tout en se

---

[1]. Voir notamment J. Lalouette, *La République anticléricale, XIXe-XXe siècle*, Paris, Seuil, 2002.

séparant de nous sur certains points, partagent notre foi dans l'avenir de la raison [1] ». Sûr de lui, il pouvait tranquillement écrire qu'avec ce livre, « on pourra mieux juger de l'orientation que nous voudrions essayer de donner aux études de sociologie [2] ». Or la suite ne fut pas un long fleuve tranquille. À bien des égards, on peut même dire que la parution des *Règles* a failli déconsidérer Durkheim et contrarier toute son entreprise intellectuelle [3].

Tout d'abord, la parution des *Règles* a ouvert l'affrontement direct entre Durkheim et Tarde. On l'aura remarqué, c'est dans une note de bas de page du premier chapitre que Durkheim porte l'attaque, qui est forte :

> On voit combien cette définition du fait social [par la contrainte extérieure qu'il exerce sur les individus] s'éloigne de celle qui sert de base à l'ingénieux système de M. Tarde. [...] Il semble bien résulter que l'imitation, non seulement n'exprime pas toujours, mais même n'exprime jamais ce qu'il y a d'essentiel et de caractéristique dans le fait social. Sans doute, tout fait social est imité, il a une tendance à se généraliser, mais c'est parce qu'il est social, c'est-à-dire obligatoire. Sa puissance

---

1. É. Durkheim, *Les Règles de la méthode sociologique*, *op. cit.*, préface à la première édition.
2. É. Durkheim, *Les Règles de la méthode sociologique*, *op. cit.*, p. 3.
3. G. Paoletti, « La réception des *Règles* en France, du vivant de Durkheim », *in* M. Borlandi, L. Mucchielli (dir.), *La Sociologie et sa méthode*, *op. cit.*, p. 247-283 ; L. Mucchielli, *La Découverte du social*, *op. cit.*, p. 216-219.

d'expansion est non la cause, mais la conséquence de son caractère sociologique[1].

Et, comme on l'a rappelé ailleurs[2], ce n'était pas rien que d'attaquer l'auteur mondialement connu à l'époque des *Lois de l'imitation* (1890), qui serait nommé au Collège de France quelques années plus tard. Durkheim ouvrait un conflit dont il n'était en réalité pas du tout certain qu'il sortirait vainqueur. La réponse ne se fit du reste pas attendre et Tarde dénoncera « l'illusion ontologique de M. Durkheim », car « c'est une véritable ontologie scolastique que le savant écrivain entreprend de substituer en sociologie à la psychologie qu'il combat ». Il conclura même sa réponse en poussant les uns et les autres à choisir un camp : « Si j'osais, moi aussi, pousser à bout [mon] idée, peut-être alors serais-je amené à dire qu'entre la fantasmagorie ontologique de M. Durkheim et notre hypothèse néo-monadologique, il faut choisir ; que, celle-ci rejetée, celle-là s'impose[3]. » Et, dans un premier temps, c'est bien Tarde et non Durkheim qui eut le dessus.

---

1. É. Durkheim, *Les Règles de la méthode sociologique*, *op. cit.*, p. 3.
2. L. Mucchielli, « Tardomania. Réflexions sur les usages contemporains de Tarde », repris in *Mythes et histoire des sciences humaines*, *op. cit.*, p. 44-72. Sur la controverse entre Tarde et Durkheim, cf. Ph. Besnard, « Des *Règles* au *Suicide* : Durkheim critique de Tarde », *in* M. Borlandi, L. Mucchielli, *La Sociologie et sa méthode*, *op. cit.*, p. 221-243.
3. G. Tarde, « La sociologie élémentaire », *Annales de l'Institut international de sociologie*, 1895, 2, p. 213 et 223.

En effet, la grande majorité des comptes rendus et évocations des *Règles* qui paraissent dans les mois suivants sont clairement défavorables à Durkheim. Ceux-là mêmes qui avaient encensé la *Division du travail social* deux ou trois ans auparavant expriment leur déception, voire leur hostilité. Même son ami Lucien Herr voit dans *Les Règles* une « construction logique analogue aux pires systèmes de la métaphysique ». La proposition durkheimienne de « dégager les faits sociaux de leurs manifestations individuelles » et de « les traiter comme des choses » fait presque scandale. On se moquera même, et pendant longtemps, du « chosisme » de l'auteur.

Face à cet échec, Durkheim a dû expliquer et convaincre et il lui a fallu deux à trois ans pour remonter la pente, jusqu'à la publication du *Suicide* en 1897 et le lancement de *L'Année sociologique* l'année suivante. La présente édition des *Règles* contient d'ailleurs également la préface à la deuxième édition des *Règles*, en 1901. D'emblée, Durkheim y reconnaît que : « Quand ce livre parut pour la première fois, il souleva d'assez vives controverses. [...] Pendant un temps, il nous fut presque impossible de nous faire entendre. [...] On nous taxa de réalisme et d'ontologisme. [...] On nous accusa d'éliminer l'élément mental de la sociologie[1]. » Et, même s'il a la sagesse de ne pas mettre en avant son propre impact (surtout celui de la publication du *Suicide*), il a raison d'expliquer le fait que « pendant ces dernières années, la cause de la

---

1. É. Durkheim, *Les Règles de la méthode sociologique*, op. cit., p. IX.

sociologie objective, spécifique et méthodique a gagné du terrain sans interruption » par « la fondation de *L'Année sociologique*[1] ».

On lira également avec attention cette préface à la deuxième édition car Durkheim tente ensuite de s'y expliquer sur ce qu'il considère comme l'essentiel et de répondre par là même aux critiques qui le touchent le plus. À nouveau, s'il n'est pas question ici de résumer l'ensemble de son propos, on insistera sur un point précis mais central, à savoir ce qu'il faut entendre par « choses », terme qui soulève la question du psychisme et celle de l'autonomie explicative de la sociologie par rapport à la psychologie[2]. C'est en effet sur ce point que Durkheim a le plus bataillé pour convaincre ses premiers collaborateurs, tels Célestin Bouglé et Paul Lapie, ainsi que beaucoup de ses lecteurs. Il affirmera pour cela trois choses fondamentales : *premièrement*, que son but est simplement et uniquement de déterminer une façon objective de traiter l'analyse des phénomènes sociaux[3] ; *deuxièmement*, que cela ne signifie pas qu'il faille évacuer les états psychologiques des êtres humains : bien au contraire, Durkheim écrira à plusieurs reprises que le cœur de la sociologie est l'étude des représentations ; *troisièmement*,

---

1. É. Durkheim, *Les Règles de la méthode sociologique, op. cit.*, p. X.
2. Pour des détails, voir L. Mucchielli, *La Découverte du social, op. cit.*, p. 219 *sqq*.
3. Même si, en fait, sa pensée est un peu plus complexe. Mais on renvoie ici aux analyses de R. A. Jones, *The Development of Durkheim's Social Realism*, Cambridge, Cambridge University Press, 1999.

que ces représentations étant collectives, elles nécessitent des explications sociales et non individuelles et que c'est pour cela qu'il faut « faire de la sociologie sociologiquement » et « expliquer le social par le social ».

Connaître l'assouplissement méthodologique de Durkheim sur l'analyse de la religion

Les livres les plus connus (et du reste les plus édités) de Durkheim sont assurément ses trois premiers : la *Division*, *Les Règles* et *Le Suicide*. Pourtant, à partir de 1898 [1], il est clair que la « grande affaire » de la vie intellectuelle de Durkheim fut la religion, étudiée en profondeur grâce, en particulier, à un réinvestissement de l'ethnographie jugée désormais fiable [2]. Et ce développement de la pensée de Durkheim a occasionné sur le tard une évolution non négligeable au regard de la méthode sociologique [3]. Ainsi, dans *Les Règles*, l'un des

---

1. Prenons pour point de départ la publication du premier volume de *L'Année sociologique* et le long texte que Durkheim y publie sur la prohibition de l'inceste.
2. Voir notamment W.S.F. Pickering, *Durkheim's Sociology of Religion : Themes and Theories*, Routledge, Londres, 1984 et R. A. Jones, « Durkheim, Frazer and Smith : the Role of Analogies and Exemplars in the Development of Durkheim's Sociology of Religion », *American Journal of Sociology*, 1986, 92 (3), p. 596-627.
3. Repéré également par F. Héran, « Un dérèglement de la méthode sociologique ? La rupture à moindres frais », *in* M. Borlandi, L. Mucchielli (dir.), *La Sociologie et sa méthode*, *op. cit.*, p. 208, n. 1.

passages les plus virulents porte sur l'analyse des faits religieux et il est consacré à la critique d'un auteur (Joseph Darmesteter, membre de la communauté juive) qui écrivait qu'on ne peut étudier la religion sans partager la foi. Durkheim se montre alors particulièrement irrité :

> On ne saurait s'élever avec trop de force contre cette doctrine mystique qui – comme tout mysticisme, d'ailleurs – n'est, au fond, qu'un empirisme déguisé, négateur de toute science. Les sentiments qui ont pour objets les choses sociales n'ont pas de privilège sur les autres, car ils n'ont pas une autre origine. Ils se sont, eux aussi, formés historiquement ; ils sont un produit de l'expérience humaine mais d'une expérience confuse et inorganisée. [...] Bien loin qu'ils nous apportent des clartés supérieures aux clartés rationnelles, ils sont faits exclusivement d'états forts, il est vrai, mais troubles. Leur accorder une pareille prépondérance, c'est donner aux facultés inférieures de l'intelligence la suprématie sur les plus élevées, c'est se condamner à une logomachie plus ou moins oratoire. Une science ainsi faite ne peut satisfaire que les esprits qui aiment mieux penser avec leur sensibilité qu'avec leur entendement, qui préfèrent les synthèses immédiates aux analyses patientes et lumineuses de la raison. Le sentiment est objet de science, non le critère de la vérité scientifique [1].

Vingt ans plus tard, Durkheim va pourtant assouplir fortement cette position lors d'une communication prononcée le 18 janvier 1914 devant l'Union de

---

1. É. Durkheim, *Les Règles de la méthode sociologique*, *op. cit.*, p. 33-34.

libres-penseurs et de libres-croyants pour la culture morale. S'adressant aux libres-penseurs, il leur explique que la religion est un « système de forces », des forces qui « pénètrent la vie intérieure de l'individu » et qui peuvent « soulever des montagnes » ou saisir les individus d'un « véritable délire » lorsqu'ils se trouvent « sous l'effet de l'entraînement collectif ». Il leur demande alors « de se placer en face de la religion dans l'état d'esprit du croyant », car :

> C'est à cette condition seulement qu'il [le libre-penseur] peut espérer la comprendre. Qu'il la sente, telle que le croyant la sent, car elle n'est véritablement que ce qu'elle est pour ce dernier. Aussi, quiconque n'apporte pas à l'étude de la religion cette sorte de sentiment religieux ne peut en parler ! Il ressemblerait à un aveugle qui parlerait de couleurs. Or, pour le croyant, [...] ce qui l'attache à sa foi, c'est qu'elle fait partie de son être, c'est qu'il ne peut y renoncer, lui semble-t-il, sans perdre quelque chose de lui-même, sans qu'il en résulte une dépression, une diminution de sa vitalité, comme un abaissement de sa température morale. En un mot, la caractéristique de la religion, c'est l'influence dynamogénique qu'elle exerce sur les consciences. Expliquer la religion, c'est donc, avant tout, expliquer cette influence[1].

Plus loin, s'adressant cette fois aux croyants, il leur assure qu'« il ne peut pas y avoir une interprétation rationnelle de la religion qui soit foncièrement irréligieuse ; une interprétation irréligieuse de la religion

---

1. É. Durkheim, « L'avenir de la religion », 1914, repris *in* É. Durkheim, *La Science sociale et l'action*, Paris, Presses universitaires de France, 1970, p. 309.

serait une interprétation qui nierait le fait dont il s'agit de rendre compte. Rien n'est plus contraire à la méthode scientifique[1] ».

Ainsi, Durkheim réintroduit la subjectivité dans l'étude du rapport des individus à l'institution, sa démarche est ici totalement compréhensive au sens wébérien. Une telle évolution mérite deux commentaires. Le premier est que cette évolution est donc à inscrire dans la trajectoire intellectuelle de Durkheim marquée par un intérêt de plus en plus exclusif porté aux phénomènes religieux, pour la raison qu'il y verra progressivement une source fondamentale de ces fameuses « manières d'agir, de penser et de sentir » que la vie sociale imprime dans les consciences individuelles. Le second est que cette évolution est en réalité à inscrire également dans l'étude de la personnalité même de Durkheim, marquée d'une part par sa rupture avec les intenses croyances et pratiques religieuses de sa famille (rappelons que son père était rabbin) et d'autre part par une profonde dépressivité, ces deux éléments ayant fortement déterminé sa croyance en un réconfort, voire un salut par la vie sociale et la chaleur du groupe[2].

Enfin, ces constats nous amèneraient volontiers à proposer une autre « règle » de la lecture et du

---

1. *Ibid.*, p. 310.
2. Pour plus de détails, voir J.-C. Filloux, *Durkheim et le socialisme*, Droz, Genève, 1977, l'ouvrage déjà cité de W. Pickering, *Durkheim's Sociology of Religion, op. cit.*, ainsi que L. Mucchielli, « La "révélation" d'Émile Durkheim », repris in *Mythes et histoire des sciences humaines, op. cit.*, p. 297-329.

commentaire de Durkheim, que l'on pourrait formuler ainsi : comparer les principes méthodologiques abstraits énoncés par Durkheim dans *Les Règles* avec les démarches méthodologiques qu'il mit concrètement en œuvre dans ses travaux empiriques. Nous ne saurions ici nous livrer à un tel exercice, qui occuperait à lui seul plusieurs dizaines de pages, mais signalons que c'est bien ce qui nourrit encore aujourd'hui certains débats sur l'interprétation de l'œuvre de Durkheim [1].

Au terme de cette introduction à la lecture des *Règles* et des deux textes joints (le texte italien de 1895 et la préface à la deuxième édition en 1901), nous disposons de clefs pour replacer et comprendre ce fameux livre dans le contexte qui l'a vu naître. Mais que conclure sur l'actualité de Durkheim ? Certes, des débats théoriques se poursuivent sur les concepts de Durkheim, de Tarde et des autres grands penseurs de la « Belle Époque ». En ce sens, Durkheim appartient à l'histoire des idées, il occupe les historiens des idées ou les philosophes. Mais nous nous adressons plutôt ici à ceux qui pratiquent ou se destinent à la pratique de la sociologie comme discipline empirique productrice de connaissances sur les sociétés actuelles. À ceux-là, nous proposons de retenir quatre grands sujets de réflexion, que nous illustrerons par quelques exemples

---

1. Voir notamment les thèses de A. W. Rawls, *Epistemology and Practice. Durkheim's Elementary Forms of Religious Life*, Cambridge, Cambridge University Press, 2004 ; ainsi que les débats autour de ce livre dans M. de Fornel, C. Lemieux (dir.), *Naturalisme versus constructivisme ?*, Paris, Éditions de l'EHESS, 2007.

qui nous sont familiers (mais chaque sociologue en trouvera aisément d'autres), sans oublier de signaler en passant que Durkheim lui-même n'a parfois pas respecté les bonnes règles qu'il avait fixées. C'est donc le plus souvent de l'esprit et non de la lettre du texte durkheimien que nous pouvons encore aujourd'hui nous inspirer.

Reconnaître et mettre à distance les « prénotions »

C'est d'abord et avant tout la *posture scientifique* de Durkheim dont nous pouvons nous sentir les héritiers, dans un monde intellectuel, éditorial et parfois même universitaire dont n'ont jamais disparu les essayistes, et où les « prénotions » ont souvent la vie dure. Passons sur l'essayisme, qui est un genre littéraire, et jetons un voile pudique sur les quelques représentants de ce genre qui subsistent à l'université et, lorsqu'ils ont des appuis politiques, jusque dans de hautes instances de l'enseignement supérieur et de la recherche. Insistons en revanche sur les « prénotions » que tout sociologue rencontre tôt ou tard dans ses recherches [1]. Durkheim les définit dans *Les Règles*

---

1. Et auxquelles Durkheim lui-même n'échappa logiquement pas, comme en témoigne par exemple son explication du suicide des femmes : Ph. Besnard, « Durkheim et les femmes ou *Le Suicide* inachevé », *Revue française de sociologie*, 1973, 14 (1), p. 27-61. Plus largement, voir aussi M. Gane, « Durkheim : Woman as Outsider », *Economy and Society*, 1983, 12 (2), p. 227-270 ; ainsi que J. Pedersen, « Something Mysterious : Sex Education, Victo-

comme « des représentations schématiques et sommaires », qui sont bien adaptées à des pratiques sociales parce que « l'homme ne peut pas vivre au milieu des choses sans s'en faire des idées d'après lesquelles il règle sa conduite », mais qui n'ont rien de scientifiques, qui « défigurent le véritable aspect des choses et que nous prenons pourtant pour les choses mêmes [1] ». C'est pour s'en émanciper que Durkheim pose sa fameuse « règle fondamentale » : « Les phénomènes sociaux sont des choses et doivent être traités comme des choses. » Ce sont en effet les données de départ du sociologue : « Est chose tout ce qui est donné, tout ce qui s'offre ou, plutôt, s'impose à l'observation. Traiter des phénomènes comme des choses, c'est les traiter en qualité de *data* qui constituent le point de départ de la science [2]. »

Prenons deux exemples.

Travaillant sur l'école et les acteurs du monde scolaire, le sociologue rencontre tôt ou tard une prénotion prégnante : la « démission des parents ». Et on le sommera peut-être de trancher à son tour : oui ou non, les parents des élèves en difficulté sont-ils « démissionnaires » ? Suivant le principe durkheimien, le sociologue devra évidemment refuser de répondre en ces termes mais, en retour, il prendra la question pour point de départ (*data*) de son analyse en se

---

rian Morality, and Durkheim's Comparative Sociology », *Journal of the History of the Behavioral Sciences*, 1998, 34 (2), p. 135-151.

1. É. Durkheim, *Les Règles de la méthode sociologique, op. cit.*, p. 20-23.
2. *Ibid.*, p. 35.

demandant quelle fonction remplit ce discours, quelles en sont les raisons pratiques. Il découvrira sans doute alors d'autres choses. Par exemple que cette représentation permet à beaucoup d'acteurs du monde scolaire (enseignants, chefs d'établissement, etc.) d'expliquer des faits concrets comme l'absence de certains parents aux réunions ; ou encore que cette représentation constitue également une justification commode face au problème des difficultés scolaires, voire de l'échec d'une partie (plus ou moins importante selon les établissements) des enfants [1]. Enfin, après avoir analysé les véritables raisons d'être de cette prénotion, le sociologue pourra partir en quête des explications proprement scientifiques des faits constatés, ici l'invisibilité institutionnelle de certains parents et l'échec d'une partie des enfants.

Mais les prénotions n'irriguent pas seulement les représentations des acteurs de la vie sociale quotidienne, elles se rencontrent aussi au fondement de certaines théories scientifiques. Par exemple, travaillant sur la déviance et la délinquance, le sociologue ne peut pas ne pas rencontrer la théorie dite du « choix rationnel ». De l'économiste états-unien Gary Becker au criminologue québécois Maurice Cusson, en passant par le psychocriminologue Ronald Clarke, cette théorie, et ses différentes variantes, est assez répandue [2]. Elle

---

1. Voir B. Lahire, *Tableaux de famille. Heurs et malheurs scolaires en milieux populaires*, Paris, Seuil, 1995 ; ainsi que D. Thin, *Quartiers populaires. L'école et les familles*, Lyon, Presses universitaires de Lyon, 1998.
2. F. Bonnet, « De l'analyse économique du crime aux nouvelles criminologies anglo-saxonnes ? », *Déviance et société*, 2006, 30 (2), p. 137-154.

tombe pourtant sous le coup de la même critique et nécessite la même mise à distance de la part du sociologue. Dire que le crime est un choix rationnel d'action repose en effet sur le même mécanisme : c'est une explication qui rencontre des raisons pratiques mais qui induit en erreur quant à l'explication de la raison d'être de ce comportement. Les raisons pratiques sont celles que l'auteur d'une infraction connaît et reconnaîtra dans un bon entretien sociologique : si le voleur de voiture a choisi telle voiture et non telle autre, c'est bien au terme d'un choix rationnel car telle voiture est plus facile à voler que telle autre, ou bien elle a une valeur supérieure à la revente illégale. Plus largement, si le voleur a choisi de se spécialiser dans le vol de voitures et non dans le braquage de bijouteries, c'est bien aussi au terme d'un choix rationnel : les risques sont moins grands, ou bien nécessitent un savoir-faire qu'il peut acquérir plus facilement. Ces choix sont irréfutables, ils font du reste l'objet d'une autre théorisation bien connue dans la criminologie anglo-saxonne : la théorie des « *routine activities* », qui fonde les politiques dites de « prévention situationnelle [1] ». Pourtant, la théorie du « choix rationnel » est

---

1. L. E. Cohen, M. Felson, « Social Change and Crime Rate Trends : A Routine Activity Approach », *American Sociological Review*, 1979, 44, p. 588-608. Cette théorie explique en particulier l'augmentation des taux de vols et de cambriolages aux États-Unis, à partir des années 1960, par l'augmentation du nombre de biens à voler (le développement de la société de consommation) qui sont laissés sans surveillance. Les auteurs précisent cependant ne pas chercher à expliquer qui sont les voleurs et pourquoi ils sont devenus tels ; dans leur théorie, ils les considèrent comme un fait ou une donnée de la situation.

fausse dès lors qu'elle prétend expliquer pourquoi cette personne est devenue un voleur plutôt qu'un professeur d'université. Elle n'en livre en réalité aucune raison. Seul le récit de vie de notre voleur permettra de comprendre son parcours et, bien souvent, on y découvrira que la principale différence d'avec celui du professeur d'université réside dans leurs origines sociales et leurs parcours scolaires [1]. En réalité, le voleur n'a jamais eu le *choix* de devenir tel plutôt que professeur d'université. Et c'est tout de même un comble que le second ne s'en aperçoive pas et s'imagine que le voleur a « choisi » depuis toujours de faire carrière dans le vol parce que ce serait plus avantageux ou bien que cela lui permettrait de « mener une vie de fêtard et de flambeur », comme le croit Cusson [2].

Le même constat peut être fait à propos de l'explication des trajectoires de ceux que l'on appelle aujourd'hui les « sans-abri ». Il y a un demi-siècle, le travail pionnier, majeur et relativement méconnu d'Alexandre Vexliard avait dû s'attaquer aux prénotions fondant le « mythe du clochard heureux » ayant « choisi » sa condition et refusant en toute conscience les aides à la réinsertion [3]. Il avait montré en retour

---

1. H. Lagrange, « Déviance et réussite scolaire à l'adolescence », *Recherches et prévisions*, 2007, 88, p. 53-70 ; L. Mucchielli, M. Mohammed, « Délinquance juvénile », *in* A. Van Zanten (dir.), *Dictionnaire de l'éducation*, Paris, Presses universitaires de France, 2008, p. 109-111.

2. M. Cusson, *La Délinquance, une vie choisie : entre plaisir et crime*, Montréal, Hurtubise, 2006.

3. A. Vexliard, *Le Clochard. Étude de psychologie sociale* (1957), rééd. Paris, Desclée de Brouwer, 1997 ; et nos commentaires : L. Mucchielli, « Clochards et sans-abri : actualité de l'œuvre

que cette attitude de certains clochards caractérisait le dernier stade d'un processus de désocialisation qu'il a longuement analysé à travers les trajectoires biographiques. Au fond, et pour paraphraser un célèbre article de Philippe Besnard, ces théories dites du choix rationnel ne sont même pas anti-sociologiques, elles sont véritablement anté-sociologiques [1].

Défendre l'impérieuse nécessité d'administrer la preuve

En second lieu, cette posture scientifique que doit adopter tout sociologue, et qui lui commande en effet de traiter les phénomènes sociaux comme des choses, se prolonge dans une autre caractéristique fondamentale : l'administration de la preuve. Sans doute est-ce ici que le scientifique se distingue le plus de l'essayiste qui, si brillant puisse-t-il être, ne s'embarrasse pas de longues enquêtes avant d'oser affirmer quelque chose sur le social. À nouveau, retenons l'esprit des *Règles* plus que la lettre de son texte. En effet, emporté par l'analogie avec les sciences physiques ou biologiques, manifestement influencé (sans le nommer) par Claude Bernard et son célèbre éloge de la méthode expérimentale [2], Durkheim adopte une épistémologie sur ce

---

d'Alexandre Vexliard », *Revue française de sociologie*, 1998, 39 (1), p. 105-138.

1. Ph. Besnard, « Anti- ou anté-durkheimisme ? Contribution au débat sur les statistiques officielles du suicide », *Revue française de sociologie*, 1976, 17 (2), p. 313-341.

2. C. Bernard, *Introduction à l'étude de la médecine expérimentale*, Paris, Baillière, 1865 (réédité dans la présente collection des

point quelque peu simpliste. Pour lui, le « principe de causalité » « se dégage de la science elle-même », il lui semble absolument évident qu'« à un même effet correspond toujours une même cause », par conséquent : « L'explication sociologique consiste exclusivement à établir des rapports de causalité, qu'il s'agisse de rattacher un phénomène à sa cause, ou, au contraire, une cause à ses effets utiles [1]. » Certes, Durkheim reconnaît que « les phénomènes sociaux sont complexes », et il précise bien que sous un même mot peuvent se cacher des phénomènes de nature différente : il n'y a pas *un* mais *des* suicides, il n'y a pas *un* mais *des* crimes. Pourtant, il maintient sa conception de la causalité et pense pouvoir la mettre en application grâce à une méthode qui est « le seul procédé expérimental » applicable en sociologie et par conséquent « l'instrument par excellence des recherches sociologiques » : « la méthode des variations concomitantes ». Son principe est le suivant : « La manière dont un phénomène se développe en exprime la nature ; pour que deux développements se correspondent, il faut qu'il y ait aussi une correspondance dans les natures qu'ils manifestent. La concomitance constante est donc, par elle-même, une

---

éditions Flammarion) ; et les analyses de J. Michel, « Émile Durkheim et la naissance des sciences sociales dans le milieu bernardien », *in* J. Michel (dir.), *La Nécessité de Claude Bernard*, Paris, Klincksieck, 1991, p. 229-254. On sait que Bergson, qui était de la même génération que Durkheim, dira plus tard de ce fameux livre de Claude Bernard qu'il « est un peu pour nous ce que fut, pour le XVIIe et le XVIIIe siècle, le *Discours de la méthode* ».

1. É. Durkheim, *Les Règles de la méthode sociologique, op. cit.*, p. 153 et 157.

loi, quel que soit l'état des phénomènes restés en dehors de la comparaison [1]. » C'est la constitution et la comparaison de séries statistiques que préconise ici Durkheim. Enfin, il précise que si cette méthode permet d'établir un lien fondamental entre deux ordres de phénomènes, elle n'en fournit pas l'explication ultime dans la mesure où la variation concomitante peut être due à l'action d'un troisième facteur qui est la véritable cause des deux premiers.

Certes, ce que dit Durkheim n'est pas en soi contestable. Mais pour être nécessaire, méthodologiquement, ce n'est pas suffisant. Loin s'en faut. Il nous faut donc à nouveau dépasser le texte durkheimien, de deux façons.

D'abord, sur le plan des méthodes statistiques, si la méthode des variations concomitantes constituait l'état le plus avancé des techniques statistiques en 1890, tel n'est évidemment plus le cas. À bien des égards, et contrairement à ce que les manuels d'histoire de la sociologie ont trop souvent prétendu, la pensée statistique de Durkheim apparaît même davantage comme un point d'arrivée que comme un commencement. Elle se situe en effet, du moins dans *Les Règles* (car Durkheim approfondira l'analyse dans *Le Suicide*), dans la lignée des travaux du célèbre statisticien belge Adolphe Quételet (1796-1874) et dans un mode de pensée qu'Alain Desrosières appelle le « réalisme des agrégats », consistant à raisonner sur des régularités statistiques, des moyennes, des agrégats et

---

1. É. Durkheim, *Les Règles de la méthode sociologique*, *op. cit.*, p. 160.

des superpositions de courbes [1]. En réalité, au moment même où Durkheim écrit, la pensée statistique s'apprête à connaître une évolution importante du fait d'auteurs anglais comme Francis Galton et Karl Pearson qui vont (avec d'autres) inventer la statistique du XXe siècle, ses coefficients de corrélation, ses analyses de variance, ses droites de régression et son raisonnement « toutes choses égales par ailleurs » [2]. On ne saurait reprocher à Durkheim (dont la statistique n'était pas le métier et qui n'avait jamais reçu de formation particulière en ce sens) de méconnaître ce qui n'était pas encore acquis dans l'histoire de la pensée statistique, du moins en France [3]. Par ailleurs, la méthode des variations concomitantes demeure la base de bien des analyses statistiques en sociologie [4]. Mais l'on peut aujourd'hui aller évidemment beaucoup plus loin.

Ensuite, et de façon plus générale, il est clair que Durkheim a cédé à un certain scientisme en valorisant surtout ici les méthodes statistiques comme outils

---

1. A. Desrosières, *La Politique des grands nombres. Histoire de la raison statistique*, Paris, La Découverte, 1993, p. 87 *sqq*.

2. Voir aussi S. Stigler, *The History of Statistics. The Measurement of Uncertainely before 1900*, Cambridge, Harvard University Press, 1986.

3. Le fameux livre de Pearson, *La Grammaire de la science*, ne sera traduit en français qu'en 1912, à l'initiative de Lucien March, le directeur de la Statistique générale de la France (ancêtre de l'INSEE).

4. C. Baudelot, R. Establet, « À propos des variations concomitantes », *in* C.-H. Cuin (dir.), *Durkheim d'un siècle à l'autre. Lectures actuelles des « règles de la méthode sociologique »*, Paris, Presses universitaires de France, 1997, p. 131-152.

d'administration de la preuve en sociologie [1]. En cela, il perpétue le vieux rêve scientiste du XIXe siècle de mettre l'Homme en équation mathématique. Or, ce rêve est dangereux dans son simplisme, il incline fatalement l'esprit, *primo* à croire que les choses sont simples lorsqu'elles sont souvent complexes, *secundo* à se satisfaire des corrélations statistiques en croyant par là avoir achevé le travail d'administration de la preuve, *tertio* à tenter de « prouver statistiquement » des raisonnements issus de la volonté de démontrer à tout prix telle idée, quand ils ne sont pas issus de purs et simples préjugés [2].

Conséquemment, il faut aussi reconnaître la valeur démonstrative des méthodes qualitatives. Et, sur ce point, force est donc de porter un regard rétrospectif plus sévère sur Durkheim. Certes, on l'a déjà signalé, ce n'est pas sans raisons que Durkheim se méfiait encore au début des années 1890 de ce qui, en fait de données ethnographiques, étaient souvent des observations

---

[1]. Il terminera cependant le chapitre relatif à « l'administration de la preuve » en insistant aussi sur le recours à l'histoire et la méthode comparative, dans des pages qui trahissent toutefois l'évolutionnisme dominant alors toute la pensée savante occidentale.

[2]. On a ainsi pu montrer que, dans *Le Suicide*, Durkheim lui-même céda à certains moments à la tentation de jouer avec les statistiques pour montrer ce qu'il voulait *a priori* montrer, en produisant les chiffres arrangeant ses démonstrations et en dissimulant ceux qui ne les arrangeaient pas : Ph. Besnard, « Durkheim et les femmes ou *Le Suicide* inachevé », *op. cit.* ; ainsi que L. Mucchielli, M. Renneville, « Les causes du suicide : pathologie individuelle ou sociale ? Durkheim, Halbwachs et les psychiatres de leur temps (1830-1930) », *Déviance et société*, 1998, 22 (1), p. 3-36.

partielles et partiales issues des récits de voyageurs. Mais il se méfiait sans doute encore plus de ceux de ses rivaux qui utilisaient abondamment ces sources, et nous avons vu qu'il évoluera rapidement sur cette question au point, à partir de 1897, de fonder la plus large partie de ses travaux de sociologie religieuse sur des données ethnographiques qu'il estimera désormais recueillies avec davantage de méthode [1]. Certes encore, Durkheim ne pouvait pas discuter de la méthode des entretiens compréhensifs ou des questionnaires individuels dont les psychosociologues américains ne formaliseront les méthodes qu'à partir des années 1930, au travers notamment de grandes enquêtes sur les conditions de travail dans les usines. Mais, cela étant, il n'en reste pas moins que Durkheim a occulté d'autres types de recueil de données qualitatives faisant l'objet de formalisation méthodologique. L'on pense ici bien entendu aux grandes enquêtes réalisées par Frédéric Le Play (1806-1882) et ses continuateurs, en particulier les monographies de familles ouvrières [2]. En Angleterre et aux États-Unis, ces monographies et ces récits de vie se développeront dès la fin du XIXe siècle. Au point que la célèbre étude de Thomas et Znaniecki sur les récits d'immigration aux États-Unis des paysans

---

1. Au demeurant, la coupure entre la « mauvaise science » que représenteraient les vieux récits de voyageurs et la « bonne science » (ethnologique) qui serait née dans les années 1910 avec Malinowski constitue elle aussi un mythe fondateur qui doit être fortement relativisé (C. Blanckaert [dir.], *Le Terrain des sciences humaines (XVIIIe-XXe siècle)*, Paris, L'Harmattan, 1996).

2. A. Savoye, « La monographie sociologique : jalons pour son histoire (1855-1914) », *Les Études sociales*, 2000, 1-2, p. 11-46.

polonais (1918) deviendra par la suite un ouvrage considéré comme fondateur de la sociologie américaine en général et de l'École de Chicago en particulier [1]. Ce type de pratique de la sociologie, que l'on dirait aujourd'hui « de terrain », était clairement hors du champ de pensée de Durkheim et, plus largement, des jeunes philosophes de sa génération et des suivantes puisque, on le sait, dans les années 1930, lorsque Maurice Halbwachs fera le voyage à Chicago, il découvrira avec effarement et avec somme toute peu de considération « scientifique » les modes d'enquêtes de terrain de ses collègues états-uniens [2].

Répétons donc encore que l'ouvrage de Durkheim ne saurait être pris (comme il l'a trop souvent été) comme une rupture et un commencement. Cette histoire hagiographique du « fondateur » doit définitivement être dépassée, y compris lorsque l'auteur concerné a lui-même tout fait pour se poser comme tel. Et il ne s'agit pas non plus de céder à une autre forme de présentisme consistant à lui reprocher de ne pas avoir pensé ce que nous pensons plus d'un siècle après. Il s'agit d'abord de comprendre pourquoi Durkheim écrivait ce qu'il écrivait au moment où il l'écrivait, pour mieux *ensuite* le dépasser.

---

1. Sur la construction (du reste également en partie erronée) de ce statut de fondateur, voir J.-M. Chapoulie, « Comment écrire l'histoire de la sociologie : l'exemple d'un classique ignoré, *Le Paysan polonais* », *Revue d'histoire des sciences humaines*, 2001, 5, p. 143-169.

2. J.-C. Marcel, « Maurice Halbwachs à Chicago ou les ambiguïtés d'un rationalisme durkheimien », *Revue d'histoire des sciences humaines*, 1999, 1, p. 47-67.

Expliquer (aussi loin que possible) le social par le social

Durkheim y a insisté lourdement et à de nombreuses reprises : la sociologie doit en permanence lutter contre la réduction du social à l'individuel. Si les facultés individuelles suffisaient à expliquer les comportements sociaux, alors une discipline comme la sociologie n'aurait pas de raison d'être. Et l'on connaît la formule clef de Durkheim : « *un tout n'est pas identique à la somme de ses parties, il est quelque chose d'autre et dont les propriétés diffèrent de celles que présentent les parties dont il est composé* », ce qui signifie que l'« association » des individus engendre quelque chose de nouveau, Durkheim allant jusqu'à dire « une individualité psychique d'un genre nouveau », une « conscience collective distincte des consciences individuelles »[1]. Un peu plus loin, il précise de façon décisive le rapport entre l'individuel et le social :

> Il est clair que les caractères généraux de la nature humaine entrent dans le détail de l'élaboration d'où résulte la vie sociale. Seulement, ce n'est pas eux qui la suscitent ni qui lui donnent sa forme spéciale ; ils ne font que la rendre possible. Les représentations, les émotions, les tendances collectives n'ont pas pour causes génératrices certains états de la conscience des particuliers, mais les conditions où se trouve le corps social dans son ensemble. Sans doute, elles ne peuvent se réaliser que si les natures individuelles n'y sont pas réfractaires ;

---

1. É. Durkheim, *Les Règles de la méthode sociologique*, op. cit., p. 126-127.

mais celles-ci ne sont que la matière indéterminée que le facteur social détermine et transforme. Leur contribution consiste exclusivement en états très généraux, en prédispositions vagues et, par suite, plastiques qui, par elles-mêmes, ne sauraient prendre les formes définies et complexes qui caractérisent les phénomènes sociaux, si d'autres agents n'intervenaient [1].

Ce « quelque chose de nouveau » qu'est le fait social constitue donc la raison d'être de la sociologie et il est en réalité l'essentiel dans le comportement humain. Tel est bien le « fil conducteur » des *Règles* et, à bien des égards, de toute la sociologie de Durkheim [2]. Et si Durkheim l'a défendu avec autant d'acharnement et de radicalité, c'est parce que son projet était avant tout d'établir la légitimité et la spécificité de la sociologie. Ce qu'il rappelle du reste dans la conclusion des *Règles* :

> La sociologie n'est l'annexe d'aucune autre science ; elle est elle-même une science distincte et autonome, et le sentiment de ce qu'a de spécial la réalité sociale est même tellement nécessaire au sociologue que seule une culture spécialement sociologique peut le préparer à l'intelligence des faits sociaux. [...] Une science ne peut se regarder comme définitivement constituée que quand elle est parvenue à se faire une personnalité indépendante. Car elle n'a de raison d'être que si elle a pour

---

1. É. Durkheim, *Les Règles de la méthode sociologique*, *op. cit.*, p. 130.
2. M. Borlandi, « Les faits sociaux comme produits de l'association entre les individus. Le fil conducteur des *Règles* », *in* M. Borlandi, L. Mucchielli (dir.), *La Sociologie et sa méthode*, *op.cit.*, p. 139-163.

matière un ordre de faits que n'étudient pas les autres sciences[1].

Ce point fut, on l'a vu, objet de discordes au moment de la publication des *Règles*, en particulier l'affirmation durkheimienne de l'existence d'une rupture entre les phénomènes sociaux et les phénomènes psychologiques. Et il est clair que, malgré ses explications, Durkheim n'en a pas moins réifié les phénomènes sociaux d'une façon que son ami Lucien Herr n'avait pas tort de qualifier de « métaphysique ». Nous pouvons donc recommander au présent lecteur des *Règles* de s'émanciper du vocabulaire et des emportements philosophiques de Durkheim, ainsi que de cette nécessité impérieuse que ressentait Durkheim de fonder les faits sociaux comme un ordre de phénomènes irréductible à toute approche individuelle. L'histoire a passé et l'existence de la sociologie comme discipline scientifique est acquise. Mieux : la sociologie a démontré tout au long de la seconde moitié du XXe siècle qu'elle pouvait trouver le social à travers l'analyse des individus, de leurs actions et interactions. Nous devons donc considérer comme appartenant définitivement au passé ce « refus méthodique d'une sociologie des intentions » et cette « installation d'une sociologie sans acteur » qui caractérisent la conception durkheimienne[2], même si nous avons vu que

---

1. É. Durkheim, *Les Règles de la méthode sociologique*, *op. cit.*, p. 177.
2. Pour reprendre les expressions de F. Dubet, « Durkheim sociologue de l'action : l'intégration entre le positivisme et l'éthique », *in* C.-H. Cuin (dir.), *Durkheim d'un siècle à l'autre*, *op. cit.*, p. 203-221 (ici p. 210).

Durkheim évolua sur ce point au soir de sa vie. Reste cependant qu'il nous faut conserver le principe durkheimien consistant à « expliquer le social par le social », principe qui ne présuppose nullement l'éviction des acteurs et des consciences, qui demeure au fondement même de la sociologie et dont les recherches empiriques produites par les sociologues apportent tous les jours la confirmation. Le conserver, et même le défendre.

En effet, force est de constater que, en France et plus encore aux États-Unis, les sociologues sont régulièrement confrontés à des tentatives de réduction des phénomènes sociaux à de simples dimensions biopsychologiques individuelles. En réalité, les prétentions pseudo-scientifiques à l'explication génétique des comportements sociaux n'ont jamais disparu. La sociobiologie des années 1970 en a fourni un exemple caricatural, mais qui ne cesse de perdurer[1]. L'analyse des comportements déviants (délinquance, suicide, alcoolisme, toxicomanie, etc.) est naturellement la première concernée tant il est facile de penser que les gens qui enfreignent certaines normes sociales ne sont « pas comme nous ». Quant aux raisonnements analogiques entre les humains et les animaux (qu'il s'agisse d'animaliser l'Homme ou, symétriquement, d'anthropomorphiser l'Animal), sous couvert d'une science (l'éthologie), ils sont quasiment un genre littéraire en soi, dont on trouve de nombreux exemples sur les

---

1. M. Veille, *La Sociobiologie*, Paris, Presses universitaires de France, 1997 ; J. Ruelland, *L'Empire des gènes. Histoire de la sociobiologie*, Paris, ENS Éditions, 2004.

tables des librairies [1]. De l'amour chez les goélands et les humains. De la sexualité chez les bonobos et les humains. De la politique chez les éléphants de mer... De la guerre chez les fourmis... L'exotisme est attrayant et le succès commercial est garanti. La connaissance des fonctionnements humains, en revanche, n'a généralement pas progressé d'un iota.

Continuer à croire que la sociologie contribue aux progrès humains et sociaux

> Mais de ce que nous nous proposons avant tout d'étudier la réalité, il ne s'ensuit pas que nous renoncions à l'améliorer : nous estimons que nos recherches ne méritent pas une heure de peine si elles ne devaient avoir qu'un intérêt spéculatif [2].

Pour conclure, nous pouvons aussi nous souvenir qu'en écrivant *Les Règles* – et même s'il ne l'a pas développé dans cet ouvrage méthodologique comme il l'avait fait dans la préface de la *Division du travail social* (citée ci-dessus) et comme il le fera encore dans *Le Suicide* –, Durkheim avait sinon une ambition, du moins une motivation et une espérance : celles que les progrès de la sociologie puissent servir non pas simplement ceux de la pensée scientifique mais aussi ceux de la pensée en général et, par là, qu'ils puissent aussi

---

1. S. Juan, *Critique de la déraison évolutionniste. Animalisation de l'homme et processus de « civilisation »*, Paris, L'Harmattan, 2006.
2. É. Durkheim, *De la division du travail social*, Paris, Alcan, 1902, p. XXXVIII-XXXIX.

contribuer à améliorer le fonctionnement des sociétés dans le sens d'une plus grande solidarité entre les êtres humains. De là la plupart de ses thèmes de travail. De là l'ardeur que Durkheim mit toute sa vie dans son métier d'enseignant (pour former les étudiants en sociologie à l'université, mais aussi les futurs enseignants à l'École normale supérieure, sans oublier les citoyens les plus divers à travers le mouvement des universités populaires). De là enfin un certain nombre d'engagements politiques forts (au sens général du terme, Durkheim n'ayant jamais adhéré à un parti politique malgré sa proximité avec Jean Jaurès et le socialisme républicain) pris par le sociologue tout au long de sa vie : pour la moralisation de l'« anarchie » qui règne dans la vie économique depuis la révolution industrielle et l'avènement du capitalisme, pour la défense du capitaine Dreyfus pendant l'Affaire, pour la paix face à « l'affolement militaire » qui précéda le déclenchement de la Première Guerre mondiale puis contre le pangermanisme et l'impérialisme allemands durant la guerre. Ces engagements furent ceux de son temps. Une dernière fois, c'est dans un tel état d'esprit que nous pouvons toujours nous sentir durkheimiens aujourd'hui [1].

Laurent MUCCHIELLI

---

1. L'auteur remercie Mathieu Béra, Étienne Douat, Amélie Jeammet et Jean-Christophe Marcel pour leurs commentaires sur ce texte.

NOTE SUR CETTE ÉDITION

Nous reprenons ici l'édition réalisée par Jean-Michel Berthelot (Champs-Flammarion, 1988), qui reproduit le texte de référence des *Règles*. Établi pour la première édition publiée chez Alcan en 1895, ce dernier comporte un certain nombre de modifications par rapport à la version initiale publiée en 1894 dans la *Revue philosophique*. Certaines corrections sont purement formelles ; d'autres constituent des ajouts ou impliquent une réécriture qu'il nous a paru intéressant de signaler systématiquement. Ces corrections sont indiquées dans le texte par un appel de note en lettre (*a*, *b*, *c*...), et la rédaction initiale des passages concernés est fournie en fin de volume. Une deuxième édition des *Règles* a eu lieu du vivant de Durkheim, en 1901. Elle ne se différencie de celle de 1895 que par l'adjonction d'une nouvelle préface et de deux notes (p. 190 et 206).

LES RÈGLES
DE LA MÉTHODE SOCIOLOGIQUE

PRÉFACE
DE LA PREMIÈRE ÉDITION

On est si peu habitué à traiter les faits sociaux scientifiquement que certaines des propositions contenues dans cet ouvrage risquent de surprendre le lecteur. Cependant, s'il existe une science des sociétés, il faut bien s'attendre à ce qu'elle ne consiste pas dans une simple paraphrase des préjugés traditionnels, mais nous fasse voir les choses autrement qu'elles n'apparaissent au vulgaire ; car l'objet de toute science est de faire des découvertes et toute découverte déconcerte plus ou moins les opinions reçues. À moins donc qu'on ne prête au sens commun, en sociologie, une autorité qu'il n'a plus depuis longtemps dans les autres sciences – et on ne voit pas d'où elle pourrait lui venir –, il faut que le savant prenne résolument son parti de ne pas se laisser intimider par les résultats auxquels aboutissent ses recherches, si elles ont été méthodiquement conduites. Si chercher le paradoxe est d'un sophiste, le fuir, quand il est imposé par les faits, est d'un esprit sans courage ou sans foi dans la science.

Malheureusement, il est plus aisé d'admettre cette règle en principe et théoriquement que de l'appliquer avec persévérance. Nous sommes encore trop accoutumés à trancher toutes ces questions d'après les suggestions du sens commun pour que nous puissions facilement le tenir à distance des discussions sociologiques. Alors que nous nous en croyons affranchis, il nous impose ses jugements sans que nous y prenions garde. Il n'y a qu'une longue et spéciale pratique qui puisse prévenir de pareilles défaillances. Voilà ce que nous demandons au lecteur de bien vouloir ne pas perdre de vue. Qu'il ait toujours présent à l'esprit que les manières de penser auxquelles il est le plus fait sont plutôt contraires que favorables à l'étude scientifique des phénomènes sociaux et, par conséquent, qu'il se mette en garde contre ses premières impressions. S'il s'y abandonne sans résistance, il risque de nous juger sans nous avoir compris. Ainsi, il pourrait arriver qu'on nous accusât d'avoir voulu absoudre le crime, sous prétexte que nous en faisons un phénomène de sociologie normale. L'objection pourtant serait puérile. Car s'il est normal que, dans toute société, il y ait des crimes, il n'est pas moins normal qu'ils soient punis. L'institution d'un système répressif n'est pas un fait moins universel que l'existence d'une criminalité, ni moins indispensable à la santé collective. Pour qu'il n'y eût pas de crimes, il faudrait un nivellement des consciences individuelles qui, pour des raisons qu'on trouvera plus loin, n'est ni possible ni désirable ; mais pour qu'il n'y eût pas de répression, il faudrait une absence d'homogénéité morale qui est inconciliable avec l'existence d'une société. Seulement, partant de ce fait que le crime est détesté et détestable, le sens commun en conclut à tort qu'il ne saurait disparaître trop complètement. Avec son simplisme ordinaire, il ne conçoit pas qu'une chose qui répugne puisse avoir quelque raison d'être utile, et cependant il n'y a à cela aucune contradiction. N'y a-t-il pas dans l'organisme des fonctions répugnantes dont le jeu régulier est nécessaire à la santé individuelle ? Est-ce que nous ne détestons pas la souffrance ? et cependant un être qui ne la connaîtrait pas serait un monstre. Le caractère normal d'une chose et les sentiments d'éloignement qu'elle inspire peuvent même être solidaires. Si la douleur est un fait normal, c'est à condition de n'être pas aimée ; si le crime est normal, c'est à condition d'être haï [1]. Notre méthode n'a donc rien de révolutionnaire. Elle est même, en un sens, essentiellement conservatrice, puisqu'elle considère les faits sociaux comme des choses dont la nature, si souple et si malléable qu'elle soit, n'est pourtant pas modifiable à

---

1. Mais, nous objecte-t-on, si la santé contient des éléments haïssables, comment la présenter, ainsi que nous faisons plus loin, comme l'objectif immédiat de la conduite ? – Il n'y a à cela aucune contradiction. Il arrive sans cesse qu'une chose, tout en étant nuisible par certaines de ses conséquences, soit, par d'autres, utile ou même nécessaire à la vie ; or, si les mauvais effets qu'elle a sont régulièrement neutralisés par une influence contraire, il se trouve en fait qu'elle sert sans nuire, et cependant elle est toujours haïssable, car elle ne laisse pas de constituer par elle-même un danger éventuel qui n'est conjuré que par l'action d'une force antagoniste. C'est le cas du crime ; le tort qu'il fait à la société est annulé par la peine, si elle fonctionne régulièrement. Il reste donc que, sans produire le mal qu'il implique, il soutient avec les conditions fondamentales de la vie sociale les rapports positifs que nous verrons dans la suite. Seulement, comme c'est malgré lui, pour ainsi dire, qu'il est rendu inoffensif, les sentiments d'aversion dont il est l'objet ne laissent pas d'être fondés.

volonté. Combien est plus dangereuse la doctrine qui n'y voit que le produit de combinaisons mentales, qu'un simple artifice dialectique, peut, en un instant, bouleverser de fond en comble !

De même, parce qu'on est habitué à se représenter la vie sociale comme le développement logique de concepts idéaux, on jugera peut-être grossièrement une méthode qui fait dépendre l'évolution collective de conditions objectives, définies dans l'espace, et il n'est pas impossible qu'on nous traite de matérialiste. Cependant, nous pourrions plus justement revendiquer la qualification contraire. En effet l'essence du spiritualisme ne tient-elle pas dans cette idée que les phénomènes psychiques ne peuvent pas être immédiatement dérivés des phénomènes organiques ? Or notre méthode n'est en partie qu'une application de ce principe aux faits sociaux. Comme les spiritualistes séparent le règne psychologique du règne biologique, nous séparons le premier du règne social ; comme eux, nous nous refusons à expliquer le plus complexe par le plus simple. À la vérité, pourtant, ni l'une ni l'autre appellation ne nous convient exactement ; la seule que nous acceptions est celle de *rationaliste*. Notre principal objectif, en effet, est d'étendre à la conduite humaine le rationalisme scientifique, en faisant voir que, considérée dans le passé, elle est réductible à des rapports de cause à effet qu'une opération non moins rationnelle peut transformer ensuite en règles d'action pour l'avenir. Ce qu'on a appelé notre positivisme n'est qu'une conséquence de ce rationalisme [1]. On ne peut

---

[1]. C'est dire qu'il ne doit pas être confondu avec la métaphysique positiviste de Comte et de Spencer.

être tenté de dépasser les faits, soit pour en rendre compte, soit pour en diriger le cours, que dans la mesure où on les croit irrationnels. S'ils sont intelligibles tout entiers, ils suffisent à la science comme à la pratique : à la science, car il n'y a pas alors de motif pour chercher en dehors d'eux les raisons qu'ils ont d'être ; à la pratique, car leur valeur utile est une de ces raisons. Il nous semble donc que, surtout par ce temps de mysticisme renaissant, une pareille entreprise peut et doit être accueillie sans inquiétude et même avec sympathie par tous ceux qui, tout en se séparant de nous sur certains points, partagent notre foi dans l'avenir de la raison.

PRÉFACE
DE LA DEUXIÈME ÉDITION

Quand ce livre parut pour la première fois, il souleva d'assez vives controverses. Les idées courantes, comme déconcertées, résistèrent d'abord avec une telle énergie que, pendant un temps, il nous fut presque impossible de nous faire entendre. Sur les points mêmes où nous nous étions exprimé le plus explicitement, on nous prêta gratuitement des vues qui n'avaient rien de commun avec les nôtres, et l'on crut nous réfuter en les réfutant. Alors que nous avions déclaré à maintes reprises que la conscience, tant individuelle que sociale, n'était pour nous rien de substantiel, mais seulement un ensemble, plus ou moins systématisé, de phénomènes *sui generis*, on nous taxa de réalisme et d'ontologisme. Alors que nous avions dit expressément et répété de toutes les manières que la vie sociale était tout entière faite de représentations, on nous accusa d'éliminer l'élément mental de la sociologie. On alla même jusqu'à restaurer contre nous des procédés de discussion que l'on pouvait croire définitivement disparus. On nous imputa, en effet, certaines opinions que nous n'avions pas soutenues, sous prétexte qu'elles étaient « conformes à nos principes ». L'expérience avait pourtant prouvé tous les dangers de cette méthode qui, en permettant de construire arbitrairement les systèmes que l'on discute, permet aussi d'en triompher sans peine.

Nous ne croyons pas nous abuser en disant que, depuis, les résistances ont progressivement faibli. Sans doute, plus d'une proposition nous est encore contestée. Mais nous ne saurions ni nous étonner ni nous plaindre de ces contestations salutaires ; il est bien clair, en effet, que nos formules sont destinées à être réformées dans l'avenir. Résumé d'une pratique personnelle et forcément restreinte, elles devront nécessairement évoluer à mesure que l'on acquerra une expérience plus étendue et plus approfondie de la réalité sociale. En fait de méthode, d'ailleurs, on ne peut jamais faire que du provisoire ; car les méthodes changent à mesure que la science avance. Il n'en reste pas moins que, pendant ces dernières années, en dépit des oppositions, la cause de la sociologie objective, spécifique et méthodique a gagné du terrain sans interruption. La fondation de *L'Année sociologique* a certainement été pour beaucoup dans ce résultat. Parce qu'elle embrasse à la fois tout le domaine de la science, *L'Année* a pu, mieux qu'aucun ouvrage spécial, donner le sentiment de ce que la sociologie doit et peut devenir. On a pu voir ainsi qu'elle n'était pas condamnée à rester une branche de la philosophie générale, et que, d'autre part, elle pouvait entrer en contact avec le détail des faits sans dégénérer en pure érudition. Aussi ne saurions-nous trop rendre hommage à l'ardeur et au dévouement de nos collaborateurs ; c'est grâce à eux que cette démonstration par le fait a pu être tentée et qu'elle peut se poursuivre.

Cependant, quelque réels que soient ces progrès, il est incontestable que les méprises et les confusions passées ne sont pas encore tout entières dissipées. C'est pourquoi nous voudrions profiter de cette seconde édition pour ajouter quelques explications à toutes celles que nous avons déjà données, répondre à certaines critiques et apporter sur certains points des précisions nouvelles.

I

La proposition d'après laquelle les faits sociaux doivent être traités comme des choses – proposition qui est à la base même de notre méthode – est de celles qui ont provoqué le plus de contradictions. On a trouvé paradoxal et scandaleux que nous assimilions aux réalités du monde extérieur celles du monde social. C'était se méprendre singulièrement sur le sens et la portée de cette assimilation, dont l'objet n'est pas de ravaler les formes supérieures de l'être aux formes inférieures, mais, au contraire, de revendiquer pour les premières un degré de réalité au moins égal à celui que tout le monde reconnaît aux secondes. Nous ne disons pas, en effet, que les faits sociaux sont des choses matérielles, mais sont des choses au même titre que les choses matérielles, quoique d'une autre manière.

Qu'est-ce en effet qu'une chose ? La chose s'oppose à l'idée comme ce que l'on connaît du dehors à ce que l'on connaît du dedans. Est chose tout objet de connaissance qui n'est pas naturellement compénétrable à l'intelligence, tout ce dont nous ne pouvons nous faire une notion adéquate par un simple procédé d'analyse mentale, tout ce que l'esprit ne peut arriver à comprendre qu'à condition de sortir de lui-même, par voie d'observations et d'expérimentations, en passant progressivement des caractères les plus extérieurs et les plus immédiatement accessibles aux moins visibles et aux plus profonds. Traiter des faits d'un certain ordre comme des choses, ce n'est donc pas les classer dans telle ou telle catégorie du réel ; c'est observer vis-à-vis d'eux une certaine attitude mentale. C'est en aborder l'étude en prenant pour principe qu'on ignore absolument ce qu'ils sont, et que leurs propriétés caractéristiques, comme les causes inconnues dont elles dépendent, ne peuvent être découvertes par l'introspection même la plus attentive.

Les termes ainsi définis, notre proposition, loin d'être un paradoxe, pourrait presque passer pour un truisme si elle n'était encore trop souvent méconnue dans les sciences qui traitent de l'homme, et surtout en sociologie. En effet, on peut dire en ce sens que tout objet de science est une chose, sauf, peut-être, les objets mathématiques ; car, pour ce qui est de ces derniers, comme nous les construisons nous-mêmes depuis les plus simples jusqu'aux plus complexes, il suffit, pour savoir ce qu'ils sont, de regarder au-dedans de nous et d'analyser intérieurement le processus mental d'où ils résultent. Mais dès qu'il s'agit de faits proprement dits, ils sont nécessairement pour nous, au moment où nous entreprenons d'en faire la science, des inconnus, des *choses* ignorées, car les représentations qu'on a pu s'en faire au cours de la vie, ayant été faites sans méthode et sans critique, sont dénuées de valeur scientifique et doivent être tenues à l'écart. Les faits de la psychologie individuelle eux-mêmes présentent ce caractère et doivent être considérés sous cet aspect. En effet, quoiqu'ils nous soient intérieurs par définition, la conscience que nous en avons ne nous en révèle ni la nature interne ni la genèse. Elle nous les fait bien connaître jusqu'à un certain point, mais seulement comme les sensations nous font connaître la chaleur ou la lumière, le son ou l'électricité ; elle nous en donne des impressions confuses, passagères, subjectives, mais non des notions claires et distinctes, des concepts explicatifs. Et c'est précisément pour cette raison qu'il s'est fondé au cours de ce siècle une psychologie objective dont la règle fondamentale est d'étudier les faits mentaux du dehors, c'est-à-dire comme des choses. À plus forte raison en doit-il être ainsi des faits sociaux ; car la conscience ne saurait être plus compétente pour en connaître que pour connaître de sa vie propre [1]. – On objectera que, comme ils sont notre œuvre, nous n'avons qu'à prendre conscience de nous-mêmes pour savoir ce que nous y avons mis et comment nous les avons formés. Mais, d'abord, la majeure partie des institutions sociales nous sont

---

1. On voit que, pour admettre cette proposition, il n'est pas nécessaire de soutenir que la vie sociale est faite d'autre chose que des représentations ; il suffit de poser que les représentations, individuelles ou collectives, ne peuvent être étudiées scientifiquement qu'à condition d'être étudiées objectivement.

léguées toutes faites par les générations antérieures ; nous n'avons pris aucune part à leur formation et, par conséquent, ce n'est pas en nous interrogeant que nous pourrons découvrir les causes qui leur ont donné naissance. De plus, alors même que nous avons collaboré à leur genèse, c'est à peine si nous entrevoyons de la manière la plus confuse, et souvent même la plus inexacte, les véritables raisons qui nous ont déterminé à agir et la nature de notre action. Déjà, alors qu'il s'agit simplement de nos démarches privées, nous savons bien mal les mobiles relativement simples qui nous guident ; nous nous croyons désintéressés alors que nous agissons en égoïstes, nous croyons obéir à la haine alors que nous cédons à l'amour, à la raison alors que nous sommes les esclaves de préjugés irraisonnés, etc. Comment donc aurions-nous la faculté de discerner avec plus de clarté les causes, autrement complexes, dont procèdent les démarches de la collectivité ? Car, à tout le moins, chacun n'y prend part que pour une infime partie ; nous avons une multitude de collaborateurs et ce qui se passe dans les autres consciences nous échappe.

Notre règle n'implique donc aucune conception métaphysique, aucune spéculation sur le fond des êtres. Ce qu'elle réclame, c'est que le sociologue se mette dans l'état d'esprit où sont physiciens, chimistes, physiologistes, quand ils s'engagent dans une région, encore inexplorée, de leur domaine scientifique. Il faut qu'en pénétrant dans le monde social, il ait conscience qu'il pénètre dans l'inconnu ; il faut qu'il se sente en présence de faits dont les lois sont aussi insoupçonnées que pouvaient l'être celles de la vie, quand la biologie n'était pas constituée ; il faut qu'il se tienne prêt à faire des découvertes qui le surprendront et le déconcerteront. Or il s'en faut que la sociologie en soit arrivée à ce degré de maturité intellectuelle. Tandis que le savant qui étudie la nature physique a le sentiment très vif des résistances qu'elle lui oppose et dont il a tant de peine à triompher, il semble en vérité que le sociologue se meuve au milieu de choses immédiatement transparentes pour l'esprit, tant est grande l'aisance avec laquelle on le voit résoudre les questions les plus obscures. Dans l'état actuel de la science, nous ne savons véritablement pas ce que sont même les principales institutions sociales, comme l'État ou la famille, le droit de propriété ou le contrat, la peine et la responsabilité ; nous ignorons presque complètement les causes dont elles dépendent, les fonctions qu'elles remplissent, les lois de leur évolution ; c'est à peine si, sur certains points, nous commençons à entrevoir quelques lueurs. Et pourtant, il suffit de parcourir les ouvrages de sociologie pour voir combien est rare le sentiment de cette ignorance et de ces difficultés. Non seulement on se considère comme obligé de dogmatiser sur tous les problèmes à la fois, mais on croit pouvoir, en quelques pages ou en quelques phrases, atteindre l'essence même des phénomènes les plus complexes. C'est dire que de semblables théories expriment, non les faits qui ne sauraient être épuisés avec cette rapidité, mais la prénotion qu'en avait l'auteur, antérieurement à la recherche. Et sans doute, l'idée que nous nous faisons des pratiques collectives, de ce qu'elles sont ou de ce qu'elles doivent être, est un facteur de leur développement. Mais cette idée elle-même est un fait qui, pour être convenablement déterminé, doit, lui aussi, être étudié du dehors. Car ce qu'il importe de savoir, ce n'est pas la manière dont tel penseur individuellement se représente telle institution, mais la conception qu'en a le groupe ; seule, en effet, cette conception est socialement efficace. Or elle ne peut être connue par simple observation intérieure puisqu'elle n'est tout entière en aucun de nous ; il faut donc bien trouver quelques signes extérieurs qui la rendent sensible. De plus, elle n'est pas née de rien ; elle est elle-même un effet de causes externes qu'il faut connaître pour pouvoir apprécier son rôle dans l'avenir. Quoi qu'on fasse, c'est donc toujours à la même méthode qu'il en faut revenir.

II

Une autre proposition n'a pas été moins vivement discutée que la précédente : c'est celle qui présente les phénomènes sociaux comme extérieurs aux individus. On nous accorde aujourd'hui assez volontiers que les faits de la vie individuelle et ceux de la vie collective sont hétérogènes à quelque degré : on peut même dire qu'une entente, sinon unanime, du moins très générale, est en train de se faire sur ce point. Il n'y a plus guère de sociologues qui dénient à la sociologie toute espèce de spécificité. Mais parce que la société n'est composée que d'individus [1], il semble au sens

---

1. La proposition n'est, d'ailleurs, que partiellement exacte. – Outre les individus, il y a les choses qui sont des éléments

commun que la vie sociale ne puisse avoir d'autre substrat que la conscience individuelle ; autrement, elle paraît rester en l'air et planer dans le vide.

Pourtant, ce qu'on juge si facilement inadmissible quand il s'agit des faits sociaux est couramment admis des autres règnes de la nature. Toutes les fois que les éléments quelconques, en se combinant, dégagent, par le fait de leur combinaison, des phénomènes nouveaux, il faut bien concevoir que ces phénomènes sont situés, non dans les éléments, mais dans le tout formé par leur union. La cellule vivante ne contient rien que des particules minérales, comme la société ne contient rien en dehors des individus ; et pourtant il est, de toute évidence, impossible que les phénomènes caractéristiques de la vie résident dans des atomes d'hydrogène, d'oxygène, de carbone et d'azote. Car comment les mouvements vitaux pourraient-ils se produire au sein d'éléments non vivants ? Comment, d'ailleurs, les propriétés biologiques se répartiraient-elles entre ces éléments ? Elles ne sauraient se retrouver également chez tous puisqu'ils ne sont pas de même nature ; le carbone n'est pas l'azote et, par suite, ne peut revêtir les mêmes propriétés ni jouer le même rôle. Il n'est pas moins admissible que chaque aspect de la vie, chacun de ses caractères principaux s'incarne dans un groupe différent d'atomes. La vie ne saurait se décomposer ainsi ; elle est une et, par conséquent, elle ne peut avoir pour siège que la substance vivante dans sa totalité. Elle est dans le tout, non dans les parties. Ce

---

intégrants de la société. Il est vrai seulement que les individus en sont les seuls éléments actifs.

ne sont pas les particules non vivantes de la cellule qui se nourrissent, se reproduisent, en un mot, qui vivent ; c'est la cellule elle-même et elle seule. Et ce que nous disons de la vie pourrait se répéter de toutes les synthèses possibles. La dureté du bronze n'est ni dans le cuivre ni dans l'étain ni dans le plomb qui ont servi à le former et qui sont des corps mous ou flexibles ; elle est dans leur mélange. La fluidité de l'eau, ses propriétés alimentaires et autres ne sont pas dans les deux gaz dont elle est composée, mais dans la substance complexe qu'ils forment par leur association.

Appliquons ce principe à la sociologie. Si, comme on nous l'accorde, cette synthèse *sui generis* qui constitue toute société dégage des phénomènes nouveaux, différents de ceux qui se passent dans les consciences solitaires, il faut bien admettre que ces faits spécifiques résident dans la société même qui les produit, et non dans ses parties, c'est-à-dire dans ses membres. Ils sont donc, en ce sens, extérieurs aux consciences individuelles considérées comme telles, de même que les caractères distinctifs de la vie sont extérieurs aux substances minérales qui composent l'être vivant. On ne peut les résorber dans les éléments sans se contredire, puisque, par définition, ils supposent autre chose que ce que contiennent ces éléments. Ainsi se trouve justifiée, par une raison nouvelle, la séparation que nous avons établie plus loin entre la psychologie proprement dite, ou science de l'individu mental, et la sociologie. Les faits sociaux ne diffèrent pas seulement en qualité des faits psychiques ; *ils ont un autre substrat*, ils n'évoluent pas dans le même milieu, ils ne dépendent pas des mêmes conditions. Ce n'est pas à cf. Le Bon

PRÉFACE DE LA DEUXIÈME ÉDITION

dire qu'ils ne soient, eux aussi, psychiques en quelque manière puisqu'ils consistent tous en des façons de penser ou d'agir. Mais les états de la conscience collective sont d'une autre nature que les états de la conscience individuelle ; ce sont des représentations d'une autre sorte. La mentalité des groupes n'est pas celle des particuliers ; elle a ses lois propres. Les deux sciences sont donc aussi nettement distinctes que deux sciences peuvent l'être, quelques rapports qu'il puisse, par ailleurs, y avoir entre elles.

Toutefois, sur ce point, il y a lieu de faire une distinction qui jettera peut-être quelque lumière sur le débat.

Que *la matière* de la vie sociale ne puisse pas s'expliquer par des facteurs purement psychologiques, c'est-à-dire par des états de la conscience individuelle, c'est ce qui nous paraît être l'évidence même. En effet, ce que les représentations collectives traduisent, c'est la façon dont le groupe se pense dans ses rapports avec les objets qui l'affectent. Or le groupe est constitué autrement que l'individu et les choses qui l'affectent sont d'une autre nature. Des représentations qui n'expriment ni les mêmes sujets ni les mêmes objets ne sauraient dépendre des mêmes causes. Pour comprendre la manière dont la société se représente elle-même et le monde qui l'entoure, c'est la nature de la société, et non celle des particuliers, qu'il faut considérer. Les symboles sous lesquels elle se pense changent suivant ce qu'elle est. Si, par exemple, elle se conçoit comme issue d'un animal éponyme, c'est qu'elle forme un de ces groupes spéciaux qu'on appelle des clans. Là où l'animal est remplacé par un ancêtre humain, mais également mythique, c'est que le clan a changé de nature. Si, au-dessus des divinités locales ou familiales, elle en imagine d'autres dont elle croit dépendre, c'est que les groupes locaux et familiaux dont elle est composée tendent à se concentrer et à s'unifier, et le degré d'unité que présente un panthéon religieux correspond au degré d'unité atteint au même moment par la société. Si elle condamne certains modes de conduite, c'est qu'ils froissent certains de ses sentiments fondamentaux ; et ces sentiments tiennent à sa constitution, comme ceux de l'individu à son tempérament physique et à son organisation mentale. Ainsi, alors même que la psychologie individuelle n'aurait plus de secrets pour nous, elle ne saurait nous donner la solution d'aucun de ces problèmes, puisqu'ils se rapportent à des ordres de faits qu'elle ignore.

Mais, cette hétérogénéité une fois reconnue, on peut se demander si les représentations individuelles et les représentations collectives ne laissent pas, cependant, de se ressembler en ce que les unes et les autres sont également des représentations ; et si, par suite de ces ressemblances, certaines lois abstraites ne seraient pas communes aux deux règnes. Les mythes, les légendes populaires, les conceptions religieuses de toute sorte, les croyances morales, etc., expriment une autre réalité que la réalité individuelle ; mais il se pourrait que la manière dont elles s'attirent ou se repoussent, s'agrègent ou se désagrègent, soit indépendante de leur contenu et tienne uniquement à leur qualité générale de représentations. Tout en étant faites d'une matière différente, elles se comporteraient dans leurs relations mutuelles comme font les sensations, les images, ou les idées chez l'individu. Ne peut-on croire, par exemple, que la contiguïté et la ressemblance, les contrastes et les antagonismes logiques agissent de la même façon, quelles que soient les choses représentées ? On en vient ainsi à concevoir la possibilité d'une psychologie toute formelle qui serait une sorte de terrain commun à la psychologie individuelle et à la sociologie ; et c'est peut-être ce qui fait le scrupule qu'éprouvent certains esprits à distinguer trop nettement ces deux sciences.

À parler rigoureusement, dans l'état actuel de nos connaissances, la question ainsi posée ne saurait recevoir de solution catégorique. En effet, d'une part, tout ce que nous savons sur la manière dont se combinent les idées individuelles se réduit à ces quelques propositions, très générales et très vagues, que l'on appelle communément lois de l'association des idées. Et quant aux lois de l'idéation collective, elles sont encore plus complètement ignorées. La psychologie sociale, qui devrait avoir pour tâche de les déterminer, n'est guère qu'un mot qui désigne toutes sortes de généralités, variées et imprécises, sans objet défini. Ce qu'il faudrait, c'est chercher, par la comparaison des thèmes mythiques, des légendes et des traditions populaires, des langues, de quelle façon les représentations sociales s'appellent et s'excluent, fusionnent les unes dans les autres ou se distinguent, etc. Or si le problème mérite de tenter la curiosité des chercheurs, à peine peut-on dire qu'il soit abordé ; et tant que l'on n'aura pas trouvé quelques-unes de ces lois, il sera évidemment impossible de savoir avec certitude si elles répètent ou non celles de la psychologie individuelle.

Cependant, à défaut de certitude, il est tout au moins probable que, s'il existe des ressemblances entre ces deux sortes de lois, les différences ne doivent pas être moins marquées. Il paraît, en effet, inadmissible que la matière dont sont faites les représentations n'agisse pas sur leurs modes de combinaisons. Il est vrai que les psychologues parlent parfois des lois de l'association des idées, comme si elles étaient les mêmes pour toutes les espèces de représentations individuelles. Mais rien n'est moins vraisemblable ; les images ne se composent pas entre elles comme les sensations, ni les concepts comme les images. Si la psychologie était plus avancée, elle constaterait, sans doute, que chaque catégorie d'états mentaux a ses lois formelles qui lui sont propres. S'il en est ainsi, on doit *a fortiori* s'attendre à ce que les lois correspondantes de la pensée sociale soient spécifiques comme cette pensée elle-même. En fait, pour peu qu'on ait pratiqué cet ordre de faits, il est difficile de ne pas avoir le sentiment de cette spécificité. N'est-ce pas elle, en effet, qui nous fait paraître si étrange la manière si spéciale dont les conceptions religieuses (qui sont collectives au premier chef) se mêlent, ou se séparent, se transforment les unes dans les autres, donnant naissance à des composés contradictoires qui contrastent avec les produits ordinaires de notre pensée privée ? Si donc, comme il est présumable, certaines lois de la mentalité sociale rappellent effectivement certaines de celles qu'établissent les psychologues, ce n'est pas que les premières soient un simple cas particulier des secondes ; mais c'est qu'entre les unes et les autres, à côté de différences certainement importantes, il y a des similitudes que l'abstraction pourra dégager, et qui d'ailleurs sont encore ignorées. C'est dire qu'en aucun cas la sociologie ne saurait emprunter purement et simplement à la psychologie telle ou telle de ses propositions, pour l'appliquer telle quelle aux faits sociaux. Mais la pensée collective tout entière, dans sa forme comme dans sa matière, doit être étudiée en elle-même, pour elle-même, avec le sentiment de ce qu'elle a de spécial, et il faut laisser à l'avenir le soin de rechercher dans quelle mesure elle ressemble à la pensée des particuliers. C'est même là un problème qui ressortit plutôt à la philosophie générale et à la logique abstraite qu'à l'étude scientifique des faits sociaux [1].

III

Il nous reste à dire quelques mots de la définition que nous avons donnée des faits sociaux dans notre premier chapitre. Nous les faisons consister en des manières de faire ou de penser, reconnaissables à cette particularité qu'elles sont susceptibles d'exercer sur les consciences particulières une influence coercitive. – Une confusion s'est produite à ce sujet qui mérite d'être notée.

---

1. Il est inutile de montrer comment, de ce point de vue, la nécessité d'étudier les faits du dehors apparaît plus évidente encore, puisqu'ils résultent de synthèses qui ont lieu hors de nous et dont nous n'avons même pas la perception confuse que la conscience peut nous donner des phénomènes intérieurs.

On a tellement l'habitude d'appliquer aux choses sociologiques les formes de la pensée philosophique qu'on a souvent vu dans cette définition préliminaire une sorte de philosophie du fait social. On a dit que nous expliquions les phénomènes sociaux par la contrainte, de même que M. Tarde les explique par l'imitation. Nous n'avions point une telle ambition et il ne nous était même pas venu à l'esprit qu'on pût nous la prêter, tant elle est contraire à toute méthode. Ce que nous nous proposions était, non d'anticiper par une vue philosophique les conclusions de la science, mais simplement d'indiquer à quels signes extérieurs il est possible de reconnaître les faits dont elle doit traiter, afin que le savant sache les apercevoir là où ils sont et ne les confonde pas avec d'autres. Il s'agissait de délimiter le champ de la recherche aussi bien que possible, non de s'embrasser dans une sorte d'intuition exhaustive. Aussi acceptons-nous très volontiers le reproche qu'on a fait à cette définition de ne pas exprimer tous les caractères du fait social, et par suite, de n'être pas la seule possible. Il n'y a, en effet, rien d'inconcevable à ce qu'il puisse être caractérisé de plusieurs manières différentes ; car il n'y a pas de raison pour qu'il n'ait qu'une seule propriété distinctive [1]. Tout ce qu'il importe, c'est de choisir celle

---

1. Le pouvoir coercitif que nous lui attribuons est même si peu le tout du fait social, qu'il peut présenter également le caractère opposé. Car, en même temps que les institutions s'imposent à nous, nous y tenons ; elles nous obligent et nous les aimons ; elles nous contraignent et nous trouvons notre compte à leur fonctionnement et à cette contrainte même. Cette antithèse est celle que les moralistes ont souvent signalée entre les deux notions

qui paraît la meilleure pour le but qu'on se propose. Même il est très possible d'employer concurremment plusieurs critères, suivant les circonstances. Et c'est ce que nous avons reconnu nous-même être parfois nécessaire en sociologie ; car il y a des cas où le caractère de contrainte n'est pas facilement reconnaissable. Tout ce qu'il faut, puisqu'il s'agit d'une définition initiale, c'est que les caractéristiques dont on se sert soient immédiatement discernables et puissent être aperçues avant la recherche. Or c'est cette condition que ne remplissent pas les définitions que l'on a parfois opposées à la nôtre. On a dit, par exemple, que le fait social, c'est « tout ce qui se produit dans et par la société », ou encore « ce qui intéresse et affecte le groupe en quelque façon ». Mais on ne peut savoir si la société est ou non la cause d'un fait ou si ce fait a des effets sociaux que quand la science est déjà avancée. De telles définitions ne sauraient donc servir à déterminer l'objet de l'investigation qui commence. Pour qu'on puisse les utiliser, il faut que l'étude des faits sociaux ait été déjà poussée assez loin et, par suite, qu'on ait découvert quelque autre moyen préalable de les reconnaître là où ils sont.

---

du bien et du devoir qui expriment deux aspects différents, mais également réels, de la vie morale. Or il n'est peut-être pas de pratiques collectives qui n'exercent sur nous cette double action, qui n'est, d'ailleurs, contradictoire qu'en apparence. Si nous ne les avons pas définies par cet attachement spécial, à la fois intéressé et désintéressé, c'est tout simplement qu'il ne se manifeste pas par des signes extérieurs, facilement perceptibles. Le bien a quelque chose de plus interne, de plus intime que le devoir, partant, de moins saisissable.

En même temps qu'on a trouvé notre définition trop étroite, on l'a accusée d'être trop large et de comprendre presque tout le réel. En effet, a-t-on dit, tout milieu physique exerce une contrainte sur les êtres qui subissent son action ; car ils sont tenus, dans une certaine mesure, de s'y adapter. – Mais il y a entre ces deux modes de coercition toute la différence qui sépare un milieu physique et un milieu moral. La pression exercée par un ou plusieurs corps sur d'autres corps ou même sur des volontés ne saurait être confondue avec celle qu'exerce la conscience d'un groupe sur la conscience de ses membres. Ce qu'a de tout à fait spécial la contrainte sociale, c'est qu'elle est due, non à la rigidité de certains arrangements moléculaires, mais au prestige dont sont investies certaines représentations. Il est vrai que les habitudes, individuelles ou héréditaires, ont, à certains égards, cette même propriété. Elles nous dominent, nous imposent des croyances ou des pratiques. Seulement, elles nous dominent du dedans ; car elles sont tout entières en chacun de nous. Au contraire, les croyances et les pratiques sociales agissent sur nous du dehors : aussi l'ascendant exercé par les unes et par les autres est-il, au fond, très différent.

Il ne faut pas s'étonner, d'ailleurs, que les autres phénomènes de la nature présentent, sous d'autres formes, le caractère même par lequel nous avons défini les phénomènes sociaux. Cette similitude vient simplement de ce que les uns et les autres sont des choses réelles. Car tout ce qui est réel a une nature définie qui s'impose, avec laquelle il faut compter et qui, alors même qu'on parvient à la neutraliser, n'est jamais complètement vaincue. Et, au fond, c'est là ce qu'il y a de plus essentiel dans la notion de la contrainte sociale. Car tout ce qu'elle implique, c'est que les manières collectives d'agir ou de penser ont une réalité en dehors des individus qui, à chaque moment du temps, s'y conforment. Ce sont des choses qui ont leur existence propre. L'individu les trouve toutes formées et il ne peut pas faire qu'elles ne soient pas ou qu'elles soient autrement qu'elles ne sont ; il est donc bien obligé d'en tenir compte et il lui est d'autant plus difficile (nous ne disons pas impossible) de les modifier que, à des degrés divers, elles participent de la suprématie matérielle et morale que la société a sur ses membres. Sans doute, l'individu joue un rôle dans leur genèse. Mais pour qu'il y ait fait social, il faut que plusieurs individus tout au moins aient mêlé leur action et que cette combinaison ait dégagé quelque produit nouveau. Et comme cette synthèse a lieu en dehors de chacun de nous (puisqu'il y entre une pluralité de consciences), elle a nécessairement pour effet de fixer, d'instituer hors de nous de certaines façons d'agir et de certains jugements qui ne dépendent pas de chaque volonté particulière prise à part. Ainsi qu'on l'a fait remarquer [1], il y a un mot qui, pourvu toutefois qu'on en étende un peu l'acception ordinaire, exprime assez bien cette manière d'être très spéciale : c'est celui d'institution. On peut en effet, sans dénaturer le sens de cette expression, appeler *institution* toutes les croyances et tous les modes de conduite institués par

---

1. V. art. « Sociologie » de la *Grande Encyclopédie*, par MM. Fauconnet et Mauss.

la collectivité ; la sociologie peut alors être définie : la science des institutions, de leur genèse et de leur fonctionnement [1].

Sur les autres controverses qu'a suscitées cet ouvrage, il nous paraît inutile de revenir ; car elles ne touchent à rien d'essentiel. L'orientation générale de la méthode ne dépend pas des procédés que l'on préfère employer soit pour classer les types sociaux, soit pour distinguer le normal du pathologique. D'ailleurs, ces contestations sont très souvent venues de ce que l'on se refusait à admettre, ou de ce que l'on n'admettait pas sans réserves, notre principe fondamental : la réalité objective des faits sociaux. C'est donc finalement sur ce principe que tout repose, et tout y ramène. C'est pourquoi il nous a paru utile de le mettre une fois de plus en relief, en le dégageant de toute question secondaire. Et nous sommes assuré qu'en lui attribuant

---

[1]. De ce que les croyances et les pratiques sociales nous pénètrent ainsi du dehors, il ne suit pas que nous les recevions passivement et sans leur faire subir de modification. En pensant les institutions collectives, en nous les assimilant, nous les individualisons, nous leur donnons plus ou moins notre marque personnelle ; c'est ainsi qu'en pensant le monde sensible chacun de nous le colore à sa façon et que des sujets différents s'adaptent différemment à un même milieu physique. C'est pourquoi chacun de nous se fait, dans une certaine mesure, *sa* morale, *sa* religion, *sa* technique. Il n'est pas de conformisme social qui ne comporte toute une gamme de nuances individuelles. Il n'en reste pas moins que le champ des variations permises est limité. Il est nul ou très faible dans le cercle des phénomènes religieux et moraux où la variation devient aisément un crime ; il est plus étendu pour tout ce qui concerne la vie économique. Mais tôt ou tard, même dans ce dernier cas, on rencontre une limite qui ne peut être franchie.

une telle prépondérance nous restons fidèle à la tradition sociologique ; car, au fond, c'est de cette conception que la sociologie tout entière est sortie. Cette science, en effet, ne pouvait naître que le jour où l'on eut pressenti que les phénomènes sociaux, pour n'être pas matériels, ne laissent pas d'être des choses réelles qui comportent l'étude. Pour être arrivé à penser qu'il y avait lieu de rechercher ce qu'ils sont, il fallait avoir compris qu'ils sont d'une façon définie, qu'ils ont une manière d'être constante, une nature qui ne dépend pas de l'arbitraire individuel et d'où dérivent des rapports nécessaires. Aussi l'histoire de la sociologie n'est-elle qu'un long effort en vue de préciser ce sentiment, de l'approfondir, de développer toutes les conséquences qu'il implique. Mais, malgré les grands progrès qui ont été faits en ce sens, on verra par la suite de ce travail qu'il reste encore de nombreuses survivances du postulat anthropocentrique, qui, ici comme ailleurs, barre la route à la science. Il déplaît à l'homme de renoncer au pouvoir illimité qu'il s'est si longtemps attribué sur l'ordre social, et, d'autre part, il lui semble que, s'il existe vraiment des forces collectives, il est nécessairement condamné à les subir sans pouvoir les modifier. C'est ce qui l'incline à les nier. En vain des expériences répétées lui ont appris que cette toute-puissance, dans l'illusion de laquelle il s'entretient avec complaisance, a toujours été pour lui une cause de faiblesse ; que son empire sur les choses n'a réellement commencé qu'à partir du moment où il reconnut qu'elles ont une nature propre, et où il se résigna à apprendre d'elles ce qu'elles sont. Chassé de toutes les autres sciences, ce déplorable préjugé se maintient opiniâtrement en sociologie. Il n'y a donc rien de plus urgent que de chercher à en affranchir définitivement notre science ; et c'est le but principal de nos efforts.

INTRODUCTION

Jusqu'à présent, les sociologues se sont peu préoccupés de caractériser et de définir la méthode qu'ils appliquent à l'étude des faits sociaux. C'est ainsi que, dans toute l'œuvre de M. Spencer, le problème méthodologique n'occupe aucune place ; car l'*Introduction à la science sociale*, dont le titre pourrait faire illusion, est consacrée à démontrer les difficultés et la possibilité de la sociologie, non à exposer les procédés dont elle doit se servir. Mill, il est vrai, s'est assez longuement occupé de la question [1] ; mais il n'a fait que passer au crible de sa dialectique ce que Comte en avait dit, sans y rien ajouter de vraiment personnel. Un chapitre du *Cours de philosophie positive*, voilà donc, à peu près, la seule étude originale et importante que nous possédions sur la matière [2].

Cette insouciance apparente n'a, d'ailleurs, rien qui doive surprendre. En effet, les grands sociologues dont nous venons de rappeler les noms ne sont guère sortis des généralités sur la nature des sociétés, sur les rapports du règne social et du règne biologique, sur la

---

1. *Système de logique*, I. VI, chap. VII-XII.
2. V. 2ᵉ éd., p. 294-336.

marche générale du progrès ; même la volumineuse sociologie de M. Spencer n'a guère d'autre objet que de montrer comment la loi de l'évolution universelle s'applique aux sociétés. Or, pour traiter ces questions philosophiques, des procédés spéciaux et complexes ne sont pas nécessaires. On se contentait donc de peser les mérites comparés de la déduction et de l'induction et de faire une enquête sommaire sur les ressources les plus générales dont dispose l'investigation sociologique. Mais les précautions à prendre dans l'observation des faits, la manière dont les principaux problèmes doivent être posés, le sens dans lequel les recherches doivent être dirigées, les pratiques spéciales qui peuvent leur permettre d'aboutir, les règles qui doivent présider à l'administration des preuves restaient indéterminés.

Un heureux concours de circonstances, au premier rang desquelles il est juste de mettre l'acte d'initiative qui a créé en notre faveur un cours régulier de sociologie à la faculté des lettres de Bordeaux, nous ayant permis de nous consacrer de bonne heure à l'étude de la science sociale et d'en faire même la matière de nos occupations professionnelles, nous avons pu sortir de ces questions trop générales et aborder un certain nombre de problèmes particuliers. Nous avons donc été amené, par la force même des choses, à nous faire une méthode plus définie, croyons-nous, plus exactement adaptée à la nature particulière des phénomènes sociaux. Ce sont ces résultats de notre pratique que nous voudrions exposer ici dans leur ensemble et soumettre à la discussion. Sans doute, ils sont implicitement contenus dans le livre que nous avons récemment publié sur *La Division du travail social*. Mais il nous paraît qu'il y a quelque intérêt à les en dégager, à les formuler à part, en les accompagnant de leurs preuves et en les illustrant d'exemples empruntés soit à cet ouvrage, soit à des travaux encore inédits. On pourra mieux juger ainsi de l'orientation que nous voudrions essayer de donner aux études de sociologie.

Chapitre premier

QU'EST-CE QU'UN FAIT SOCIAL ?

Avant de chercher quelle est la méthode qui convient à l'étude des faits sociaux, il importe de savoir quels sont les faits que l'on appelle ainsi.

La question est d'autant plus nécessaire que l'on se sert de cette qualification sans beaucoup de précision. On l'emploie couramment pour désigner à peu près tous les phénomènes qui se passent à l'intérieur de la société, pour peu qu'ils présentent, avec une certaine généralité, quelque intérêt social. Mais, à ce compte, il n'y a, pour ainsi dire, pas d'événements humains qui ne puissent être appelés sociaux. Chaque individu boit, dort, mange, raisonne et la société a tout intérêt à ce que ces fonctions s'exercent régulièrement. Si donc ces faits étaient sociaux, la sociologie n'aurait pas d'objet qui lui fût propre, et son domaine se confondrait avec celui de la biologie et de la psychologie.

Mais, en réalité, il y a dans toute société un groupe déterminé de phénomènes qui se distinguent par des caractères tranchés de ceux qu'étudient les autres sciences de la nature.

Quand je m'acquitte de ma tâche de frère, d'époux ou de citoyen, quand j'exécute les engagements que j'ai contractés, je remplis des devoirs qui sont définis, en dehors de moi et de mes actes, dans le droit et dans les mœurs. Alors même qu'ils sont d'accord avec mes sentiments propres et que j'en sens intérieurement la réalité, celle-ci ne laisse pas d'être objective ; car ce n'est pas moi qui les ai faits, mais je les ai reçus par l'éducation. Que de fois, d'ailleurs, il arrive que nous ignorons le détail des obligations qui nous incombent et que, pour les connaître, il nous faut consulter le Code et ses interprètes autorisés ! De même, les croyances et les pratiques de sa vie religieuse, le fidèle les a trouvées toutes faites en naissant ; si elles existaient avant lui, c'est qu'elles existent en dehors de lui. Le système de signes dont je me sers pour exprimer ma pensée, le système de monnaies que j'emploie pour payer mes dettes, les instruments de crédit que j'utilise dans mes relations commerciales, les pratiques suivies dans ma profession, etc., etc., fonctionnent indépendamment des usages que j'en fais. Qu'on prenne les uns après les autres tous les membres dont est composée la société, ce qui précède pourra être répété à propos de chacun d'eux. Voilà donc des manières d'agir, de penser et de sentir qui présentent cette remarquable propriété qu'elles existent en dehors des consciences individuelles.

Non seulement ces types de conduite ou de pensée sont extérieurs à l'individu, mais ils sont doués d'une puissance impérative et coercitive en vertu de laquelle ils s'imposent à lui, qu'il le veuille ou non. Sans doute, quand je m'y conforme de mon plein gré, cette coercition ne se fait pas ou se fait peu sentir, étant inutile. Mais elle n'en est pas moins un caractère intrinsèque de ces faits, et la preuve, c'est qu'elle s'affirme dès que je tente de résister. Si j'essaye de violer les règles du droit, elles réagissent contre moi de manière à empêcher mon acte s'il en est temps, ou à l'annuler et à le rétablir sous sa forme normale s'il est accompli et réparable, ou à me le faire expier s'il ne peut être réparé autrement. S'agit-il de maximes purement morales ? La conscience publique contient tout acte qui les offense par la surveillance qu'elle exerce sur la conduite des citoyens et les peines spéciales dont elle dispose. Dans d'autres cas, la contrainte est moins violente ; elle ne laisse pas d'exister. Si je ne me soumets pas aux conventions du monde, si, en m'habillant, je ne tiens aucun compte des usages suivis dans mon pays et dans ma classe, le rire que je provoque, l'éloignement où l'on me tient, produisent, quoique d'une manière plus atténuée, les mêmes effets qu'une peine proprement dite. Ailleurs, la contrainte, pour n'être qu'indirecte, n'en est pas moins efficace. Je ne suis pas obligé de parler français avec mes compatriotes, ni d'employer les monnaies légales ; mais il est impossible que je fasse autrement. Si j'essayais d'échapper à cette nécessité, ma tentative échouerait misérablement. Industriel, rien ne m'interdit de travailler avec des procédés et des méthodes de l'autre siècle ; mais, si je le fais, je me ruinerai à coup sûr. Alors même que, en fait, je puis m'affranchir de ces règles et les violer avec succès, ce n'est jamais sans être obligé de lutter contre elles. Quand même elles sont finalement vaincues, elles font suffisamment sentir leur puissance contraignante par la résistance qu'elles opposent. Il n'y a pas de novateur, même heureux, dont les entreprises ne viennent se heurter à des oppositions de ce genre.

Voilà donc un ordre de faits qui présentent des caractères très spéciaux : ils consistent en des manières d'agir, de penser et de sentir, extérieures à l'individu, et qui sont douées d'un pouvoir de coercition en vertu duquel ils s'imposent à lui. Par suite, ils ne sauraient se confondre avec les phénomènes organiques, puisqu'ils consistent en représentations et en actions ; ni avec les phénomènes psychiques, lesquels n'ont d'existence que dans la conscience individuelle et par elle. Ils constituent donc une espèce nouvelle et c'est à eux que doit être donnée et réservée la qualification de *sociaux*. Elle leur convient ; car il est clair que, n'ayant pas l'individu pour substrat, ils ne peuvent en avoir d'autre que la société, soit la société politique dans son intégralité, soit quelqu'un des groupes partiels qu'elle renferme, confessions religieuses, écoles politiques, littéraires, corporations professionnelles, etc. D'autre part, c'est à eux seuls qu'elle convient ; car le mot de social n'a de sens défini qu'à condition de désigner uniquement des phénomènes qui ne rentrent dans aucune des catégories de faits déjà constituées et dénommées. Ils sont donc le domaine propre de la sociologie. Il est vrai que ce mot de contrainte, par lequel nous les définissons, risque d'effaroucher les zélés partisans d'un individualisme absolu. Comme ils professent que l'individu est parfaitement autonome, il leur semble qu'on le diminue toutes les fois qu'on lui fait sentir qu'il ne dépend pas seulement de lui-même. Mais puisqu'il est aujourd'hui incontestable que la plupart de nos idées et de nos tendances ne sont pas élaborées par nous, mais nous viennent du dehors, elles ne peuvent pénétrer en nous qu'en s'imposant ; c'est tout ce que signifie notre définition. On sait, d'ailleurs, que toute contrainte sociale n'est pas nécessairement exclusive de la personnalité individuelle [1].

Cependant, comme les exemples que nous venons de citer (règles juridiques, morales, dogmes religieux, systèmes financiers, etc.) consistent tous en croyances et en pratiques constituées, on pourrait, d'après ce qui précède, croire qu'il n'y a de fait social que là où il y a organisation définie. Mais il est d'autres faits qui, sans présenter ces formes cristallisées, ont et la même objectivité et le même ascendant sur l'individu. C'est ce qu'on appelle les courants sociaux. Ainsi, dans une assemblée, les grands mouvements d'enthousiasme, d'indignation, de pitié qui se produisent, n'ont pour lieu d'origine aucune conscience particulière. Ils viennent à chacun de nous du dehors et sont susceptibles de nous entraîner malgré nous. Sans doute, il peut se faire que, m'y abandonnant sans réserve, je ne sente pas la pression qu'ils exercent sur moi. Mais elle s'accuse dès que j'essaie de lutter contre eux. Qu'un individu tente de s'opposer à l'une de ces manifestations collectives, et les sentiments qu'il nie se retournent contre lui. Or, si cette puissance de coercition externe s'affirme avec cette netteté dans les cas de résistance, c'est qu'elle existe, quoique inconsciente, dans les cas contraires. Nous sommes alors dupes d'une illusion qui nous fait croire que nous avons

---

[1]. Ce n'est pas à dire, du reste, que toute contrainte soit normale. Nous reviendrons plus loin sur ce point.

élaboré nous-même ce qui s'est imposé à nous du dehors. Mais, si la complaisance avec laquelle nous nous y laissons aller masque la poussée subie, elle ne la supprime pas. C'est ainsi que l'air ne laisse pas d'être pesant quoique nous n'en sentions plus le poids. Alors même que nous avons spontanément collaboré, pour notre part, à l'émotion commune, l'impression que nous avons ressentie est tout autre que celle que nous eussions éprouvée si nous avions été seul. Aussi, une fois que l'assemblée s'est séparée, que ces influences sociales ont cessé d'agir sur nous et que nous nous retrouvons seul avec nous-même, les sentiments par lesquels nous avons passé nous font l'effet de quelque chose d'étranger où nous ne nous reconnaissons plus. Nous nous apercevons alors que nous les avions subis beaucoup plus que nous ne les avions faits. Il arrive même qu'ils nous font horreur, tant ils étaient contraires à notre nature. C'est ainsi que des individus, parfaitement inoffensifs pour la plupart, peuvent, réunis en foule, se laisser entraîner à des actes d'atrocité. Or ce que nous disons de ces explosions passagères s'applique identiquement à ces mouvements d'opinion, plus durables, qui se produisent sans cesse autour de nous, soit dans toute l'étendue de la société, soit dans des cercles plus restreints, sur les matières religieuses, politiques, littéraires, artistiques, etc.

On peut, d'ailleurs, confirmer par une expérience caractéristique cette définition du fait social, il suffit d'observer la manière dont sont élevés les enfants. Quand on regarde les faits tels qu'ils sont et tels qu'ils ont toujours été, il saute aux yeux que toute éducation consiste dans un effort continu pour imposer à l'enfant des manières de voir, de sentir et d'agir auxquelles il ne serait pas spontanément arrivé. Dès les premiers temps de sa vie, nous le contraignons à manger, à boire, à dormir à des heures régulières, nous le contraignons à la propreté, au calme, à l'obéissance ; plus tard, nous le contraignons pour qu'il apprenne à tenir compte d'autrui, à respecter les usages, les convenances, nous le contraignons au travail, etc., etc. Si, avec le temps, cette contrainte cesse d'être sentie, c'est qu'elle donne peu à peu naissance à des habitudes, à des tendances internes qui la rendent inutile, mais qui ne la remplacent que parce qu'elles en dérivent. Il est vrai que, d'après M. Spencer, une éducation rationnelle devrait réprouver de tels procédés et laisser faire l'enfant en toute liberté ; mais comme cette théorie pédagogique n'a jamais été pratiquée par aucun peuple connu, elle ne constitue qu'un *desideratum* personnel, non un fait qui puisse être opposé aux faits qui précèdent. Or ce qui rend ces derniers particulièrement instructifs, c'est que l'éducation a justement pour objet de faire l'être social ; on y peut donc voir, comme en raccourci, de quelle manière cet être s'est constitué dans l'histoire. Cette pression de tous les instants que subit l'enfant, c'est la pression même du milieu social qui tend à le façonner à son image et dont les parents et les maîtres ne sont que les représentants et les intermédiaires.

Ainsi ce n'est pas leur généralité qui peut servir à caractériser les phénomènes sociologiques. Une pensée qui se retrouve dans toutes les consciences particulières, un mouvement que répètent tous les individus ne sont pas pour cela des faits sociaux. Si l'on s'est contenté de ce caractère pour les définir, c'est qu'on les a confondus, à tort, avec ce qu'on pourrait appeler leurs incarnations individuelles. Ce qui les constitue, ce sont les croyances, les tendances, les pratiques du groupe pris collectivement ; quant aux formes que revêtent les états collectifs en se réfractant chez les individus, ce sont choses d'une autre espèce [a]. Ce qui démontre catégoriquement cette dualité de nature, c'est que ces deux ordres de faits se présentent souvent à l'état dissocié. En effet, certaines de ces manières d'agir ou de penser acquièrent, par suite de la répétition, une sorte de consistance qui les précipite, pour ainsi dire, et les isole des événements particuliers qui les reflètent [b]. Elles prennent ainsi un corps, une forme sensible qui leur est propre, et constituent une réalité *sui generis*, très distincte des faits individuels qui la manifestent. L'habitude collective n'existe pas seulement à l'état d'immanence dans les actes successifs qu'elle détermine, mais, par un privilège dont nous ne trouvons pas d'exemple dans le règne biologique, elle s'exprime une fois pour toutes dans une formule qui se répète de bouche en bouche, qui se transmet par l'éducation, qui se fixe même par écrit. Telles sont l'origine et la nature des règles juridiques, morales, des aphorismes et des dictons populaires, des articles de foi où les sectes religieuses ou politiques condensent leurs croyances, des codes de goût que dressent les écoles littéraires, etc. Aucune d'elles ne se retrouve tout entière dans les applications qui en sont faites par les particuliers, puisqu'elles peuvent même être sans être actuellement appliquées [c].

Sans doute, cette dissociation ne se présente pas toujours avec la même netteté. Mais il suffit qu'elle existe d'une manière incontestable dans les cas importants et nombreux que nous venons de rappeler, pour prouver que le fait social est distinct de ses répercussions individuelles. D'ailleurs, alors même qu'elle n'est pas immédiatement donnée à l'observation, on peut souvent la réaliser à l'aide de certains artifices de méthode ; il est même indispensable de procéder à cette opération, si l'on veut dégager le fait social de tout alliage pour l'observer à l'état de pureté [d]. Ainsi, il y a certains courants d'opinion qui nous poussent, avec une intensité inégale, suivant les temps et les pays, l'un au mariage, par exemple, un autre au suicide ou à une natalité plus ou moins forte, etc. Ce sont évidemment des faits sociaux [e]. Au premier abord, ils semblent inséparables des formes qu'ils prennent dans les cas particuliers. Mais la statistique nous fournit le moyen de les isoler. Ils sont, en effet, figurés, non sans exactitude, par le taux de la natalité, de la nuptialité, des suicides, c'est-à-dire par le nombre que l'on obtient en divisant le total moyen annuel des mariages, des naissances, des morts volontaires par celui des hommes en âge de se marier, de procréer, de se suicider [1]. Car, comme chacun de ces chiffres comprend tous les cas particuliers indistinctement, les circonstances individuelles qui peuvent avoir quelque part dans la production du phénomène s'y neutralisent mutuellement et, par suite, ne contribuent pas

---

1. On ne se suicide pas à tout âge, ni à tous les âges, avec la même intensité.

à le déterminer. Ce qu'il exprime, c'est un certain état de l'âme collective.

Voilà ce que sont les phénomènes sociaux, débarrassés de tout élément étranger [f]. Quant à leurs manifestations privées, elles ont bien quelque chose de social, puisqu'elles reproduisent en partie un modèle collectif ; mais chacune d'elles dépend aussi, et pour une large part, de la constitution organico-psychique de l'individu, des circonstances particulières dans lesquelles il est placé. Elles ne sont donc pas des phénomènes proprement sociologiques. Elles tiennent à la fois aux deux règnes ; on pourrait les appeler sociopsychiques. Elles intéressent le sociologue sans constituer la matière immédiate de la sociologie. On trouve de même à l'intérieur de l'organisme des phénomènes de nature mixte qu'étudient des sciences mixtes, comme la chimie biologique.

Mais, dira-t-on, un phénomène ne peut être collectif que s'il est commun à tous les membres de la société ou, tout au moins, à la plupart d'entre eux, partant, s'il est général. Sans doute, mais s'il est général, c'est parce qu'il est collectif (c'est-à-dire plus ou moins obligatoire), bien loin qu'il soit collectif parce qu'il est général. C'est un état du groupe, qui se répète chez les individus parce qu'il s'impose à eux. Il est dans chaque partie parce qu'il est dans le tout, loin qu'il soit dans le tout parce qu'il est dans les parties. C'est ce qui est surtout évident de ces croyances et de ces pratiques qui nous sont transmises toutes faites par les générations antérieures ; nous les recevons et les adoptons parce que, étant à la fois une œuvre collective et une œuvre séculaire, elles sont investies d'une particulière autorité que l'éducation nous a appris à reconnaître et à respecter. Or il est à noter que l'immense majorité des phénomènes sociaux nous vient par cette voie. Mais, alors même que le fait social est dû, en partie, à notre collaboration directe, il n'est pas d'une autre nature. Un sentiment collectif, qui éclate dans une assemblée, n'exprime pas simplement ce qu'il y avait de commun entre tous les sentiments individuels. Il est quelque chose de tout autre, comme nous l'avons montré. Il est une résultante de la vie commune, un produit des actions et des réactions qui s'engagent entre les consciences individuelles ; et s'il retentit dans chacune d'elles, c'est en vertu de l'énergie spéciale qu'il doit précisément à son origine collective. Si tous les cœurs vibrent à l'unisson, ce n'est pas par suite d'une concordance spontanée et préétablie ; c'est qu'une même force les meut dans le même sens. Chacun est entraîné par tous.

Nous arrivons donc à nous représenter, d'une manière précise, le domaine de la sociologie. Il ne comprend qu'un groupe déterminé de phénomènes. Un fait social se reconnaît au pouvoir de coercition externe qu'il exerce ou est susceptible d'exercer sur les individus ; et la présence de ce pouvoir se reconnaît à son tour soit à l'existence de quelque sanction déterminée, soit à la résistance que le fait oppose à toute entreprise individuelle qui tend à lui faire violence. Cependant, on peut le définir aussi par la diffusion qu'il présente à l'intérieur du groupe, pourvu que, suivant les remarques précédentes, on ait soin d'ajouter comme seconde et essentielle caractéristique qu'il existe indépendamment des formes individuelles qu'il prend en se diffusant ᵍ. Ce dernier critère est même, dans certains cas, plus facile à appliquer que le précédent. En effet, la contrainte est aisée à constater quand elle se traduit au-dehors par quelque réaction directe de la société, comme c'est le cas pour le droit, la morale, les croyances, les usages, les modes même. Mais quand elle n'est qu'indirecte, comme celle qu'exerce une organisation économique, elle ne se laisse pas toujours aussi bien apercevoir. La généralité combinée avec l'objectivité peuvent alors être plus faciles à établir. D'ailleurs, cette seconde définition n'est qu'une autre forme de la première ; car si une manière de se conduire, qui existe extérieurement aux consciences individuelles, se généralise, ce ne peut être qu'en s'imposant [1].

---

1. On voit combien cette définition du fait social s'éloigne de celle qui sert de base à l'ingénieux système de M. Tarde. D'abord, nous devons déclarer que nos recherches ne nous ont nulle part fait constater cette influence prépondérante que M. Tarde attribue à l'imitation dans la genèse des faits collectifs. De plus, de la définition précédente, qui n'est pas une théorie mais un simple résumé des données immédiates de l'observation, il semble bien résulter que l'imitation, non seulement n'exprime pas toujours, mais même n'exprime jamais ce qu'il y a d'essentiel et de caractéristique dans le fait social. Sans doute, tout fait social est imité, il a, comme nous venons de le montrer, une tendance à se généraliser, mais c'est parce qu'il est social, c'est-à-dire obligatoire. Sa puissance d'expansion est, non la cause, mais la conséquence de son caractère sociologique. Si encore les faits sociaux étaient seuls à produire cette conséquence, l'imitation pourrait servir, sinon à les exprimer, du moins à les définir. Mais un état individuel qui fait ricochet ne laisse pas pour cela d'être individuel. De plus, on peut se demander si le mot d'imitation est bien celui qui convient pour désigner une propagation due à une influence coercitive.

Cependant, on pourrait se demander si cette définition est complète. En effet, les faits qui nous en ont fourni la base sont tous des *manières de faire* ; ils sont d'ordre physiologique. Or il y a aussi des *manières d'être* collectives, c'est-à-dire des faits sociaux d'ordre anatomique ou morphologique. La sociologie ne peut se désintéresser de ce qui concerne le substrat de la vie collective. Pourtant, le nombre et la nature des parties élémentaires dont est composée la société, la manière dont elles sont disposées, le degré de coalescence où elles sont parvenues, la distribution de la population sur la surface du territoire, le nombre et la nature des voies de communication, la forme des habitations, etc., ne paraissent pas, à un premier examen, pouvoir se ramener à des façons d'agir ou de sentir ou de penser.

Mais, tout d'abord, ces divers phénomènes présentent la même caractéristique qui nous a servi à définir les autres. Ces manières d'être s'imposent à l'individu tout comme les manières de faire dont nous avons parlé. En effet, quand on veut connaître la façon dont une société est divisée politiquement, dont ces divisions sont composées, la fusion plus ou moins complète qui existe entre elles, ce n'est pas à l'aide d'une inspection matérielle et par des observations géographiques qu'on y peut parvenir ; car ces divisions sont morales alors même qu'elles ont quelque base dans la nature physique. C'est seulement à travers le droit public qu'il est possible d'étudier cette organisation, car c'est ce droit qui la détermine, tout comme

---

Sous cette unique expression, on confond des phénomènes très différents et qui auraient besoin d'être distingués.

il détermine nos relations domestiques et civiques. Elle n'est donc pas moins obligatoire. Si la population se presse dans nos villes au lieu de se disperser dans les campagnes, c'est qu'il y a un courant d'opinion, une poussée collective qui impose aux individus cette concentration. Nous ne pouvons pas plus choisir la forme de nos maisons que celle de nos vêtements ; du moins, l'une est obligatoire dans la même mesure que l'autre. Les voies de communication déterminent d'une manière impérieuse le sens dans lequel se font les migrations intérieures et les échanges, et même l'intensité de ces échanges et de ces migrations, etc., etc. Par conséquent, il y aurait, tout au plus, lieu d'ajouter à la liste des phénomènes que nous avons énumérés comme présentant le signe distinctif du fait social une catégorie de plus ; et, comme cette énumération n'avait rien de rigoureusement exhaustif, l'addition ne serait pas indispensable.

Mais elle n'est même pas utile ; car ces manières d'être ne sont que des manières de faire consolidées. La structure politique d'une société n'est que la manière dont les différents segments qui la composent ont pris l'habitude de vivre les uns avec les autres. Si leurs rapports sont traditionnellement étroits, les segments tendent à se confondre ; à se distinguer, dans le cas contraire. Le type d'habitation qui s'impose à nous n'est que la manière dont tout le monde autour de nous et, en partie, les générations antérieures se sont accoutumées à construire les maisons. Les voies de communication ne sont que le lit que s'est creusé à lui-même, en coulant dans le même sens, le courant régulier des échanges et des migrations, etc. Sans doute, si les phénomènes d'ordre morphologique étaient les seuls à présenter cette fixité, on pourrait croire qu'ils constituent une espèce à part. Mais une règle juridique est un arrangement non moins permanent qu'un type d'architecture et, pourtant, c'est un fait physiologique. Une simple maxime morale est, assurément, plus malléable ; mais elle a des formes bien plus rigides qu'un simple usage professionnel ou qu'une mode. Il y a ainsi toute une gamme de nuances qui, sans solution de continuité, rattache les faits de structure les plus caractérisés à ces libres courants de la vie sociale qui ne sont encore pris dans aucun moule défini. C'est donc qu'il n'y a entre eux que des différences dans le degré de consolidation qu'ils présentent. Les uns et les autres ne sont que de la vie plus ou moins cristallisée. Sans doute, il peut y avoir intérêt à réserver le nom de morphologiques aux faits sociaux qui concernent le substrat social, mais à condition de ne pas perdre de vue qu'ils sont de même nature que les autres. Notre définition comprendra donc tout le défini si nous disons : *Est fait social toute manière de faire, fixée ou non, susceptible d'exercer sur l'individu une contrainte extérieure* ; ou bien encore, *qui est générale dans l'étendue d'une société donnée tout en ayant une existence propre, indépendante de ses manifestations individuelles* [1].

---

1. Cette parenté étroite de la vie et de la structure, de l'organe et de la fonction peut être facilement établie en sociologie parce que, entre ces deux termes extrêmes, il existe toute une série d'intermédiaires immédiatement observables et qui montre le lien entre eux. La biologie n'a pas la même ressource. Mais il est permis de croire que les inductions de la première de ces sciences sur ce sujet sont applicables à l'autre et que, dans les organismes comme dans les sociétés, il n'y a entre ces deux ordres de fait que des différences de degré.

Chapitre II

RÈGLES RELATIVES
À L'OBSERVATION DES FAITS SOCIAUX

La première règle et la plus fondamentale est de *considérer les faits sociaux comme des choses*.

I

Au moment où un ordre nouveau de phénomènes devient objet de science, ils se trouvent déjà représentés dans l'esprit, non seulement par des images sensibles, mais par des sortes de concepts grossièrement formés. Avant les premiers rudiments de la physique et de la chimie, les hommes avaient déjà sur les phénomènes physico-chimiques des notions qui dépassaient la pure perception ; telles sont, par exemple, celles que nous trouvons mêlées à toutes les religions. C'est que, en effet, la réflexion est antérieure à la science qui ne fait que s'en servir avec plus de méthode. L'homme ne peut pas vivre au milieu des choses sans s'en faire des idées d'après lesquelles il règle sa conduite. Seulement, parce que ces notions sont plus près de nous et plus à notre portée que les réalités auxquelles elles correspondent, nous tendons naturellement à les substituer à ces dernières et à en faire la matière même de nos spéculations. Au lieu d'observer les choses, de les décrire, de les comparer, nous nous contentons alors de prendre conscience de nos idées, de les analyser, de les combiner. Au lieu d'une science de réalités, nous ne faisons plus qu'une analyse idéologique. Sans doute, cette analyse n'exclut pas nécessairement toute observation. On peut faire appel aux faits pour confirmer ces notions ou les conclusions qu'on en tire. Mais les faits n'interviennent alors que secondairement, à titre d'exemples ou de preuves confirmatoires ; ils ne sont pas l'objet de la science. Celle-ci va des idées aux choses, non des choses aux idées.

Il est clair que cette méthode ne saurait donner de résultats objectifs. Ces notions, en effet, ou concepts, de quelque nom qu'on veuille les appeler, ne sont pas les substituts légitimes des choses. Produits de l'expérience vulgaire, ils ont, avant tout, pour objet de mettre nos actions en harmonie avec le monde qui nous entoure ; ils sont formés par la pratique et pour elle. Or une représentation peut être en état de jouer utilement ce rôle tout en étant théoriquement fausse. Copernic[a] a, depuis plusieurs siècles, dissipé les illusions de nos sens touchant les mouvements des astres ; et pourtant, c'est encore d'après ces illusions que nous réglons couramment la distribution de notre temps. Pour qu'une idée suscite bien les mouvements que réclame la nature d'une chose, il n'est pas nécessaire qu'elle exprime fidèlement cette nature ; mais il suffit qu'elle nous fasse sentir ce que la chose a d'utile ou de désavantageux, par où elle peut nous servir, par où nous contrarier. Encore les notions ainsi formées ne présentent-elles cette justesse pratique que d'une manière approximative et seulement dans la généralité des cas. Que de fois elles sont aussi dangereuses qu'inadéquates ! Ce n'est donc pas en les élaborant, de quelque manière qu'on s'y prenne, que l'on arrivera jamais à découvrir les lois de la réalité. Elles sont, au contraire, comme un voile qui s'interpose entre les choses et nous et qui nous les masque d'autant mieux qu'on le croit plus transparent.

Non seulement une telle science ne peut être que tronquée, mais elle manque de matière où elle puisse s'alimenter. À peine existe-t-elle qu'elle disparaît, pour ainsi dire, et se transforme en art. En effet, ces notions sont censées contenir tout ce qu'il y a d'essentiel dans le réel, puisqu'on les confond avec le réel lui-même. Dès lors, elles semblent avoir tout ce qu'il faut pour nous mettre en état non seulement de comprendre ce qui est, mais de prescrire ce qui doit être et les moyens de l'exécuter. Car ce qui est bon, c'est ce qui est conforme à la nature des choses ; ce qui y est contraire est mauvais, et les moyens pour atteindre l'un et fuir l'autre dérivent de cette même nature. Si donc nous la tenons d'emblée, l'étude de la réalité présente n'a plus d'intérêt pratique et, comme c'est cet intérêt qui est la raison d'être de cette étude, celle-ci se trouve désormais sans but. La réflexion est ainsi incitée à se détourner de ce qui est l'objet même de la science, à savoir le présent et le passé, pour s'élancer d'un seul bond vers l'avenir. Au lieu de chercher à comprendre les faits acquis et réalisés, elle entreprend immédiatement d'en réaliser de nouveaux, plus conformes aux fins poursuivies par les hommes. Quand on croit savoir en quoi consiste l'essence de la matière, on se met aussitôt à la recherche de la pierre philosophale. Cet empiètement de l'art sur la science, qui empêche celle-ci de se développer, est d'ailleurs facilité par les circonstances mêmes qui déterminent l'éveil de la réflexion scientifique. Car, comme elle ne prend naissance que pour satisfaire à des nécessités vitales, elle se trouve tout naturellement orientée vers la pratique. Les besoins qu'elle est appelée à soulager sont toujours pressés et, par suite, la pressent d'aboutir ; ils réclament, non des explications, mais des remèdes.

Cette manière de procéder est si conforme à la pente naturelle de notre esprit qu'on la retrouve même à l'origine des sciences physiques. C'est elle qui différencie l'alchimie de la chimie, comme l'astrologie de l'astronomie. C'est par elle que Bacon caractérise la méthode que suivaient les savants de son temps et qu'il combat. Les notions dont nous venons de parler, ce sont ces *notiones vulgares* ou *prænotiones*[1] qu'il signale à la base de toutes les sciences[2] où elles prennent la place des faits[3]. Ce sont ces *idola*, sortes de fantômes qui nous défigurent le véritable aspect des choses et que nous prenons pourtant pour les choses mêmes. Et c'est parce que ce milieu imaginaire n'offre à l'esprit aucune résistance que celui-ci, ne se sentant contenu par rien, s'abandonne à des ambitions sans bornes et

---

1. *Novum organum*, I, p. 26.
2. *Ibid.*, I, p. 17.
3. *Ibid.*, I, p. 36.

croit possible de construire ou, plutôt, de reconstruire le monde par ses seules forces et au gré de ses désirs.

S'il en a été ainsi des sciences naturelles, à plus forte raison en devait-il être de même pour la sociologie. Les hommes n'ont pas attendu l'avènement de la science sociale pour se faire des idées sur le droit, la morale, la famille, l'État, la société même ; car ils ne pouvaient s'en passer pour vivre. Or c'est surtout en sociologie que ces prénotions, pour reprendre l'expression de Bacon, sont en état de dominer les esprits et de se substituer aux choses. En effet, les choses sociales ne se réalisent que par les hommes ; elles sont un produit de l'activité humaine. Elles ne paraissent donc pas être autre chose que la mise en œuvre d'idées, innées ou non, que nous portons en nous, que leur application aux diverses circonstances qui accompagnent les relations des hommes entre eux. L'organisation de la famille, du contrat, de la répression, de l'État, de la société apparaît ainsi comme un simple développement des idées que nous avons sur la société, l'État, la justice, etc. Par conséquent, ces faits et leurs analogues semblent n'avoir de réalité que dans et par les idées qui en sont le germe et qui deviennent, dès lors, la matière propre de la sociologie.

Ce qui achève d'accréditer cette manière de voir, c'est que le détail de la vie sociale débordant de tous les côtés la conscience, celle-ci n'en a pas une perception assez forte pour en sentir la réalité. N'ayant pas en nous d'attaches assez solides ni assez prochaines, tout cela nous fait assez facilement l'effet de ne tenir à rien et de flotter dans le vide, matière à demi irréelle et indéfiniment plastique. Voilà pourquoi tant de penseurs n'ont vu dans les arrangements sociaux que des combinaisons artificielles et plus ou moins arbitraires. Mais si le détail, si les formes concrètes et particulières nous échappent, du moins nous nous représentons les aspects les plus généraux de l'existence collective en gros et par à peu près, et ce sont précisément ces représentations schématiques et sommaires qui constituent ces prénotions dont nous nous servons pour les usages courants de la vie. Nous ne pouvons donc songer à mettre en doute leur existence, puisque nous la percevons en même temps que la nôtre. Non seulement elles sont en nous, mais, comme elles sont un produit d'expériences répétées, elles tiennent de la répétition, et de l'habitude qui en résulte, une sorte d'ascendant et d'autorité. Nous les sentons nous résister quand nous cherchons à nous en affranchir. Or nous ne pouvons pas ne pas regarder comme réel ce qui s'oppose à nous. Tout contribue donc à nous y faire voir la vraie réalité sociale.

Et en effet, jusqu'à présent, la sociologie a plus ou moins exclusivement traité non de choses, mais de concepts. Comte, il est vrai, a proclamé que les phénomènes sociaux sont des faits naturels, soumis à des lois naturelles. Par là, il a implicitement reconnu leur caractère de choses ; car il n'y a que des choses dans la nature. Mais quand, sortant de ces généralités philosophiques, il tente d'appliquer son principe et d'en faire sortir la science qui y était contenue, ce sont des idées qu'il prend pour objets d'études. En effet, ce qui fait la matière principale de sa sociologie, c'est le progrès de l'humanité dans le temps. Il part de cette idée qu'il y a une évolution continue du genre humain qui consiste dans une réalisation toujours plus complète de la nature humaine et le problème qu'il traite est de retrouver l'ordre de cette évolution. Or, à supposer que cette évolution existe, la réalité n'en peut être établie que la science une fois faite ; on ne peut donc en faire l'objet même de la recherche que si on la pose comme une conception de l'esprit, non comme une chose. Et en effet, il s'agit si bien d'une représentation toute subjective que, en fait, ce progrès de l'humanité n'existe pas. Ce qui existe, ce qui seul est donné à l'observation, ce sont des sociétés particulières qui naissent, se développent, meurent indépendamment les unes des autres. Si encore les plus récentes continuaient celles qui les ont précédées, chaque type supérieur pourrait être considéré comme la simple répétition du type immédiatement inférieur avec quelque chose en plus ; on pourrait donc les mettre tous bout à bout, pour ainsi dire, en confondant ceux qui se trouvent au même degré de développement, et la série ainsi formée pourrait être regardée comme représentative de l'humanité. Mais les faits ne se présentent pas avec cette extrême simplicité. Un peuple qui en remplace un autre n'est pas simplement un prolongement de ce dernier avec quelques caractères nouveaux ; il est autre, il a des propriétés en plus, d'autres en moins ; il constitue une individualité nouvelle et toutes ces individualités distinctes, étant hétérogènes, ne peuvent pas se fondre en une même série continue, ni surtout en une série unique. Car la suite des sociétés ne saurait être figurée par une ligne géométrique ; elle ressemble plutôt à un arbre dont les rameaux se dirigent dans des sens divergents. En somme, Comte a pris pour le développement historique la notion qu'il en avait et qui ne diffère pas beaucoup de celle que s'en fait le vulgaire. Vue de loin, en effet, l'histoire prend assez bien cet aspect sériaire et simple. On n'aperçoit que des individus qui se succèdent les uns aux autres et marchent tous dans une même direction parce qu'ils ont une même nature. Puisque, d'ailleurs, on ne conçoit pas que l'évolution sociale puisse être autre chose que le développement de quelque idée humaine, il paraît tout naturel de la définir par l'idée que s'en font les hommes. Or, en procédant ainsi, non seulement on reste dans l'idéologie, mais on donne comme objet à la sociologie un concept qui n'a rien de proprement sociologique.

Ce concept, M. Spencer l'écarte, mais c'est pour le remplacer par un autre qui n'est pas formé d'une autre façon. Il fait des sociétés, et non de l'humanité, l'objet de la science ; seulement, il donne aussitôt des premières une définition qui fait évanouir la chose dont il parle pour mettre à la place la prénotion qu'il en a. Il pose, en effet, comme une proposition évidente qu'« une société n'existe que quand, à la juxtaposition, s'ajoute la coopération », que c'est par là seulement que l'union des individus devient une société proprement dite [1]. Puis, partant de ce principe que la coopération est l'essence de la vie sociale, il distingue les sociétés en deux classes suivant la nature de la coopération qui y domine. « Il y a, dit-il, une coopération spontanée qui s'effectue sans préméditation durant la

---

1. *Sociol.*, tr. fr., III, p. 331, 332.

poursuite de fins d'un caractère privé ; il y a aussi une coopération consciemment instituée qui suppose des fins d'intérêt public nettement reconnues [1]. » Aux premières, il donne le nom de sociétés industrielles ; aux secondes, celui de militaires, et on peut dire de cette distinction qu'elle est l'idée mère de sa sociologie.

Mais cette définition initiale énonce comme une chose ce qui n'est qu'une vue de l'esprit. Elle se présente, en effet, comme l'expression d'un fait immédiatement visible et que l'observation suffit à constater, puisqu'elle est formulée dès le début de la science comme un axiome. Et cependant, il est impossible de savoir par une simple inspection si réellement la coopération est le tout de la vie sociale. Une telle affirmation n'est scientifiquement légitime que si l'on a commencé par passer en revue les manifestations de l'existence collective et si l'on a fait voir qu'elles sont toutes des formes diverses de la coopération. C'est donc encore une certaine manière de concevoir la réalité sociale qui se substitue à cette réalité [2]. Ce qui est ainsi défini, ce n'est pas la société, mais l'idée que s'en fait M. Spencer. Et s'il n'éprouve aucun scrupule à procéder ainsi, c'est que, pour lui aussi, la société n'est et ne peut être que la réalisation d'une idée, à savoir de cette idée même de coopération par laquelle il la définit [3]. Il serait aisé de montrer que, dans chacun

---

1. *Ibid.*, p. 332.

2. Conception, d'ailleurs, controversable. (V. *Division du travail social*, II, p. 2, § 4.)

3. « La coopération ne saurait donc exister sans société, et c'est le but pour lequel une société existe. » (*Principes de sociologie*, III, p. 332.)

des problèmes particuliers qu'il aborde, sa méthode reste la même. Aussi, quoiqu'il affecte de procéder empiriquement, comme les faits accumulés dans sa sociologie sont employés à illustrer des analyses de notions plutôt qu'à décrire et à expliquer des choses, ils semblent bien n'être là que pour faire figure d'arguments. En réalité, tout ce qu'il y a d'essentiel dans sa doctrine peut être immédiatement déduit de sa définition de la société et des différentes formes de coopération. Car si nous n'avons le choix qu'entre une coopération tyranniquement imposée et une coopération libre et spontanée, c'est évidemment cette dernière qui est l'idéal vers lequel l'humanité tend et doit tendre.

Ce n'est pas seulement à la base de la science que se rencontrent ces notions vulgaires, mais on les retrouve à chaque instant dans la trame des raisonnements. Dans l'état actuel de nos connaissances, nous ne savons pas avec certitude ce que c'est que l'État, la souveraineté, la liberté politique, la démocratie, le socialisme, le communisme, etc., la méthode voudrait donc que l'on s'interdise tout usage de ces concepts, tant qu'ils ne sont pas scientifiquement constitués. Et cependant les mots qui les expriment reviennent sans cesse dans les discussions des sociologues. On les emploie couramment et avec assurance comme s'ils correspondaient à des choses bien connues et définies, alors qu'ils ne réveillent en nous que des notions confuses, mélanges indistincts d'impressions vagues, de préjugés et de passions. Nous nous moquons aujourd'hui des singuliers raisonnements que les médecins du Moyen Âge construisaient avec les notions du chaud, du froid, de l'humide, du sec, etc., et nous ne nous apercevons pas que nous continuons à appliquer cette même méthode à l'ordre de phénomènes qui le comporte moins que tout autre, à cause de son extrême complexité.

Dans les branches spéciales de la sociologie, ce caractère idéologique est encore plus accusé.

C'est surtout le cas pour la morale. On peut dire, en effet, qu'il n'y a pas un seul système où elle ne soit représentée comme le simple développement d'une idée initiale qui la contiendrait tout entière en puissance. Cette idée, les uns croient que l'homme la trouve toute faite en lui dès sa naissance ; d'autres, au contraire, qu'elle se forme plus ou moins lentement au cours de l'histoire. Mais, pour les uns comme pour les autres, pour les empiristes comme pour les rationalistes, elle est tout ce qu'il y a de vraiment réel en morale. Pour ce qui est du détail des règles juridiques et morales, elles n'auraient, pour ainsi dire, pas d'existence par elles-mêmes, mais ne seraient que cette notion fondamentale appliquée aux circonstances particulières de la vie et diversifiée suivant les cas. Dès lors, l'objet de la morale ne saurait être ce système de préceptes sans réalité, mais l'idée de laquelle ils découlent et dont ils ne sont que des applications variées. Aussi toutes les questions que se pose d'ordinaire l'éthique se rapportent-elles, non à des choses, mais à des idées ; ce qu'il s'agit de savoir, c'est en quoi consiste l'idée du droit, l'idée de la morale, non quelle est la nature de la morale et du droit pris en eux-mêmes. Les moralistes ne sont pas encore parvenus à cette conception très simple que, comme notre représentation des choses sensibles vient de ces choses mêmes et les exprime plus ou moins exactement, notre représentation de la morale vient du spectacle même des règles qui fonctionnent sous nos yeux et les figure schématiquement ; que, par conséquent, ce sont ces règles et non la vue sommaire que nous en avons, qui forment la matière de la science, de même que la physique a pour objet les corps tels qu'ils existent, non l'idée que s'en fait le vulgaire. Il en résulte qu'on prend pour base de la morale ce qui n'en est que le sommet, à savoir la manière dont elle se prolonge dans les consciences individuelles et y retentit. Et ce n'est pas seulement dans les problèmes les plus généraux de la science que cette méthode est suivie ; elle reste la même dans les questions spéciales. Des idées essentielles qu'il étudie au début, le moraliste passe aux idées secondaires de famille, de patrie, de responsabilité, de charité, de justice ; mais c'est toujours à des idées que s'applique sa réflexion.

Il n'en est pas autrement de l'économie politique. Elle a pour objet, dit Stuart Mill, les faits sociaux qui se produisent principalement ou exclusivement en vue de l'acquisition des richesses [1]. Mais pour que les faits ainsi définis pussent être assignés, en tant que choses, à l'observation du savant, il faudrait tout au moins que l'on pût indiquer à quel signe il est possible de reconnaître ceux qui satisfont à cette condition. Or, au début de la science, on n'est même pas en droit d'affirmer qu'il en existe, bien loin qu'on puisse savoir quels ils sont. Dans tout ordre de recherches, en effet,

---

1. *Système de logique*, III, p. 496.

c'est seulement quand l'explication des faits est assez avancée qu'il est possible d'établir qu'ils ont un but et quel il est. Il n'est pas de problème plus complexe ni moins susceptible d'être tranché d'emblée. Rien donc ne nous assure par avance qu'il y ait une sphère de l'activité sociale où le désir de la richesse joue réellement ce rôle prépondérant. Par conséquent, la matière de l'économie politique, ainsi comprise, est faite non de réalités qui peuvent être montrées du doigt, mais de simples possibles, de pures conceptions de l'esprit ; à savoir, des faits que l'économiste *conçoit* comme se rapportant à la fin considérée, et tels qu'il les conçoit. Entreprend-il, par exemple, d'étudier ce qu'il appelle la production ? D'emblée, il croit pouvoir énumérer les principaux agents à l'aide desquels elle a lieu et les passer en revue. C'est donc qu'il n'a pas reconnu leur existence en observant de quelles conditions dépendait la chose qu'il étudie ; car alors il eût commencé par exposer les expériences d'où il a tiré cette conclusion. Si, dès le début de la recherche et en quelques mots, il procède à cette classification, c'est qu'il l'a obtenue par une simple analyse logique. Il part de l'idée de production ; en la décomposant, il trouve qu'elle implique logiquement celles de forces naturelles, de travail, d'instrument ou de capital et il traite ensuite de la même manière ces idées dérivées [1].

---

[1]. Ce caractère ressort des expressions mêmes employées par les économistes. Il est sans cesse question d'idées, de l'idée d'utile, de l'idée d'épargne, de placement, de dépense. (V. Gide, *Principes d'économie politique*, liv. III, chap. I, § 1 ; chap. II, § 1 ; chap. III, § 1.)

La plus fondamentale de toutes les théories économiques, celle de la valeur, est manifestement construite d'après cette même méthode. Si la valeur y était étudiée comme une réalité doit l'être, on verrait d'abord l'économiste indiquer à quoi l'on peut reconnaître la chose appelée de ce nom, puis en classer les espèces, chercher par des inductions méthodiques en fonction de quelles causes elles varient, comparer enfin ces divers résultats pour en dégager une formule générale. La théorie ne pourrait donc venir que quand la science a été poussée assez loin. Au lieu de cela, on la rencontre dès le début. C'est que, pour la faire, l'économiste se contente de se recueillir, de prendre conscience de l'idée qu'il se fait de la valeur, c'est-à-dire d'un objet susceptible de s'échanger ; il trouve qu'elle implique l'idée de l'utile, celle du rare, etc., et c'est avec ces produits de son analyse qu'il construit sa définition. Sans doute il la confirme par quelques exemples. Mais quand on songe aux faits innombrables dont une pareille théorie doit rendre compte, comment accorder la moindre valeur démonstrative aux faits, nécessairement très rares, qui sont ainsi cités au hasard de la suggestion ?

Aussi, en économie politique comme en morale, la part de l'investigation scientifique est-elle très restreinte ; celle de l'art, prépondérante. En morale, la partie théorique est réduite à quelques discussions sur l'idée du devoir, du bien et du droit. Encore ces spéculations abstraites ne constituent-elles pas une science, à parler exactement, puisqu'elles ont pour objet de déterminer non ce qui est, en fait, la règle suprême de la moralité, mais ce qu'elle doit être. De même, ce qui tient le plus de place dans les recherches des économistes, c'est la question de savoir, par exemple, si la société *doit être* organisée d'après les conceptions des individualistes ou d'après celles des socialistes ; *s'il est meilleur* que l'État intervienne dans les rapports industriels et commerciaux ou les abandonne entièrement à l'initiative privée ; si le système monétaire *doit être* le monométallisme ou le bimétallisme, etc., etc. Les lois proprement dites y sont peu nombreuses ; même celles qu'on a l'habitude d'appeler ainsi ne méritent généralement pas cette qualification, mais ne sont que des maximes d'action, des préceptes pratiques déguisés. Voilà, par exemple, la fameuse loi de l'offre et de la demande. Elle n'a jamais été établie inductivement, comme expression de la réalité économique. Jamais aucune expérience, aucune comparaison méthodique n'a été instituée pour établir que, *en fait*, c'est suivant cette loi que procèdent les relations économiques. Tout ce qu'on a pu faire et tout ce qu'on a fait, c'est de démontrer dialectiquement que les individus doivent procéder ainsi, s'ils entendent bien leurs intérêts ; c'est que toute autre manière de faire leur serait nuisible et impliquerait de la part de ceux qui s'y prêteraient une véritable aberration logique. Il est logique que les industries les plus productives soient les plus recherchées ; que les détenteurs des produits les plus demandés et les plus rares les vendent au plus haut prix. Mais cette nécessité toute logique ne ressemble en rien à celle que présentent les vraies lois de la nature. Celles-ci expriment les rapports suivant lesquels les faits s'enchaînent réellement, non la manière dont il est bon qu'ils s'enchaînent.

Ce que nous disons de cette loi peut être répété de toutes celles que l'école économique orthodoxe qualifie de naturelles et qui, d'ailleurs, ne sont guère que des cas particuliers de la précédente. Elles sont naturelles, si l'on veut, en ce sens qu'elles énoncent les moyens qu'il est ou qu'il peut paraître naturel d'employer pour atteindre telle fin supposée ; mais elles ne doivent pas être appelées de ce nom, si, par loi naturelle, on entend toute manière d'être de la nature, inductivement constatée. Elles ne sont en somme que des conseils de sagesse pratique et, si l'on a pu, plus ou moins spécieusement, les présenter comme l'expression même de la réalité, c'est que, à tort ou à raison, on a cru pouvoir supposer que ces conseils étaient effectivement suivis par la généralité des hommes et dans la généralité des cas.

Et cependant les phénomènes sociaux sont des choses et doivent être traités comme des choses. Pour démontrer cette proposition, il n'est pas nécessaire de philosopher sur leur nature, de discuter les analogies qu'ils présentent avec les phénomènes des règnes inférieurs. Il suffit de constater qu'ils sont l'unique *datum* offert au sociologue. Est chose, en effet, tout ce qui est donné, tout ce qui s'offre ou, plutôt, s'impose à l'observation. Traiter des phénomènes comme des choses, c'est les traiter en qualité de *data* qui constituent le point de départ de la science. Les phénomènes sociaux présentent incontestablement ce caractère. Ce qui nous est donné, ce n'est pas l'idée que les hommes se font de la valeur, car elle est inaccessible : ce sont les valeurs qui s'échangent réellement au cours des relations économiques. Ce n'est pas telle ou telle conception de l'idéal moral ; c'est l'ensemble des règles qui déterminent effectivement la conduite. Ce n'est pas l'idée de l'utile ou de la richesse ; c'est tout le détail de l'organisation économique. Il est possible que la vie sociale ne soit que le développement de certaines notions ; mais, à supposer que cela soit, ces notions ne sont pas données immédiatement. On ne peut donc les atteindre directement, mais seulement à travers la réalité phénoménale qui les exprime. Nous ne savons pas *a priori* quelles idées sont à l'origine des divers courants entre lesquels se partage la vie sociale ni s'il y en a ; c'est seulement après les avoir remontés jusqu'à leurs sources que nous saurons d'où ils proviennent.

Il nous faut donc considérer les phénomènes sociaux en eux-mêmes, détachés des sujets conscients qui se les représentent ; il faut les étudier du dehors comme des choses extérieures ; car c'est en cette qualité qu'ils se présentent à nous. Si cette extériorité n'est qu'apparente, l'illusion se dissipera à mesure que la science avancera et l'on verra, pour ainsi dire, le dehors rentrer dans le dedans. Mais la solution ne peut être préjugée et, alors même que, finalement, ils n'auraient pas tous les caractères intrinsèques de la chose, on doit d'abord les traiter comme s'ils les avaient. Cette règle s'applique donc à la réalité sociale tout entière, sans qu'il y ait lieu de faire aucune exception. Même les phénomènes qui paraissent le plus consister en arrangements artificiels doivent être considérés de ce point de vue. *Le caractère conventionnel d'une pratique ou d'une institution ne doit jamais être présumé.* Si, d'ailleurs, il nous est permis d'invoquer notre expérience personnelle, nous croyons pouvoir assurer que, en procédant de cette manière, on aura souvent la satisfaction de voir les faits en apparence les plus arbitraires présenter ensuite à une observation plus attentive des caractères de constance et de régularité, symptômes de leur objectivité.

Du reste, et d'une manière générale, ce qui a été dit précédemment sur les caractères distinctifs du fait social, suffit à nous rassurer sur la nature de cette objectivité et à prouver qu'elle n'est pas illusoire. En effet, on reconnaît principalement une chose à ce signe qu'elle ne peut pas être modifiée par un simple décret de la volonté. Ce n'est pas qu'elle soit réfractaire à toute modification. Mais, pour y produire un changement, il ne suffit pas de le vouloir, il faut encore un effort plus ou moins laborieux, dû à la résistance qu'elle nous oppose et qui, d'ailleurs, ne peut pas toujours être vaincue. Or nous avons vu que les faits sociaux ont cette propriété. Bien loin qu'ils soient un produit de notre volonté, ils la déterminent du dehors ; ils consistent comme en des moules en lesquels nous sommes nécessités à couler nos actions. Souvent même, cette nécessité est telle que nous ne pouvons pas y échapper. Mais alors même que nous parvenons à en triompher, l'opposition que nous rencontrons suffit à nous avertir que nous sommes en présence de quelque chose qui ne dépend pas de nous. Donc, en considérant les phénomènes sociaux comme des choses, nous ne ferons que nous conformer à leur nature.

En définitive, la réforme qu'il s'agit d'introduire en sociologie est de tous points identique à celle qui a transformé la psychologie dans ces trente dernières années. De même que Comte et M. Spencer déclarent que les faits sociaux sont des faits de nature, sans cependant les traiter comme des choses, les différentes écoles empiriques avaient, depuis longtemps, reconnu le caractère naturel des phénomènes psychologiques tout en continuant à leur appliquer une méthode purement idéologique [b]. En effet, les empiristes, non moins que leurs adversaires, procédaient exclusivement par introspection [c]. Or les faits que l'on n'observe que sur soi-même sont trop rares, trop fuyants, trop malléables pour pouvoir s'imposer aux notions correspondantes que l'habitude a fixées en nous et leur faire la loi. Quand donc ces dernières ne sont pas soumises à un autre contrôle, rien ne leur fait contrepoids ; par suite, elles prennent la place des faits [d] et constituent la matière de la science. Aussi ni Locke ni Condillac n'ont-ils considéré les phénomènes psychiques objectivement. Ce n'est pas la sensation qu'ils étudient, mais une certaine idée de la sensation. C'est pourquoi, quoique à de certains égards, ils aient préparé l'avènement de la psychologie scientifique, celle-ci n'a vraiment pris naissance que beaucoup plus tard, quand on fut enfin parvenu à cette conception que les états de conscience peuvent et doivent être considérés du dehors, et non du point de vue de la conscience qui les éprouve. Telle est la grande révolution qui s'est accomplie en ce genre d'études. Tous les procédés particuliers, toutes les méthodes nouvelles dont on a enrichi cette science ne sont que des moyens divers pour réaliser plus complètement cette idée fondamentale. C'est ce même progrès qui reste à faire à la sociologie. Il faut qu'elle passe du stade subjectif, qu'elle n'a encore guère dépassé, à la phase objective.

Ce passage y est, d'ailleurs, moins difficile à effectuer qu'en psychologie. En effet, les faits psychiques sont naturellement donnés comme des états du sujet, dont ils ne paraissent même pas séparables. Intérieurs par définition, il semble qu'on ne puisse les traiter comme extérieurs qu'en faisant violence à leur nature. Il faut non seulement un effort d'abstraction, mais tout un ensemble de procédés et d'artifices pour arriver à les considérer de ce biais. Au contraire, les faits sociaux ont bien plus naturellement et plus immédiatement tous les caractères de la chose. Le droit existe dans les codes, les mouvements de la vie quotidienne s'inscrivent dans les chiffres de la statistique, dans les monuments de l'histoire, les modes dans les costumes, les goûts dans les œuvres d'art. Ils tendent en vertu de leur nature même à se constituer en dehors des consciences individuelles, puisqu'ils les dominent. Pour les voir sous leur aspect de choses, il n'est donc pas nécessaire de les torturer avec ingéniosité. De ce point de vue, la sociologie a sur la psychologie un sérieux avantage qui n'a pas été aperçu jusqu'ici et qui doit en hâter le développement. Les faits sont peut-être plus difficiles à interpréter parce qu'ils sont plus complexes, mais ils sont plus faciles à atteindre. La psychologie, au contraire, n'a pas seulement du mal à les élaborer, mais aussi à les saisir. Par conséquent, il est permis de croire que, du jour où ce principe de la méthode sociologique sera unanimement reconnu et pratiqué, on verra la sociologie progresser avec une rapidité que la lenteur actuelle de son développement ne ferait guère supposer, et regagner même l'avance que la psychologie doit uniquement à son antériorité historique [1].

II

Mais l'expérience de nos devanciers nous a montré que, pour assurer la réalisation pratique de la vérité qui vient d'être établie, il ne suffit pas d'en donner une démonstration théorique ni même de s'en pénétrer. L'esprit est si naturellement enclin à la méconnaître qu'on retombera inévitablement dans les anciens errements si l'on ne se soumet à une discipline rigoureuse, dont nous allons formuler les règles principales, corollaires de la précédente.

1. Le premier de ces corollaires est que : *Il faut écarter systématiquement toutes les prénotions*. Une démonstration spéciale de cette règle n'est pas nécessaire ; elle résulte de tout ce que nous avons dit précédemment. Elle est, d'ailleurs, la base de toute méthode scientifique. Le doute méthodique de Descartes n'en est, au fond, qu'une application. Si, au moment où il

---

[1]. Il est vrai que la complexité plus grande des faits sociaux en rend la science plus malaisée. Mais, par compensation, précisément parce que la sociologie est la dernière venue, elle est en état de profiter des progrès réalisés par les sciences inférieures et de s'instruire à leur école. Cette utilisation des expériences faites ne peut manquer d'en accélérer le développement.

va fonder la science, Descartes se fait une loi de mettre en doute toutes les idées qu'il a reçues antérieurement, c'est qu'il ne veut employer que des concepts scientifiquement élaborés, c'est-à-dire construits d'après la méthode qu'il institue ; tous ceux qu'il tient d'une autre origine doivent donc être rejetés, au moins provisoirement. Nous avons déjà vu que la théorie des Idoles, chez Bacon, n'a pas d'autre sens. Les deux grandes doctrines que l'on a si souvent opposées l'une à l'autre concordent sur ce point essentiel. Il faut donc que le sociologue, soit au moment où il détermine l'objet de ses recherches, soit dans le cours de ses démonstrations, s'interdise résolument l'emploi de ces concepts qui se sont formés en dehors de la science et pour des besoins qui n'ont rien de scientifique. Il faut qu'il s'affranchisse de ces fausses évidences qui dominent l'esprit du vulgaire, qu'il secoue, une fois pour toutes, le joug de ces catégories empiriques qu'une longue accoutumance finit souvent par rendre tyranniques. Tout au moins, si, parfois, la nécessité l'oblige à y recourir, qu'il le fasse en ayant conscience de leur peu de valeur, afin de ne pas les appeler à jouer dans la doctrine un rôle dont elles ne sont pas dignes.

Ce qui rend cet affranchissement particulièrement difficile en sociologie, c'est que le sentiment se met souvent de la partie. Nous nous passionnons, en effet, pour nos croyances politiques et religieuses, pour nos pratiques morales bien autrement que pour les choses du monde physique ; par suite, ce caractère passionnel se communique à la manière dont nous concevons et dont nous nous expliquons les premières. Les idées que nous nous en faisons nous tiennent à cœur, tout comme leurs objets, et prennent ainsi une telle autorité qu'elles ne supportent pas la contradiction. Toute opinion qui les gêne est traitée en ennemie. Une proposition n'est-elle pas d'accord avec l'idée qu'on se fait du patriotisme, ou de la dignité individuelle, par exemple ? Elle est niée, quelles que soient les preuves sur lesquelles elle repose. On ne peut pas admettre qu'elle soit vraie ; on lui oppose une fin de non-recevoir, et la passion, pour se justifier, n'a pas de peine à suggérer des raisons qu'on trouve facilement décisives. Ces notions peuvent même avoir un tel prestige qu'elles ne tolèrent même pas l'examen scientifique. Le seul fait de les soumettre, ainsi que les phénomènes qu'elles expriment, à une froide et sèche analyse révolte certains esprits. Quiconque entreprend d'étudier la morale du dehors et comme une réalité extérieure paraît à ces délicats dénué de sens moral, comme le vivisectionniste semble au vulgaire dénué de la sensibilité commune. Bien loin d'admettre que ces sentiments relèvent de [e] la science, c'est à eux que l'on croit devoir s'adresser pour faire la science des choses auxquelles ils se rapportent. « Malheur, écrit un éloquent historien des religions, malheur au savant qui aborde les choses de Dieu sans avoir au fond de sa conscience, dans l'arrière-couche indestructible de son être, là où dort l'âme des ancêtres, un sanctuaire inconnu d'où s'élève par instants un parfum d'encens, une ligne de psaume, un cri douloureux ou triomphal qu'enfant il a jeté vers le ciel à la suite de ses frères et qui le remet en communion soudaine avec les prophètes d'autrefois [1] ! »

---

1. J. Darmesteter, *Les Prophètes d'Israël*, p. 9.

On ne saurait s'élever avec trop de force contre cette doctrine mystique qui – comme tout mysticisme, d'ailleurs – n'est, au fond, qu'un empirisme déguisé, négateur de toute science. Les sentiments qui ont pour objets les choses sociales n'ont pas de privilège sur les autres, car ils n'ont pas une autre origine. Ils se sont, eux aussi, formés historiquement ; ils sont un produit de l'expérience humaine mais d'une expérience confuse et inorganisée. Ils ne sont pas dus à je ne sais quelle anticipation transcendantale de la réalité, mais ils sont la résultante de toute sorte d'impressions et d'émotions accumulées sans ordre, au hasard des circonstances, sans interprétation méthodique. Bien loin qu'ils nous apportent des clartés supérieures aux clartés rationnelles, ils sont faits exclusivement d'états forts, il est vrai, mais troubles. Leur accorder une pareille prépondérance, c'est donner aux facultés inférieures de l'intelligence la suprématie sur les plus élevées, c'est se condamner à une logomachie plus ou moins oratoire. Une science ainsi faite ne peut satisfaire que les esprits qui aiment mieux penser avec leur sensibilité qu'avec leur entendement, qui préfèrent les synthèses immédiates et confuses de la sensation aux analyses patientes et lumineuses de la raison. Le sentiment est objet de science, non le critère de la vérité scientifique. Au reste, il n'est pas de science qui, à ses débuts, n'ait rencontré des résistances analogues. Il fut un temps où les sentiments relatifs aux choses du monde physique, ayant eux-mêmes un caractère religieux ou moral, s'opposaient avec non moins de force à l'établissement des sciences physiques. On peut donc croire que, pourchassé de science en science, ce préjugé finira par disparaître de la sociologie elle-même, sa dernière retraite, pour laisser le terrain libre au savant.

2. Mais la règle précédente est toute négative. Elle apprend au sociologue à échapper à l'empire des notions vulgaires, pour tourner son attention vers les faits ; mais elle ne dit pas la manière dont il doit se saisir de ces derniers pour en faire une étude objective.

Toute investigation scientifique porte sur un groupe déterminé de phénomènes qui répondent à une même définition. La première démarche du sociologue doit donc être de définir les choses dont il traite, afin que l'on sache et qu'il sache bien de quoi il est question. C'est la première et la plus indispensable condition de toute preuve et de toute vérification ; une théorie, en effet, ne peut être contrôlée que si l'on sait reconnaître les faits dont elle doit rendre compte. De plus, puisque c'est par cette définition initiale qu'est constitué[f] l'objet même de la science, celui-ci sera une chose ou non, suivant la manière dont cette définition sera faite.

Pour qu'elle soit objective, il faut évidemment qu'elle exprime les phénomènes en fonction, non d'une idée de l'esprit, mais de propriétés qui leur sont inhérentes. Il faut qu'elle les caractérise par un élément intégrant de leur nature, non par leur conformité à une notion plus ou moins idéale. Or, au moment où la recherche va seulement commencer, alors que les faits n'ont encore été soumis à aucune élaboration, les seuls de leurs caractères qui puissent être atteints sont ceux qui se trouvent assez extérieurs pour être immédiatement visibles. Ceux qui sont situés plus profondément sont, sans doute, plus essentiels ; leur valeur explicative est plus haute, mais ils sont inconnus à cette phase de la science et ne peuvent être anticipés que si l'on substitue à la réalité quelque conception de l'esprit. C'est donc parmi les premiers que doit être cherchée la matière de cette définition fondamentale. D'autre part, il est clair que cette définition devra comprendre, sans exception ni distinction, tous les phénomènes qui présentent également ces mêmes caractères ; car nous n'avons aucune raison ni aucun moyen de choisir entre eux. Ces propriétés sont alors tout ce que nous savons du réel ; par conséquent, elles doivent déterminer souverainement la manière dont les faits doivent être groupés. Nous ne possédons aucun autre critère qui puisse, même partiellement, suspendre les effets du précédent. D'où la règle suivante : *Ne jamais prendre pour objet de recherches qu'un groupe de phénomènes préalablement définis par certains caractères extérieurs qui leur sont communs et comprendre dans la même recherche tous ceux qui répondent à cette définition.* Par exemple, nous constatons l'existence d'un certain nombre d'actes qui présentent tous ce caractère extérieur que, une fois accomplis, ils déterminent de la part de la société cette réaction particulière qu'on nomme la peine. Nous en faisons un groupe *sui generis*, auquel nous imposons une rubrique commune ; nous appelons crime tout acte puni et nous faisons du crime ainsi défini l'objet d'une science spéciale, la criminologie. De même, nous observons, à l'intérieur de toutes les sociétés connues, l'existence d'une société partielle, reconnaissable à ce signe extérieur qu'elle est formée d'individus consanguins, pour la plupart, les uns des autres et qui sont unis entre eux par des liens juridiques. Nous faisons des faits qui s'y rapportent un groupe particulier, auquel nous donnons un nom particulier ; ce sont les phénomènes de la vie domestique. Nous appelons famille tout agrégat de ce genre et nous faisons de la famille ainsi définie l'objet d'une investigation spéciale qui n'a pas encore reçu de dénomination déterminée dans la terminologie sociologique. Quand, plus tard, on passera de la famille en général aux différents types familiaux, on appliquera la même règle. Quand on abordera, par exemple, l'étude du clan, ou de la famille maternelle, ou de la famille patriarcale, on commencera par les définir et d'après la même méthode. L'objet de chaque problème, qu'il soit général ou particulier, doit être constitué suivant le même principe.

En procédant de cette manière, le sociologue, dès sa première démarche, prend immédiatement pied dans la réalité. En effet, la façon dont les faits sont ainsi classés ne dépend pas de lui, de la tournure particulière de son esprit, mais de la nature des choses. Le signe qui les fait ranger dans telle ou telle catégorie peut être montré à tout le monde, reconnu de tout le monde et les affirmations d'un observateur peuvent être contrôlées par les autres. Il est vrai que la notion ainsi constituée ne cadre pas toujours ou même ne cadre généralement pas avec la notion commune. Par exemple, il est évident que, pour le sens commun, les faits de libre pensée ou les manquements à l'étiquette, si régulièrement et si sévèrement punis dans une multitude de sociétés, ne sont pas regardés comme des crimes même par rapport à ces sociétés. De même, un clan n'est pas une famille, dans l'acception usuelle du mot. Mais il n'importe ; car il ne s'agit pas simplement de découvrir un moyen qui nous permette de retrouver assez sûrement les faits auxquels s'appliquent les mots de la langue courante et les idées qu'ils traduisent. Ce qu'il faut, c'est constituer de toutes pièces des concepts nouveaux, appropriés aux besoins de la science et exprimés à l'aide d'une terminologie spéciale. Ce n'est pas, sans doute, que le concept vulgaire soit inutile au savant ; il sert d'indicateur. Par lui, nous sommes informés qu'il existe quelque part un ensemble de phénomènes qui sont réunis sous une même appellation et qui, par conséquent, doivent vraisemblablement avoir des caractères communs ; même, comme il n'est jamais sans avoir eu quelque contact avec les phénomènes, il nous indique parfois, mais en gros, dans quelle direction ils doivent être recherchés. Mais, comme il est grossièrement formé, il est tout naturel qu'il ne coïncide pas exactement avec le concept scientifique, institué à son occasion [1].

Si évidente et si importante que soit cette règle, elle n'est guère observée en sociologie. Précisément parce

---

1. Dans la pratique, c'est toujours du concept vulgaire et du mot vulgaire que l'on part. On cherche si, parmi les choses que connote confusément ce mot, il en est qui présentent des caractères extérieurs communs. S'il y en a et si le concept formé par le groupement des faits ainsi rapprochés coïncide, sinon totalement (ce qui est rare), du moins en majeure partie, avec le concept vulgaire, on pourra continuer à désigner le premier par le même mot que le second et garder dans la science l'expression usitée dans la langue courante. Mais si l'écart est trop considérable, si la notion commune confond une pluralité de notions distinctes, la création de termes nouveaux et spéciaux s'impose. [Cette note ne figure pas dans le texte initial.]

qu'il y est traité de choses dont nous parlons sans cesse, comme la famille, la propriété, le crime, etc., il paraît le plus souvent inutile au sociologue d'en donner une définition préalable et rigoureuse. Nous sommes tellement habitués à nous servir de ces mots, qui reviennent à tout instant dans le cours des conversations, qu'il semble inutile de préciser le sens dans lequel nous les prenons. On s'en réfère simplement à la notion commune. Or celle-ci est très souvent ambiguë. Cette ambiguïté fait qu'on réunit sous un même nom et dans une même explication des choses, en réalité, très différentes. De là proviennent d'inextricables confusions. Ainsi, il existe deux sortes d'unions monogamiques : les unes le sont de fait, les autres de droit. Dans les premières, le mari n'a qu'une femme quoique, juridiquement, il puisse en avoir plusieurs ; dans les secondes, il lui est légalement interdit d'être polygame. La monogamie de fait se rencontre chez plusieurs espèces animales et dans certaines sociétés inférieures, non pas à l'état sporadique, mais avec la même généralité que si elle était imposée par la loi. Quand la peuplade est dispersée sur une vaste surface, la trame sociale est très lâche, et par suite, les individus vivent isolés les uns des autres. Dès lors, chaque homme cherche naturellement à se procurer une femme et une seule, parce que, dans cet état d'isolement, il lui est difficile d'en avoir plusieurs. La monogamie obligatoire, au contraire, ne s'observe que dans les sociétés les plus élevées. Ces deux espèces de sociétés conjugales ont donc une signification très différente, et pourtant le même mot sert à les désigner ; car on dit couramment de certains animaux qu'ils sont monogames, quoiqu'il n'y ait chez eux rien qui ressemble à une obligation juridique. Or M. Spencer, abordant l'étude du mariage, emploie le mot de monogamie, sans le définir, avec son sens usuel et équivoque. Il en résulte que l'évolution du mariage lui paraît présenter une incompréhensible anomalie, puisqu'il croit observer la forme supérieure de l'union sexuelle dès les premières phases du développement historique, alors qu'elle semble plutôt disparaître dans la période intermédiaire pour réapparaître ensuite. Il en conclut qu'il n'y a pas de rapport régulier entre le progrès social en général et l'avancement progressif vers un type parfait de vie familiale. Une définition opportune eût prévenu cette erreur [1].

Dans d'autres cas, on prend bien soin de définir l'objet sur lequel va porter la recherche ; mais, au lieu de comprendre dans la définition et de grouper sous la même rubrique tous les phénomènes qui ont les mêmes propriétés extérieures, on fait entre eux un triage. On en choisit certains, sorte d'élite, que l'on regarde comme ayant seuls le droit d'avoir ces caractères. Quant aux autres, on les considère comme ayant usurpé ces signes distinctifs et on n'en tient pas compte. Mais il est aisé de prévoir que l'on ne peut obtenir de cette manière qu'une notion subjective et tronquée. Cette élimination, en effet, ne peut être faite que d'après une idée préconçue, puisque, au début de

---

[1]. C'est la même absence de définition qui a fait dire parfois que la démocratie se rencontrait également au commencement et à la fin de l'histoire. La vérité, c'est que la démocratie primitive et celle d'aujourd'hui sont très différentes l'une de l'autre.

la science, aucune recherche n'a pu encore établir la réalité de cette usurpation, à supposer qu'elle soit possible. Les phénomènes choisis ne peuvent avoir été retenus que parce qu'ils étaient, plus que les autres, conformes à la conception idéale que l'on se faisait de cette sorte de réalité. Par exemple, M. Garofalo, au commencement de sa *Criminologie*, démontre fort bien que le point de départ de cette science doit être « la notion sociologique du crime [1] ». Seulement, pour constituer cette notion, il ne compare pas indistinctement tous les actes qui, dans les différents types sociaux, ont été réprimés par des peines régulières, mais seulement certains d'entre eux, à savoir ceux qui offensent la partie moyenne et immuable du sens moral. Quant aux sentiments moraux qui ont disparu dans la suite de l'évolution, ils ne lui paraissent pas fondés dans la nature des choses pour cette raison qu'ils n'ont pas réussi à se maintenir ; par suite, les actes qui ont été réputés criminels parce qu'ils les violaient lui semblent n'avoir dû cette dénomination qu'à des circonstances accidentelles et plus ou moins pathologiques. Mais c'est en vertu d'une conception toute personnelle de la moralité qu'il procède à cette élimination. Il part de cette idée que l'évolution morale, prise à sa source même ou dans les environs, roule toute sorte de scories et d'impuretés qu'elle élimine ensuite progressivement, et qu'aujourd'hui seulement elle est parvenue à se débarrasser de tous les éléments adventices qui, primitivement, en troublaient le cours. Mais ce principe n'est ni un axiome évident ni une

---

1. *Criminologie*, p. 2.

vérité démontrée ; ce n'est qu'une hypothèse, que rien même ne justifie. Les parties variables du sens moral ne sont pas moins fondées dans la nature des choses que les parties immuables ; les variations par lesquelles ont passé les premières témoignent seulement que les choses elles-mêmes ont varié. En zoologie, les formes spéciales aux espèces inférieures ne sont pas regardées comme moins naturelles que celles qui se répètent à tous les degrés de l'échelle animale. De même, les actes taxés de crimes par les sociétés primitives, et qui ont perdu cette qualification, sont réellement criminels par rapport à ces sociétés, tout comme ceux que nous continuons à réprimer aujourd'hui. Les premiers correspondent aux conditions changeantes de la vie sociale, les seconds aux conditions constantes ; mais les uns ne sont pas plus artificiels que les autres.

Il y a plus : alors même que ces actes auraient indûment revêtu le caractère criminologique, néanmoins ils ne devraient pas être séparés radicalement des autres ; car les formes morbides d'un phénomène ne sont pas d'une autre nature que les formes normales et, par conséquent, il est nécessaire d'observer les premières comme les secondes pour déterminer cette nature. La maladie ne s'oppose pas à la santé ; ce sont deux variétés du même genre et qui s'éclairent mutuellement. C'est une règle depuis longtemps reconnue et pratiquée en biologie comme en psychologie et que le sociologue n'est pas moins tenu de respecter. À moins d'admettre qu'un même phénomène puisse être dû tantôt à une cause et tantôt à une autre, c'est-à-dire à moins de nier le principe de causalité, les causes qui impriment à un acte, mais d'une manière anormale, le signe distinctif du crime, ne sauraient différer en espèce de celles qui produisent normalement le même effet ; elles s'en distinguent seulement en degré ou parce qu'elles n'agissent pas dans le même ensemble de circonstances. Le crime anormal est donc encore un crime et doit, par suite, entrer dans la définition du crime. Aussi qu'arrive-t-il ? C'est que M. Garofalo prend pour le genre ce qui n'est que l'espèce ou même une simple variété. Les faits auxquels s'applique sa formule de la criminalité ne représentent qu'une infime minorité parmi ceux qu'elle devrait comprendre ; car elle ne convient ni aux crimes religieux, ni aux crimes contre l'étiquette, le cérémonial, la tradition, etc., qui, s'ils ont disparu de nos Codes modernes, remplissent, au contraire, presque tout le droit pénal des sociétés antérieures.

C'est la même faute de méthode qui fait que certains observateurs refusent aux sauvages toute espèce de moralité[1]. Ils partent de cette idée que notre morale est la morale ; or il est évident qu'elle est inconnue des peuples primitifs ou qu'elle n'y existe qu'à l'état rudimentaire. Mais cette définition est arbitraire. Appliquons notre règle et tout change. Pour décider si un précepte est moral ou non, nous devons examiner s'il présente ou non le signe extérieur de la moralité ; ce signe consiste dans une sanction répressive diffuse, c'est-à-dire dans un blâme de l'opinion publique qui venge toute violation du précepte.

---

1. V. Lubbock, *Les Origines de la civilisation*, chap. VIII. – Plus généralement encore, on dit, non moins faussement, que les religions anciennes sont amorales ou immorales. La vérité est qu'elles ont leur morale à elles.

Toutes les fois que nous sommes en présence d'un fait qui présente ce caractère, nous n'avons pas le droit de lui dénier la qualification de moral ; car c'est la preuve qu'il est de même nature que les autres faits moraux. Or, non seulement des règles de ce genre se rencontrent dans les sociétés inférieures, mais elles y sont plus nombreuses que chez les civilisés. Une multitude d'actes qui, actuellement, sont abandonnés à la libre appréciation des individus, sont alors imposés obligatoirement. On voit à quelles erreurs on est entraîné soit quand on ne définit pas, soit quand on définit mal.

Mais, dira-t-on, définir les phénomènes par leurs caractères apparents, n'est-ce pas attribuer aux propriétés superficielles une sorte de prépondérance sur les attributs fondamentaux ; n'est-ce pas, par un véritable renversement de l'ordre logique, faire reposer les choses sur leurs sommets, et non sur leurs bases ? C'est ainsi que, quand on définit le crime par la peine, on s'expose presque inévitablement à être accusé de vouloir dériver le crime de la peine ou, suivant une citation bien connue, de voir dans l'échafaud la source de la honte, non dans l'acte expié. Mais le reproche repose sur une confusion. Puisque la définition dont nous venons de donner la règle est placée au commencement de la science, elle ne saurait avoir pour objet d'exprimer l'essence de la réalité ; elle doit seulement nous mettre en état d'y parvenir ultérieurement. Elle a pour unique fonction de nous faire prendre contact avec les choses et, comme celles-ci ne peuvent être atteintes par l'esprit que du dehors, c'est par leurs dehors qu'elle les exprime. Mais elle ne les explique pas pour autant ; elle fournit seulement le premier point d'appui nécessaire à nos explications. Non certes, ce n'est pas la peine qui fait le crime, mais c'est par elle qu'il se révèle extérieurement à nous et c'est d'elle, par conséquent, qu'il faut partir si nous voulons arriver à le comprendre.

L'objection ne serait fondée que si ces caractères extérieurs étaient en même temps accidentels, c'est-à-dire s'ils n'étaient pas liés aux propriétés fondamentales. Dans ces conditions en effet, la science, après les avoir signalés, n'aurait aucun moyen d'aller plus loin ; elle ne pourrait descendre plus bas dans la réalité, puisqu'il n'y aurait aucun rapport entre la surface et le fond. Mais, à moins que le principe de causalité ne soit un vain mot, quand des caractères déterminés se retrouvent identiquement et sans aucune exception dans tous les phénomènes d'un certain ordre, on peut être assuré qu'ils tiennent étroitement à la nature de ces derniers et qu'ils en sont solidaires. Si un groupe donné d'actes présente également cette particularité qu'une sanction pénale y est attachée, c'est qu'il existe un lien intime entre la peine et les attributs constitutifs de ces actes. Par conséquent, si superficielles qu'elles soient, ces propriétés, pourvu qu'elles aient été méthodiquement observées, montrent bien au savant la voie qu'il doit suivre pour pénétrer plus au fond des choses ; elles sont le premier et indispensable anneau de la chaîne que la science déroulera ensuite au cours de ses explications.

Puisque c'est par la sensation que l'extérieur des choses nous est donné, on peut donc dire en résumé : la science, pour être objective, doit partir, non de concepts qui se sont formés sans elle, mais de la sensation. C'est aux données sensibles qu'elle doit directement emprunter les éléments de ses définitions initiales. Et en effet, il suffit de se représenter en quoi consiste l'œuvre de la science pour comprendre qu'elle ne peut pas procéder autrement. Elle a besoin de concepts qui expriment adéquatement les choses, telles qu'elles sont, non telles qu'il est utile à la pratique de les concevoir. Or ceux qui se sont constitués en dehors de son action ne répondent pas à cette condition. Il faut donc qu'elle en crée de nouveaux et, pour cela, qu'écartant les notions communes et les mots qui les expriment, elle revienne à la sensation, matière première et nécessaire de tous les concepts. C'est de la sensation que se dégagent toutes les idées générales, vraies ou fausses, scientifiques ou non. Le point de départ de la science ou connaissance spéculative ne saurait donc être autre que celui de la connaissance vulgaire ou pratique. C'est seulement au-delà, dans la manière dont cette matière commune est ensuite élaborée, que les divergences commencent.

3. Mais la sensation est facilement subjective. Aussi est-il de règle dans les sciences naturelles d'écarter les données sensibles qui risquent d'être trop personnelles à l'observateur, pour retenir exclusivement celles qui présentent un suffisant degré d'objectivité. C'est ainsi que le physicien substitue aux vagues impressions que produisent la température ou l'électricité la représentation visuelle des oscillations du thermomètre ou de l'électromètre. Le sociologue est tenu aux mêmes précautions. Les caractères extérieurs en fonction desquels

il définit l'objet de ses recherches doivent être aussi objectifs que possible.

On peut poser en principe que les faits sociaux sont d'autant plus susceptibles d'être objectivement représentés qu'ils sont plus complètement dégagés des faits individuels qui les manifestent [g].

En effet, une sensation est d'autant plus objective que l'objet auquel elle se rapporte a plus de fixité ; car la condition de toute objectivité, c'est l'existence d'un point de repère, constant et identique, auquel la représentation peut être rapportée et qui permet d'éliminer tout ce qu'elle a de variable, partant de subjectif. Si les seuls points de repère qui sont donnés sont eux-mêmes variables, s'ils sont perpétuellement divers par rapport à eux-mêmes, toute commune mesure fait défaut et nous n'avons aucun moyen de distinguer dans nos impressions ce qui dépend du dehors, et ce qui leur vient de nous. Or la vie sociale, tant qu'elle n'est pas arrivée à s'isoler des événements particuliers qui l'incarnent pour se constituer à part, a justement cette propriété, car, comme ces événements n'ont pas la même physionomie d'une fois à l'autre, d'un instant à l'autre et qu'elle en est inséparable, ils lui communiquent leur mobilité. Elle consiste alors en libres courants [h] qui sont perpétuellement en voie de transformation et que le regard de l'observateur ne parvient pas à fixer. C'est dire que ce côté n'est pas celui par où le savant peut aborder l'étude de la réalité sociale. Mais nous savons qu'elle présente cette particularité que, sans cesser d'être elle-même, elle est susceptible de se cristalliser. En dehors des actes individuels qu'elles suscitent, les habitudes collectives s'expriment sous des formes définies, règles juridiques, morales, dictons populaires, faits de structure sociale, etc. Comme ces formes existent d'une manière permanente, qu'elles ne changent pas avec les diverses applications qui en sont faites [i], elles constituent un objet fixe, un étalon constant qui est toujours à la portée de l'observateur et qui ne laisse pas de place aux impressions subjectives et aux observations personnelles. Une règle du droit est ce qu'elle est et il n'y a pas deux manières de la percevoir. Puisque, d'un autre côté, ces pratiques ne sont que de la vie sociale consolidée, il est légitime, sauf indications contraires [1], d'étudier celle-ci à travers celles-là.

Quand, donc, le sociologue entreprend d'explorer un ordre quelconque de faits sociaux, il doit s'efforcer de les considérer par un côté où ils se présentent isolés de leurs manifestations individuelles [j]. C'est en vertu de ce principe que nous avons étudié la solidarité sociale, ses formes diverses et leur évolution à travers le système des règles juridiques qui les expriment [2]. De même, si l'on essaie de distinguer et de classer les différents types familiaux d'après les descriptions littéraires que nous en donnent les voyageurs et, parfois, les historiens, on s'expose à confondre les espèces les plus différentes, à rapprocher les types les plus éloignés. Si, au contraire, on prend pour base de cette classification la constitution juridique de la famille et, plus spécialement, le droit

---

1. Il faudrait, par exemple, avoir des raisons de croire que, à un moment donné, le droit n'exprime plus l'état véritable des relations sociales, pour que cette substitution ne fût pas légitime.

2. Voir *Division du travail social*, 1. I.

successoral, on aura un critère objectif qui, sans être infaillible, préviendra cependant bien des erreurs[1]. Veut-on classer les différentes sortes de crimes ? on s'efforcera de reconstituer les manières de vivre, les coutumes professionnelles usitées dans les différents mondes du crime, et on reconnaîtra autant de types criminologiques que cette organisation présente de formes différentes. Pour atteindre les mœurs, les croyances populaires, on s'adressera aux proverbes, aux dictons qui les expriment. Sans doute, en procédant ainsi, on laisse provisoirement en dehors de la science la matière concrète de la vie collective, et cependant, si changeante qu'elle soit, on n'a pas le droit d'en postuler *a priori* l'inintelligibilité. Mais si l'on veut suivre une voie méthodique, il faut établir les premières assises de la science sur un terrain ferme et non sur un sable mouvant. Il faut aborder le règne social par les endroits où il offre le plus prise à l'investigation scientifique. C'est seulement ensuite qu'il sera possible de pousser plus loin la recherche, et, par des travaux d'approche progressifs, d'enserrer peu à peu cette réalité fuyante dont l'esprit humain ne pourra jamais, peut-être, se saisir complètement.

---

1. Cf. notre « Introduction à la Sociologie de la famille », in *Annales de la faculté des lettres de Bordeaux*, année 1889.

universel, on sera, en effet, obligé ou bien de s'en tenir, provisoirement cependant bien que toujours, à ce qu'on classe, les différentes sortes de crimes / on s'efforcera de reconnaître les nuances de leurs caractères professionnels, selon chacun des différents mobiles du crime, et on reconnaîtra autant de types criminologiques, que cette imagination présente de formes différentes. Nous arrivons des groupes, les croyances populaires, ou adages, en anthropologie aux dictons que les experts en sens droit, en procédant à tel ou plusieurs phénomènes en dehors de la science, la matière concrète de la vie collective, et cependant si étrangement qu'elle soit, on n'a pas le droit d'en parler « en l'intelligibilité ». Mais si l'on veut suivre une voie méthodique, il faut établir les premiers causes de la science, sur un terrain ferme, et non en ce sens-là, sinon, il faut aboutir à régler social par les adroits ou il offre de plus frais- à l'investigation scientifique et ne seulement passer en se rendant de proposer une loi, faire-lecture et par des causes d'approche empirique, d'autant plus si cela est nécessaire par le livre dont l'écrit sinistre ne pourra jamais peut-être à se lier complètement...

Chapitre III

RÈGLES RELATIVES
À LA DISTINCTION DU NORMAL
ET DU PATHOLOGIQUE

L'observation, conduite d'après les règles qui précèdent, confond deux ordres de faits, très dissemblables par certains côtés : ceux qui sont tout ce qu'ils doivent être et ceux qui devraient être autrement qu'ils ne sont, les phénomènes normaux et les phénomènes pathologiques. Nous avons même vu qu'il était nécessaire de les comprendre également dans la définition par laquelle doit débuter toute recherche. Mais si, à certains égards, ils sont de même nature, ils ne laissent pas de constituer deux variétés différentes et qu'il importe de distinguer. La science dispose-t-elle de moyens qui permettent de faire cette distinction ?

La question est de la plus grande importance ; car de la solution qu'on en donne dépend l'idée qu'on se fait du rôle qui revient à la science, surtout à la science de l'homme. D'après une théorie dont les partisans se recrutent dans les écoles les plus diverses, la science ne nous apprendrait rien sur ce que nous devons vouloir. Elle ne connaît, dit-on, que des faits qui ont tous la même valeur et le même intérêt ; elle les observe, les explique, mais ne les juge pas ; pour elle, il n'y en a point qui soient blâmables. Le bien et le mal n'existent pas à ses yeux. Elle peut bien nous dire comment les causes produisent leurs effets, non quelles fins doivent être poursuivies. Pour savoir, non plus ce qui est, mais ce qui est désirable, c'est aux suggestions de l'inconscient qu'il faut recourir, de quelque nom qu'on l'appelle, sentiment, instinct, poussée vitale, etc. La science, dit un écrivain déjà cité, peut bien éclairer le monde, mais elle laisse la nuit dans les cœurs ; c'est au cœur lui-même à se faire sa propre lumière. La science se trouve ainsi destituée, ou à peu près, de toute efficacité pratique, et, par conséquent, sans grande raison d'être ; car à quoi bon se travailler pour connaître le réel, si la connaissance que nous en acquérons ne peut nous servir dans la vie ? Dira-t-on que, en nous révélant les causes des phénomènes, elle nous fournit les moyens de les produire à notre guise et, par suite, de réaliser les fins que notre volonté poursuit pour des raisons supra-scientifiques ? Mais tout moyen est lui-même une fin, par un côté ; car, pour le mettre en œuvre, il faut le vouloir tout comme la fin dont il prépare la réalisation. Il y a toujours plusieurs voies qui mènent à un but donné ; il faut donc choisir entre elles. Or, si la science ne peut nous aider dans le choix du but le meilleur, comment pourrait-elle nous apprendre quelle est la meilleure voie pour y parvenir ? Pourquoi nous recommanderait-elle la plus rapide de préférence à la plus économique, la plus sûre plutôt que la plus simple, ou inversement ? Si elle ne peut nous guider dans la détermination des fins supérieures, elle n'est pas moins impuissante quand il s'agit de ces fins secondaires et subordonnées que l'on appelle des moyens.

La méthode idéologique permet, il est vrai, d'échapper à ce mysticisme et c'est, d'ailleurs, le désir d'y échapper qui a fait, en partie, la persistance de cette méthode. Ceux qui l'ont pratiquée, en effet, étaient trop rationalistes pour admettre que la conduite humaine n'eût pas besoin d'être dirigée par la réflexion ; et pourtant, ils ne voyaient dans les phénomènes, pris en eux-mêmes et indépendamment de toute donnée subjective, rien qui permît de les classer suivant leur valeur pratique. Il semblait donc que le seul moyen de les juger fût de les rapporter à quelque concept qui les dominât ; dès lors, l'emploi de notions qui présidassent à la collation des faits, au lieu d'en dériver, devenait indispensable dans toute sociologie rationnelle. Mais nous savons que si, dans ces conditions, la pratique devient réfléchie, la réflexion, ainsi employée, n'est pas scientifique.

Le problème que nous venons de poser va nous permettre de revendiquer les droits de la raison sans retomber dans l'idéologie. En effet, pour les sociétés comme pour les individus, la santé est bonne et désirable, la maladie, au contraire, est la chose mauvaise et qui doit être évitée. Si donc nous trouvons un critère objectif, inhérent aux faits eux-mêmes, qui nous permette de distinguer scientifiquement la santé de la maladie dans les divers ordres de phénomènes sociaux, la science sera en état d'éclairer la pratique tout en restant fidèle à sa propre méthode. Sans doute, comme elle ne parvient pas présentement à atteindre l'individu, elle ne peut nous fournir que des indications générales qui ne peuvent être diversifiées convenablement que si l'on entre directement en contact avec le particulier par la sensation. L'état de santé, tel qu'elle le peut définir, ne saurait convenir exactement à aucun sujet individuel, puisqu'il ne peut être établi que par rapport aux circonstances les plus communes, dont tout le monde s'écarte plus ou moins ; ce n'en est pas moins un point de repère précieux pour orienter la conduite. De ce qu'il y a lieu de l'ajuster ensuite à chaque cas spécial, il ne suit pas qu'il n'y ait aucun intérêt à le connaître. Tout au contraire, il est la norme qui doit servir de base à tous nos raisonnements pratiques. Dans ces conditions, on n'a plus le droit de dire que la pensée est inutile à l'action. Entre la science et l'art il n'y a plus un abîme ; mais on passe de l'une à l'autre sans solution de continuité. La science, il est vrai, ne peut descendre dans les faits que par l'intermédiaire de l'art, mais l'art n'est que le prolongement de la science. Encore peut-on se demander si l'insuffisance pratique de cette dernière ne doit pas aller en diminuant, à mesure que les lois qu'elle établit exprimeront de plus en plus complètement la réalité individuelle.

I

Vulgairement, la souffrance est regardée comme l'indice de la maladie et il est certain que, en général, il existe entre ces deux faits un rapport, mais qui manque de constance et de précision. Il y a de graves diathèses qui sont indolores, alors que des troubles sans importance, comme ceux qui résultent de l'introduction d'un grain de charbon dans l'œil, causent un véritable supplice. Même, dans certains cas, c'est l'absence de douleur ou bien encore le plaisir qui sont les symptômes de la maladie. Il y a une certaine disvulnérabilité qui est pathologique. Dans des circonstances où un homme sain souffrirait, il arrive au neurasthénique d'éprouver une sensation de jouissance dont la nature morbide est incontestable. Inversement, la douleur accompagne bien des états, comme la faim, la fatigue, la parturition qui sont des phénomènes purement physiologiques.

Dirons-nous que la santé, consistant dans un heureux développement des forces vitales, se reconnaît à la parfaite adaptation de l'organisme avec son milieu, et appellerons-nous, au contraire, maladie tout ce qui trouble cette adaptation ? Mais d'abord – nous aurons plus loin à revenir sur ce point –, il n'est pas du tout démontré que chaque état de l'organisme soit en correspondance avec quelque état externe. De plus, et quand bien même ce critère serait vraiment distinctif de l'état de santé, il aurait lui-même besoin d'un autre critère pour pouvoir être reconnu ; car il faudrait, en tout cas, nous dire d'après quel principe on peut décider que tel mode de s'adapter est plus parfait que tel autre.

Est-ce d'après la manière dont l'un et l'autre affectent nos chances de survie ? La santé serait l'état d'un organisme où ces chances sont à leur maximum et la maladie, au contraire, tout ce qui a pour effet de les diminuer. Il n'est pas douteux, en effet, que, en général, la maladie n'ait réellement pour conséquence un affaiblissement de l'organisme. Seulement elle n'est pas seule à produire ce résultat. Les fonctions de reproduction, dans certaines espèces inférieures, entraînent fatalement la mort et, même dans les espèces plus élevées, elles créent des risques. Cependant elles sont normales. La vieillesse et l'enfance ont les mêmes effets ; car le vieillard et l'enfant sont plus accessibles aux causes de destruction. Sont-ils donc des malades et faut-il n'admettre d'autre type sain que celui de l'adulte ? Voilà le domaine de la santé et de la physiologie singulièrement rétréci ! Si, d'ailleurs, la vieillesse est déjà, par elle-même, une maladie, comment distinguer le vieillard sain du vieillard maladif ? Du même point de vue, il faudra classer la menstruation parmi les phénomènes morbides ; car, par les troubles qu'elle détermine, elle accroît la réceptivité de la femme à la maladie. Comment, cependant, qualifier de maladif un état dont l'absence ou la disparition prématurée constituent incontestablement un phénomène pathologique ? On raisonne sur cette question comme si, dans un organisme sain, chaque détail, pour ainsi dire, avait un rôle utile à jouer ; comme si chaque état interne répondait exactement à quelque condition externe et, par suite, contribuait à assurer, pour sa part, l'équilibre vital et à diminuer les chances de mort. Il est, au contraire, légitime de supposer que certains arrangements anatomiques ou fonctionnels ne servent directement à rien, mais sont simplement parce qu'ils sont, parce qu'ils ne peuvent pas ne pas être, étant donné les conditions générales de la vie. On ne saurait pourtant les taxer de morbides ; car la maladie est, avant tout, quelque chose d'évitable qui n'est pas impliqué dans la constitution régulière de l'être vivant. Or il peut se faire que, au lieu de fortifier l'organisme, ils diminuent sa force de résistance et, par conséquent, accroissent les risques mortels.

D'autre part, il n'est pas sûr que la maladie ait toujours le résultat en fonction duquel on la veut définir. N'y a-t-il pas nombre d'affections trop légères pour que nous puissions leur attribuer une influence sensible sur les bases vitales de l'organisme ? Même parmi les plus graves, il en est dont les suites n'ont rien de fâcheux, si nous savons lutter contre elles avec les armes dont nous disposons. Le gastrique qui suit une bonne hygiène peut vivre tout aussi vieux que l'homme sain. Il est, sans doute, obligé à des soins ; mais n'y sommes-nous pas tous également obligés et la vie peut-elle s'entretenir autrement ? Chacun de nous a son hygiène ; celle du malade ne ressemble pas à celle que pratique la moyenne des hommes de son temps et de son milieu ; mais c'est la seule différence qu'il y ait entre eux à ce point de vue. La maladie ne nous laisse pas toujours désemparés, dans un état de désadaptation irrémédiable ; elle nous contraint seulement à nous adapter autrement que la plupart de nos semblables. Qui nous dit même qu'il n'existe pas de maladies qui, finalement, se trouvent être utiles ? La variole que nous nous inoculons par le vaccin est une véritable maladie que nous nous donnons volontairement, et pourtant elle accroît nos chances de survie. Il y a peut-être bien d'autres cas où le trouble causé par la maladie est insignifiant à côté des immunités qu'elle confère.

Enfin et surtout, ce critère est le plus souvent inapplicable. On peut bien établir, à la rigueur, que la mortalité la plus basse que l'on connaisse se rencontre dans tel groupe déterminé d'individus ; mais on ne peut pas démontrer qu'il ne saurait y en avoir de plus basse. Qui nous dit que d'autres arrangements ne sont pas possibles, qui auraient pour effet de la diminuer encore ? Ce *minimum* de fait n'est donc pas la preuve d'une parfaite adaptation, ni, par suite, l'indice sûr de l'état de santé si l'on s'en rapporte à la définition précédente. De plus, un groupe de cette nature est bien difficile à constituer et à isoler de tous les autres, comme il serait nécessaire, pour que l'on pût observer la constitution organique dont il a le privilège et qui est la cause supposée de cette supériorité. Inversement, si, quand il s'agit d'une maladie dont le dénouement est généralement mortel, il est évident que les probabilités que l'être a de survivre sont diminuées, la preuve est singulièrement malaisée, quand l'affection n'est pas de nature à entraîner directement la mort. Il n'y a, en effet, qu'une manière objective de prouver que des êtres, placés dans des conditions définies, ont moins de chances de survivre que d'autres, c'est de faire voir que, en fait, la plupart d'entre eux vivent moins longtemps. Or, si, dans les cas de maladies purement individuelles, cette démonstration est souvent possible, elle est tout à fait impraticable en sociologie. Car nous n'avons pas ici le point de repère dont dispose le biologiste, à savoir le chiffre de la mortalité moyenne. Nous ne savons même pas distinguer avec une exactitude simplement approchée à quel moment naît une société et à quel moment elle meurt. Tous ces problèmes qui, déjà en biologie, sont loin d'être clairement résolus, restent encore, pour le sociologue, enveloppés de mystère. D'ailleurs, les événements qui se produisent au cours de la vie sociale et qui se répètent à peu près identiquement dans toutes les sociétés du même type sont beaucoup trop variés pour qu'il soit possible de déterminer dans quelle mesure l'un d'eux peut avoir contribué à hâter le dénouement final. Quand il s'agit d'individus, comme ils sont très nombreux, on peut choisir ceux que l'on compare de manière à ce qu'ils n'aient en commun qu'une seule et même anomalie [a] ; celle-ci se trouve ainsi isolée de tous les phénomènes concomitants et on peut, par suite, étudier la nature de son influence sur l'organisme [b]. Si, par exemple, un millier de rhumatisants, pris au hasard, présentent une mortalité sensiblement supérieure à la moyenne, on a de bonnes raisons pour attribuer ce résultat à la diathèse rhumatismale. Mais, en sociologie, comme chaque espèce sociale ne compte qu'un petit nombre d'individus, le champ des comparaisons est trop restreint pour que des groupements de ce genre soient démonstratifs [c].

Or, à défaut de cette preuve de fait, il n'y a plus rien de possible que des raisonnements déductifs dont les conclusions ne peuvent avoir d'autre valeur que celle de présomptions subjectives. On démontrera non que tel événement affaiblit effectivement l'organisme social, mais qu'il doit avoir cet effet. Pour cela, on fera voir qu'il ne peut manquer d'entraîner à sa suite telle ou telle conséquence que l'on juge fâcheuse pour la société et, à ce titre, on le déclarera morbide. Mais, à supposer même qu'il engendre en effet cette conséquence, il peut se faire que les inconvénients qu'elle présente soient compensés, et au-delà, par des avantages que l'on n'aperçoit pas. De plus, il n'y a qu'une raison qui puisse permettre de la traiter de funeste, c'est qu'elle trouble le jeu normal des fonctions. Mais une telle preuve suppose le problème déjà résolu ; car elle n'est possible que si l'on a déterminé au préalable en quoi consiste l'état normal et, par conséquent, si l'on sait à quel signe il peut être reconnu. Essaiera-t-on de le construire de toutes pièces et *a priori* ? Il n'est pas nécessaire de montrer ce que peut valoir une telle construction. Voilà comment il se fait que, en sociologie comme en histoire, les mêmes événements sont qualifiés, suivant les sentiments personnels du savant, de salutaires ou de désastreux. Ainsi il arrive sans cesse à un théoricien incrédule de signaler, dans les restes de foi qui survivent au milieu de l'ébranlement général des croyances religieuses, un phénomène morbide, tandis que, pour le croyant, c'est l'incrédulité même qui est aujourd'hui la grande maladie sociale. De même, pour le socialiste, l'organisation économique actuelle est un fait de tératologie sociale, alors que, pour l'économiste orthodoxe, ce sont les tendances socialistes qui sont, par excellence, pathologiques. Et chacun trouve à l'appui de son opinion des syllogismes qu'il juge bien faits.

Le défaut commun de ces définitions est de vouloir atteindre prématurément l'essence des phénomènes. Aussi supposent-elles acquises des propositions qui, vraies ou non, ne peuvent être prouvées que si la science est déjà suffisamment avancée. C'est pourtant le cas de nous conformer à la règle que nous avons précédemment établie. Au lieu de prétendre déterminer d'emblée les rapports de l'état normal et de son contraire avec les forces vitales, cherchons simplement quelque signe extérieur, immédiatement perceptible, mais objectif, qui nous permette de reconnaître l'un de l'autre ces deux ordres de faits.

Tout phénomène sociologique, comme, du reste, tout phénomène biologique, est susceptible, tout en restant essentiellement lui-même, de revêtir des formes différentes suivant les cas. Or, parmi ces formes, il en est de deux sortes. Les unes sont générales dans toute l'étendue de l'espèce ; elles se retrouvent, sinon chez tous les individus, du moins chez la plupart d'entre eux et, si elles ne se répètent pas identiquement dans tous les cas où elles s'observent, mais varient d'un sujet à l'autre, ces variations sont comprises entre des limites très rapprochées. Il en est d'autres, au contraire, qui sont exceptionnelles ; non seulement elles ne se rencontrent que chez la minorité, mais, là même où elles se produisent, il arrive le plus souvent qu'elles ne durent pas toute la vie de l'individu. Elles sont une exception dans le temps comme dans l'espace [1]. Nous

---

1. On peut distinguer par là la maladie de la monstruosité. La seconde n'est une exception que dans l'espace ; elle ne se rencontre pas dans la moyenne de l'espèce, mais elle dure toute la vie des individus où elle se rencontre. On voit, du reste, que ces deux ordres de faits ne diffèrent qu'en degrés et sont au fond de même nature ; les frontières entre eux sont très indécises, car la maladie n'est pas incapable de toute fixité, ni la monstruosité de tout devenir. On ne peut donc guère les séparer radicalement quand on les définit. La distinction entre eux ne peut être plus catégorique qu'entre le morphologique et le physiologique,

sommes donc en présence de deux variétés distinctes de phénomènes et qui doivent être désignées par des termes différents. Nous appellerons normaux les faits qui présentent les formes les plus générales et nous donnerons aux autres le nom de morbides ou de pathologiques. Si l'on convient de nommer type moyen l'être schématique que l'on constituerait en rassemblant en un même tout, en une sorte d'individualité abstraite, les caractères les plus fréquents dans l'espèce avec leurs formes les plus fréquentes, on pourra dire que le type normal se confond avec le type moyen, et que tout écart par rapport à cet étalon de la santé est un phénomène morbide. Il est vrai que le type moyen ne saurait être déterminé avec la même netteté qu'un type individuel, puisque ses attributs constitutifs ne sont pas absolument fixés, mais sont susceptibles de varier. Mais qu'il puisse être constitué, c'est ce qu'on ne saurait mettre en doute, puisqu'il est la matière immédiate de la science ; car il se confond avec le type générique. Ce que le physiologiste étudie, ce sont les fonctions de l'organisme moyen et il n'en est pas autrement du sociologue. Une fois qu'on sait reconnaître les espèces sociales les unes des autres – nous traitons plus loin la question –, il est toujours possible de trouver quelle est la forme la plus générale que présente un phénomène dans une espèce déterminée.

---

puisque, en somme, le morbide est l'anormal dans l'ordre physiologique comme le tératologique est l'anormal dans l'ordre anatomique. [Cette note ne figure pas dans le texte initial.]

On voit qu'un fait ne peut être qualifié de pathologique que par rapport à une espèce donnée. Les conditions de la santé et de la maladie ne peuvent être définies *in abstracto* et d'une manière absolue. La règle n'est pas contestée en biologie ; il n'est jamais venu à l'esprit de personne que ce qui est normal pour un mollusque le soit aussi pour un vertébré. Chaque espèce a sa santé, parce qu'elle a son type moyen qui lui est propre, et la santé des espèces les plus basses n'est pas moindre que celle des plus élevées. Le même principe s'applique à la sociologie quoiqu'il y soit souvent méconnu. Il faut renoncer à cette habitude, encore trop répandue, de juger une institution, une pratique, une maxime morale, comme si elles étaient bonnes ou mauvaises en elles-mêmes et par elles-mêmes, pour tous les types sociaux indistinctement.

Puisque le point de repère par rapport auquel on peut juger de l'état de santé ou de maladie varie avec les espèces, il peut varier aussi pour une seule et même espèce, si celle-ci vient à changer. C'est ainsi que, au point de vue purement biologique, ce qui est normal pour le sauvage ne l'est pas toujours pour le civilisé et réciproquement [1]. Il y a surtout un ordre de variations dont il importe de tenir compte parce qu'elles se produisent régulièrement dans toutes les espèces, ce sont celles qui tiennent à l'âge. La santé du vieillard n'est pas celle de l'adulte, de même que celle-ci n'est pas

---

1. Par exemple, le sauvage qui aurait le tube digestif réduit et le système nerveux développé du civilisé sain serait un malade par rapport à son milieu.

celle de l'enfant ; et il en est de même des sociétés [1]. Un fait social ne peut donc être dit normal pour une espèce sociale déterminée que par rapport à une phase, également déterminée, de son développement ; par conséquent, pour savoir s'il a droit à cette dénomination, il ne suffit pas d'observer sous quelle forme il se présente dans la généralité des sociétés qui appartiennent à cette espèce, il faut encore avoir soin de les considérer à la phase correspondante de leur évolution.

Il semble que nous venions de procéder simplement à une définition de mots ; car nous n'avons rien fait que grouper des phénomènes suivant leurs ressemblances et leurs différences et qu'imposer des noms aux groupes ainsi formés. Mais, en réalité, les concepts que nous avons ainsi constitués, tout en ayant le grand avantage d'être reconnaissables à des caractères objectifs et facilement perceptibles, ne s'éloignent pas de la notion qu'on se fait communément de la santé et de la maladie. La maladie, en effet, n'est-elle pas conçue par tout le monde comme un accident, que la nature du vivant comporte sans doute, mais n'engendre pas d'ordinaire ? C'est ce que les anciens philosophes exprimaient en disant qu'elle ne dérive pas de la nature des choses, qu'elle est le produit d'une sorte de contingence immanente aux organismes. Une telle conception est, assurément, la négation de toute science ; car

---

[1]. Nous abrégeons cette partie de notre développement ; car nous ne pouvons que répéter ici à propos des faits sociaux en général ce que nous avons dit ailleurs à propos de la distinction des faits moraux en normaux et anormaux. (V. *Division du travail social*, p. 33-39.)

la maladie n'a rien de plus miraculeux que la santé ; elle est également fondée dans la nature des êtres. Seulement elle n'est pas fondée dans la nature normale ; elle n'est pas impliquée dans leur tempérament ordinaire ni liée aux conditions d'existence dont ils dépendent généralement. Inversement, pour tout le monde, le type de la santé se confond avec celui de l'espèce. On ne peut même pas, sans contradiction, concevoir une espèce qui, par elle-même et en vertu de sa constitution fondamentale, serait irrémédiablement malade. Elle est la norme par excellence et, par suite, ne saurait rien contenir d'anormal.

Il est vrai que, couramment, on entend aussi par santé un état généralement préférable à la maladie. Mais cette définition est contenue dans la précédente. Si, en effet, les caractères dont la réunion forme le type normal ont pu se généraliser dans une espèce, ce n'est pas sans raison. Cette généralité est elle-même un fait qui a besoin d'être expliqué et qui, pour cela, réclame une cause. Or elle serait inexplicable si les formes d'organisation les plus répandues n'étaient aussi, *du moins dans leur ensemble*, les plus avantageuses. Comment auraient-elles pu se maintenir dans une aussi grande variété de circonstances si elles ne mettaient les individus en état de mieux résister aux causes de destruction ? Au contraire, si les autres sont plus rares, c'est évidemment que, *dans la moyenne des cas*, les sujets qui les présentent ont plus de difficulté à survivre. La plus grande fréquence des premières est donc la preuve de leur supériorité [1].

---

1. M. Garofalo a essayé, il est vrai, de distinguer le morbide de l'anormal (*Criminologie*, p. 109, 110). Mais les deux seuls argu-

II

Cette dernière remarque fournit même un moyen de contrôler les résultats de la précédente méthode.

Puisque la généralité, qui caractérise extérieurement les phénomènes normaux, est elle-même un phénomène explicable, il y a lieu, après qu'elle a été directement établie par l'observation, de chercher à l'expliquer. Sans doute, on peut être assuré par avance qu'elle n'est pas sans cause, mais il est mieux de savoir au juste quelle est cette cause. Le caractère normal du phénomène sera, en effet, plus incontestable, si l'on démontre que le signe extérieur qui l'avait d'abord révélé n'est pas purement apparent, mais est fondé dans la nature des choses ; si, en un mot, on peut ériger cette normalité de fait en une normalité de

---

ments sur lesquels il appuie cette distinction sont les suivants : 1. Le mot de maladie signifie toujours quelque chose qui tend à la destruction totale ou partielle de l'organisme ; s'il n'y a pas destruction, il y a guérison, jamais stabilité comme dans plusieurs anomalies. Mais nous venons de voir que l'anormal, lui aussi, est une menace pour le vivant dans la moyenne des cas. Il est vrai qu'il n'en est pas toujours ainsi ; mais les dangers qu'implique la maladie n'existent également que dans la généralité des circonstances. Quant à l'absence de stabilité qui distinguerait le morbide, c'est oublier les maladies chroniques et séparer radicalement le tératologique du pathologique. Les monstruosités sont fixes ; 2. Le normal et l'anormal varient avec les races, dit-on, tandis que la distinction du physiologique et du pathologique est valable pour tout le *genus homo*. Nous venons de montrer au contraire que, souvent, ce qui est morbide pour le sauvage ne l'est pas pour le civilisé. Les conditions de la santé physique varient avec les milieux. [Cette note ne figure pas dans le texte initial.]

droit. Cette démonstration, du reste, ne consistera pas toujours à faire voir que le phénomène est utile à l'organisme, quoique ce soit le cas le plus fréquent pour les raisons que nous venons de dire ; mais il peut se faire aussi, comme nous l'avons remarqué plus haut, qu'un arrangement soit normal sans servir à rien, simplement parce qu'il est nécessairement impliqué dans la nature de l'être. Ainsi, il serait peut-être utile que l'accouchement ne déterminât pas des troubles aussi violents dans l'organisme féminin ; mais c'est impossible. Par conséquent, la normalité du phénomène sera expliquée par cela seul qu'il sera rattaché aux conditions d'existence de l'espèce considérée, soit comme un effet mécaniquement nécessaire de ces conditions, soit comme un moyen qui permet aux organismes de s'y adapter [1].

Cette preuve n'est pas simplement utile à titre de contrôle. Il ne faut pas oublier, en effet, que, s'il y a intérêt à distinguer le normal de l'anormal, c'est surtout en vue d'éclairer la pratique. Or, pour agir en connaissance de cause, il ne suffit pas de savoir ce que nous devons vouloir, mais pourquoi nous le devons. Les propositions scientifiques, relatives à l'état normal, seront plus immédiatement applicables aux cas particuliers quand elles seront accompagnées de leurs raisons ; car, alors, on saura mieux reconnaître dans quels

---

1. On peut se demander, il est vrai, si, quand un phénomène dérive nécessairement des conditions générales de la vie, il n'est pas utile par cela même. Nous ne pouvons traiter cette question de philosophie. Nous y touchons pourtant un peu plus loin.

cas il convient de les modifier en les appliquant, et dans quel sens.

Il y a même des circonstances où cette vérification est rigoureusement nécessaire, parce que la première méthode, si elle était employée seule, pourrait induire en erreur. C'est ce qui arrive aux périodes de transition où l'espèce tout entière est en train d'évoluer, sans s'être encore définitivement fixée sous une forme nouvelle. Dans ce cas, le seul type normal qui soit dès à présent réalisé et donné dans les faits est celui du passé, et pourtant il n'est plus en rapport avec les nouvelles conditions d'existence. Un fait peut ainsi persister dans toute l'étendue d'une espèce, tout en ne répondant plus aux exigences de la situation. Il n'a donc plus, alors, que les apparences de la normalité ; car la généralité qu'il présente n'est plus qu'une étiquette menteuse, puisque, ne se maintenant que par la force aveugle de l'habitude, elle n'est plus l'indice que le phénomène observé est étroitement lié aux conditions générales de l'existence collective. Cette difficulté est, d'ailleurs, spéciale à la sociologie. Elle n'existe, pour ainsi dire, pas pour le biologiste. Il est, en effet, bien rare que les espèces animales soient nécessitées à prendre des formes imprévues. Les seules modifications normales par lesquelles elles passent sont celles qui se reproduisent régulièrement chez chaque individu, principalement sous l'influence de l'âge. Elles sont donc connues ou peuvent l'être, puisqu'elles se sont déjà réalisées dans une multitude de cas ; par suite, on peut savoir à chaque moment du développement de l'animal, et même aux périodes de crise, en quoi consiste l'état normal. Il en est encore ainsi en sociologie pour les sociétés qui appartiennent aux espèces inférieures. Car, comme nombre d'entre elles ont déjà accompli toute leur carrière, la loi de leur évolution normale est, ou du moins, peut être établie. Mais quand il s'agit des sociétés les plus élevées et les plus récentes, cette loi est inconnue par définition, puisqu'elles n'ont pas encore parcouru toute leur histoire. Le sociologue peut ainsi se trouver embarrassé de savoir si un phénomène est normal ou non, tout point de repère lui faisant défaut.

Il sortira d'embarras en procédant comme nous venons de dire. Après avoir établi par l'observation que le fait est général, il remontera aux conditions qui ont déterminé cette généralité dans le passé et cherchera ensuite si ces conditions sont encore données dans le présent ou si, au contraire, elles ont changé. Dans le premier cas, il aura le droit de traiter le phénomène de normal et, dans le second, de lui refuser ce caractère. Par exemple, pour savoir si l'état économique actuel des peuples européens, avec l'absence d'organisation [1] qui en est la caractéristique, est normal ou non, on cherchera ce qui, dans le passé, y a donné naissance. Si ces conditions sont encore celles où sont actuellement placées nos sociétés, c'est que cette situation est normale en dépit des protestations qu'elle soulève. Mais s'il se trouve, au contraire, qu'elle est liée à cette vieille structure sociale que nous avons qualifiée

---

1. Voir sur ce point une note que nous avons publiée dans la *Revue philosophique* (numéro de novembre 1893) sur « La définition du socialisme ».

ailleurs de segmentaire[1] et qui, après avoir été l'ossature essentielle des sociétés, va de plus en plus en s'effaçant, on devra conclure qu'elle constitue présentement un état morbide, quelque universelle qu'elle soit. C'est d'après la même méthode que devront être résolues toutes les questions controversées de ce genre, comme celles de savoir si l'affaiblissement des croyances religieuses, si le développement des pouvoirs de l'État sont des phénomènes normaux ou non[2].

---

1. Les sociétés segmentaires, et notamment les sociétés segmentaires à base territoriale, sont celles dont les articulations essentielles correspondent aux divisions territoriales. (Voir *Division du travail social*, p. 189-210.)

2. Dans certains cas, on peut procéder un peu différemment et démontrer qu'un fait dont le caractère normal est suspecté mérite ou non cette suspicion, en faisant voir qu'il se rattache étroitement au développement antérieur du type social considéré, et même à l'ensemble de l'évolution sociale en général, ou bien, au contraire, qu'il contredit l'un et l'autre. C'est de cette manière que nous avons pu démontrer que l'affaiblissement actuel des croyances religieuses, plus généralement, des sentiments collectifs à objets collectifs n'a rien que de normal ; nous avons prouvé que cet affaiblissement devient de plus en plus accusé à mesure que les sociétés se rapprochent de notre type actuel et que celui-ci, à son tour, est plus développé (*Division du travail social*, p. 73-182). Mais, au fond, cette méthode n'est qu'un cas particulier de la précédente. Car si la normalité de ce phénomène a pu être établie de cette façon, c'est que, du même coup, il a été rattaché aux conditions les plus générales de notre existence collective. En effet, d'une part, si cette régression de la conscience religieuse est d'autant plus marquée que la structure de nos sociétés est plus déterminée, c'est qu'elle tient, non à quelque cause accidentelle, mais à la constitution même de notre milieu social, et comme, d'un autre côté, les particularités caractéristiques de cette dernière sont certainement plus développées aujourd'hui que naguère, il

Toutefois, cette méthode ne saurait, en aucun cas, être substituée à la précédente, ni même être employée la première. D'abord, elle soulève des questions dont nous aurons à parler plus loin et qui ne peuvent être abordées que quand on est déjà assez avancé dans la science ; car elle implique, en somme, une explication presque complète des phénomènes, puisqu'elle suppose déterminées ou leurs causes ou leurs fonctions. Or il importe que, dès le début de la recherche, on puisse classer les faits en normaux et anormaux, sous la réserve de quelques cas exceptionnels, afin de pouvoir assigner à la physiologie son domaine et à la pathologie le sien. Ensuite, c'est par rapport au type normal qu'un fait doit être trouvé utile ou nécessaire pour pouvoir être lui-même qualifié de normal. Autrement, on pourrait démontrer que la maladie se confond avec la santé, puisqu'elle dérive nécessairement de l'organisme qui en est atteint ; ce n'est qu'avec l'organisme moyen qu'elle ne soutient pas la même relation. De même, l'application d'un remède, étant utile au malade, pourrait passer pour un phénomène normal, alors qu'elle est évidemment anormale, car c'est seulement dans des circonstances anormales qu'elle a cette utilité. On ne peut donc se servir de cette méthode que si le type normal a été antérieurement constitué

---

n'y a rien que de normal à ce que les phénomènes qui en dépendent soient eux-mêmes amplifiés. Cette méthode diffère seulement de la précédente en ce que les conditions qui expliquent et justifient la généralité du phénomène sont induites et non directement observées. On sait qu'il tient à la nature du milieu social sans savoir en quoi ni comment.

et il ne peut l'avoir été que par un autre procédé. Enfin et surtout, s'il est vrai que tout ce qui est normal est utile, à moins d'être nécessaire, il est faux que tout ce qui est utile soit normal. Nous pouvons bien être certains que les états qui se sont généralisés dans l'espèce sont plus utiles que ceux qui sont restés exceptionnels ; non qu'ils sont les plus utiles qui existent ou qui puissent exister. Nous n'avons aucune raison de croire que toutes les combinaisons possibles ont été essayées au cours de l'expérience et, parmi celles qui n'ont jamais été réalisées mais sont concevables, il en est peut-être de beaucoup plus avantageuses que celles que nous connaissons. La notion de l'utile déborde celle du normal ; elle est à celle-ci ce que le genre est à l'espèce. Or il est impossible de déduire le plus du moins, l'espèce du genre. Mais on peut retrouver le genre dans l'espèce puisqu'elle le contient. C'est pourquoi, une fois que la généralité du phénomène a été constatée, on peut, en faisant voir comment il sert, confirmer les résultats de la première méthode [1]. Nous pouvons donc formuler les trois règles suivantes :

---

1. Mais alors, dira-t-on, la réalisation du type normal n'est pas l'objectif le plus élevé qu'on puisse se proposer, et pour le dépasser, il faut aussi dépasser la science. Nous n'avons pas à traiter ici cette question *ex professo* ; répondons seulement : 1. qu'elle est toute théorique, car, en fait, le type normal, l'état de santé est déjà assez difficile à réaliser et assez rarement atteint pour que nous ne nous travaillions pas l'imagination à chercher quelque chose de mieux ; 2. que ces améliorations, objectivement plus avantageuses, ne sont pas objectivement désirables pour cela ; car si elles ne répondent à aucune tendance latente ou en acte, elles n'ajouteraient rien au bonheur, et si elles répondent à quelque tendance, c'est que le type normal n'est pas réalisé ; 3. enfin que,

1. *Un fait social est normal pour un type social déterminé, considéré à une phase déterminée de son développement, quand il se produit dans la moyenne des sociétés de cette espèce, considérées à la phase correspondante de leur évolution.*

2. *On peut vérifier les résultats de la méthode précédente en faisant voir que la généralité du phénomène tient aux conditions générales de la vie collective dans le type social considéré.*

3. *Cette vérification est nécessaire, quand ce fait se rapporte à une espèce sociale qui n'a pas encore accompli son évolution intégrale.*

III

On est tellement habitué à trancher d'un mot ces questions difficiles et à décider rapidement, d'après des observations sommaires et à coup de syllogismes, si un fait social est normal ou non, qu'on jugera peut-être cette procédure inutilement compliquée. Il ne semble pas qu'il faille faire tant d'affaires pour distinguer la maladie de la santé. Ne faisons-nous pas tous les jours de ces distinctions ? – Il est vrai ; mais il reste à savoir si nous les faisons à propos. Ce qui nous masque les difficultés de ces problèmes, c'est que nous voyons le biologiste les résoudre avec une aisance relative. Mais nous oublions qu'il lui est beaucoup plus facile qu'au sociologue d'apercevoir la manière dont chaque

---

pour améliorer le type normal, il faut le connaître. On ne peut donc, en tout cas, dépasser la science qu'en s'appuyant sur elle.

phénomène affecte la force de résistance de l'organisme et d'en déterminer par là le caractère normal ou anormal avec une exactitude pratiquement suffisante. En sociologie, la complexité et la mobilité plus grandes des faits obligent à bien plus de précautions, comme le prouvent les jugements contradictoires dont le même phénomène est l'objet de la part des partis. Pour bien montrer combien cette circonspection est nécessaire, faisons voir par quelques exemples à quelles erreurs on s'expose quand on ne s'y astreint pas et sous quel jour nouveau les phénomènes les plus essentiels apparaissent, quand on les traite méthodiquement.

S'il est un fait dont le caractère pathologique paraît incontestable, c'est le crime. Tous les criminologistes s'entendent sur ce point. S'ils expliquent cette morbidité de manières différentes, ils sont unanimes à la reconnaître. Le problème, cependant, demandait à être traité avec moins de promptitude.

Appliquons, en effet, les règles précédentes. Le crime ne s'observe pas seulement dans la plupart des sociétés de telle ou telle espèce, mais dans toutes les sociétés de tous les types. Il n'en est pas où il n'existe une criminalité. Elle change de forme, les actes qui sont ainsi qualifiés ne sont pas partout les mêmes ; mais, partout et toujours, il y a eu des hommes qui se conduisaient de manière à attirer sur eux la répression pénale. Si, du moins, à mesure que les sociétés passent des types inférieurs aux plus élevés, le taux de la criminalité, c'est-à-dire le rapport entre le chiffre annuel des crimes et celui de la population, tendait à baisser, on pourrait croire que, tout en restant un phénomène normal, le crime, cependant, tend à perdre ce caractère.

Mais nous n'avons aucune raison qui nous permette de croire à la réalité de cette régression. Bien des faits sembleraient plutôt démontrer l'existence d'un mouvement en sens inverse. Depuis le commencement du siècle, la statistique nous fournit le moyen de suivre la marche de la criminalité ; or elle a partout augmenté. En France, l'augmentation est de près de trois cents pour cent. Il n'est donc pas de phénomène qui présente de la manière la plus irrécusée tous les symptômes de la normalité, puisqu'il apparaît comme étroitement lié aux conditions de toute vie collective. Faire du crime une maladie sociale, ce serait admettre que la maladie n'est pas quelque chose d'accidentel, mais, au contraire, dérive, dans certains cas, de la constitution fondamentale de l'être vivant ; ce serait effacer toute distinction entre le physiologique et le pathologique. Sans doute, il peut se faire que le crime lui-même ait des formes anormales ; c'est ce qui arrive quand, par exemple, il atteint un taux exagéré. Il n'est pas douteux, en effet, que cet excès ne soit de nature morbide. Ce qui est normal, c'est simplement qu'il y ait une criminalité, pourvu que celle-ci atteigne et ne dépasse pas, pour chaque type social, un certain niveau qu'il n'est peut-être pas impossible de fixer conformément aux règles précédentes [1].

---

[1]. De ce que le crime est un phénomène de sociologie normale, il ne suit pas que le criminel soit un individu normalement constitué au point de vue biologique et psychologique. Les deux questions sont indépendantes l'une de l'autre. On comprendra mieux cette indépendance, quand nous aurons montré plus loin la différence qu'il y a entre les faits psychiques et les faits sociologiques.

Nous voilà en présence d'une conclusion, en apparence, assez paradoxale. Car il ne faut pas s'y méprendre. Classer le crime parmi les phénomènes de sociologie normale, ce n'est pas seulement dire qu'il est un phénomène inévitable quoique regrettable, dû à l'incorrigible méchanceté des hommes ; c'est affirmer qu'il est un facteur de la santé publique, une partie intégrante de toute société saine. Ce résultat est, au premier abord, assez surprenant pour qu'il nous ait nous-mêmes déconcertés et pendant longtemps. Cependant, une fois que l'on a dominé cette première impression de surprise, il n'est pas difficile de trouver les raisons qui expliquent cette normalité et, du même coup, la confirment.

En premier lieu, le crime est normal parce qu'une société qui en serait exempte est tout à fait impossible.

Le crime, nous l'avons montré ailleurs, consiste dans un acte qui offense certains sentiments collectifs, doués d'une énergie et d'une netteté particulières. Pour que, dans une société donnée, les actes réputés criminels pussent cesser d'être commis, il faudrait donc que les sentiments qu'ils blessent se retrouvassent dans toutes les consciences individuelles sans exception et avec le degré de force nécessaire pour contenir les sentiments contraires. Or, à supposer que cette condition pût être effectivement réalisée, le crime ne disparaîtrait pas pour cela, il changerait seulement de forme ; car la cause même qui tarirait ainsi les sources de la criminalité en ouvrirait immédiatement de nouvelles.

En effet, pour que les sentiments collectifs que protège le droit pénal d'un peuple, à un moment déterminé de son histoire, parviennent ainsi à pénétrer dans les consciences qui leur étaient jusqu'alors fermées ou à prendre plus d'empire là où ils n'en avaient pas assez, il faut qu'ils acquièrent une intensité supérieure à celle qu'ils avaient jusqu'alors. Il faut que la communauté dans son ensemble les ressente avec plus de vivacité ; car ils ne peuvent pas puiser à une autre source la force plus grande qui leur permet de s'imposer aux individus qui, naguère, leur étaient le plus réfractaires. Pour que les meurtriers disparaissent, il faut que l'horreur du sang versé devienne plus grande dans ces couches sociales où se recrutent les meurtriers ; mais, pour cela, il faut qu'elle devienne plus grande dans toute l'étendue de la société. D'ailleurs, l'absence même du crime contribuerait directement à produire ce résultat ; car un sentiment apparaît comme beaucoup plus respectable quand il est toujours et uniformément respecté. Mais on ne fait pas attention que ces états forts de la conscience commune ne peuvent être ainsi renforcés sans que les états plus faibles, dont la violation ne donnait précédemment naissance qu'à des fautes purement morales, ne soient renforcés du même coup ; car les seconds ne sont que le prolongement, la forme atténuée des premiers. Ainsi, le vol et la simple indélicatesse ne froissent qu'un seul et même sentiment altruiste, le respect de la propriété d'autrui. Seulement, ce même sentiment est offensé plus faiblement par l'un de ces actes que par l'autre ; et comme, d'autre part, il n'a pas dans la moyenne des consciences une intensité suffisante pour ressentir vivement la plus légère de ces deux offenses, celle-ci est l'objet d'une plus grande tolérance. Voilà pourquoi on blâme simplement l'indélicat tandis que le voleur est puni. Mais si ce même sentiment devient plus fort, au point de faire taire dans toutes les consciences le penchant qui incline l'homme au vol, il deviendra plus sensible aux lésions qui, jusqu'alors, ne le touchaient que légèrement ; il réagira donc contre elles avec plus de vivacité ; elles seront l'objet d'une réprobation plus énergique qui fera passer certaines d'entre elles, de simples fautes morales qu'elles étaient, à l'état de crimes. Par exemple, les contrats indélicats ou indélicatement exécutés, qui n'entraînent qu'un blâme public ou des réparations civiles, deviendront des délits. Imaginez une société de saints, un cloître exemplaire et parfait. Les crimes proprement dits y seront inconnus ; mais les fautes qui paraissent vénielles au vulgaire y soulèveront le même scandale que fait le délit ordinaire auprès des consciences ordinaires. Si donc cette société se trouve armée du pouvoir de juger et de punir, elle qualifiera ces actes de criminels et les traitera comme tels. C'est pour la même raison que le parfait honnête homme juge ses moindres défaillances morales avec une sévérité que la foule réserve aux actes vraiment délictueux. Autrefois, les violences contre les personnes étaient plus fréquentes qu'aujourd'hui parce que le respect pour la dignité individuelle était plus faible. Comme il s'est accru, ces crimes sont devenus plus rares ; mais aussi, bien des actes qui lésaient ce sentiment sont entrés dans le droit pénal dont ils ne relevaient primitivement pas [1].

---

1. Calomnies, injures, diffamation, dol, etc.

On se demandera peut-être, pour épuiser toutes les hypothèses logiquement possibles, pourquoi cette unanimité ne s'étendrait pas à tous les sentiments collectifs sans exception ; pourquoi même les plus faibles ne prendraient pas assez d'énergie pour prévenir toute dissidence. La conscience morale de la société se retrouverait tout entière chez tous les individus et avec une vitalité suffisante pour empêcher tout acte qui l'offense, les fautes purement morales aussi bien que les crimes. Mais une uniformité aussi universelle et aussi absolue est radicalement impossible ; car le milieu physique immédiat dans lequel chacun de nous est placé, les antécédents héréditaires, les influences sociales dont nous dépendons varient d'un individu à l'autre et, par suite, diversifient les consciences. Il n'est pas possible que tout le monde se ressemble à ce point, par cela seul que chacun a son organisme propre et que ces organismes occupent des portions différentes de l'espace. C'est pourquoi, même chez les peuples inférieurs, où l'originalité individuelle est très peu développée, elle n'est cependant pas nulle. Ainsi donc, puisqu'il ne peut pas y avoir de société où les individus ne divergent plus ou moins du type collectif, il est inévitable aussi que, parmi ces divergences, il y en ait qui présentent un caractère criminel. Car ce qui leur confère ce caractère, ce n'est pas leur importance intrinsèque, mais celle que leur prête la conscience commune. Si donc celle-ci est plus forte, si elle a assez d'autorité pour rendre ces divergences très faibles en valeur absolue, elle sera aussi plus sensible, plus exigeante, et, réagissant contre de moindres écarts avec l'énergie qu'elle ne déploie ailleurs que contre des dissidences plus considérables, elle leur attribue la même gravité, c'est-à-dire qu'elle les marquera comme criminels.

Le crime est donc nécessaire ; il est lié aux conditions fondamentales de toute vie sociale, mais, par cela même, il est utile ; car ces conditions dont il est solidaire sont elles-mêmes indispensables à l'évolution normale de la morale et du droit.

En effet, il n'est plus possible aujourd'hui de contester que non seulement le droit et la morale varient d'un type social à l'autre, mais encore qu'ils changent pour un même type si les conditions de l'existence collective se modifient. Mais, pour que ces transformations soient possibles, il faut que les sentiments collectifs qui sont à la base de la morale ne soient pas réfractaires au changement, par conséquent, n'aient qu'une énergie modérée. S'ils étaient trop forts, ils ne seraient plus plastiques. Tout arrangement, en effet, est un obstacle au réarrangement, et cela d'autant plus que l'arrangement primitif est plus solide. Plus une structure est fortement accusée, plus elle oppose de résistance à toute modification et il en est des arrangements fonctionnels comme des arrangements anatomiques. Or, s'il n'y avait pas de crimes, cette condition ne serait pas remplie ; car une telle hypothèse suppose que les sentiments collectifs seraient parvenus à un degré d'intensité sans exemple dans l'histoire. Rien n'est bon indéfiniment et sans mesure. Il faut que l'autorité dont jouit la conscience morale ne soit pas excessive ; autrement, nul n'oserait y porter la main et elle se figerait trop facilement sous une forme immuable. Pour qu'elle puisse évoluer, il faut que l'originalité individuelle puisse se faire jour ; or, pour que celle de l'idéaliste qui rêve de dépasser son siècle puisse se manifester, il faut que celle du criminel, qui est au-dessous de son temps, soit possible. L'une ne va pas sans l'autre.

Ce n'est pas tout. Outre cette utilité indirecte, il arrive que le crime joue lui-même un rôle utile dans cette évolution. Non seulement il implique que la voie reste ouverte aux changements nécessaires, mais encore, dans certains cas, il prépare directement ces changements. Non seulement, là où il existe, les sentiments collectifs sont dans l'état de malléabilité nécessaire pour prendre une forme nouvelle, mais encore il contribue parfois à prédéterminer la forme qu'ils prendront. Que de fois, en effet, il n'est qu'une anticipation de la morale à venir, un acheminement vers ce qui sera ! D'après le droit athénien, Socrate était un criminel et sa condamnation n'avait rien que de juste. Cependant son crime, à savoir l'indépendance de sa pensée, était utile, non seulement à l'humanité, mais à sa patrie. Car il servait à préparer une morale et une foi nouvelles dont les Athéniens avaient alors besoin parce que les traditions dont ils avaient vécu jusqu'alors n'étaient plus en harmonie avec leurs conditions d'existence. Or le cas de Socrate n'est pas isolé ; il se reproduit périodiquement dans l'histoire. La liberté de penser dont nous jouissons actuellement n'aurait jamais pu être proclamée, si les règles qui la prohibaient n'avaient été violées avant d'être solennellement abrogées. Cependant, à ce moment, cette violation était un crime, puisque c'était une offense à des sentiments encore très vifs dans la généralité des consciences. Et néanmoins ce crime était utile puisqu'il préludait à des transformations qui, de jour en jour, devenaient plus nécessaires. La libre philosophie a eu pour précurseurs les hérétiques de toute sorte que le bras séculier a justement frappés pendant tout le cours du Moyen Âge et jusqu'à la veille des temps contemporains.

De ce point de vue, les faits fondamentaux de la criminologie se présentent à nous sous un aspect entièrement nouveau. Contrairement aux idées courantes, le criminel n'apparaît plus comme un être radicalement insociable, comme une sorte d'élément parasitaire, de corps étranger et inassimilable, introduit au sein de la société [1] ; c'est un agent régulier de la vie sociale. Le crime, de son côté, ne doit plus être conçu comme un mal qui ne saurait être contenu dans de trop étroites limites ; mais, bien loin qu'il y ait lieu de se féliciter quand il lui arrive de descendre trop sensiblement au-dessous du niveau ordinaire, on peut être certain que ce progrès apparent est à la fois contemporain et solidaire de quelque perturbation sociale. C'est ainsi que jamais le chiffre des coups et blessures ne tombe aussi bas qu'en temps de disette [2].

---

1. Nous avons nous-même commis l'erreur de parler ainsi du criminel, faute d'avoir appliqué notre règle (*Division du travail social*, p. 395, 396).

2. D'ailleurs, de ce que le crime est un fait de sociologie normale, il ne suit pas qu'il ne faille pas le haïr. La douleur, elle non plus, n'a rien de désirable ; l'individu la hait comme la société hait le crime, et pourtant elle relève de la physiologie normale. Non seulement elle dérive nécessairement de la constitution même de tout être vivant, mais elle joue un rôle utile dans la vie et pour lequel elle ne peut être remplacée. Ce serait donc dénaturer

DISTINCTION DU NORMAL ET DU PATHOLOGIQUE 187

En même temps et par contrecoup, la théorie de la peine se trouve renouvelée ou, plutôt, à renouveler. Si, en effet, le crime est une maladie, la peine en est le remède et ne peut être conçue autrement ; aussi toutes les discussions qu'elle soulève portent-elles sur le point de savoir ce qu'elle doit être pour remplir son rôle de remède. Mais si le crime n'a rien de morbide, la peine ne saurait avoir pour objet de le guérir et sa vraie fonction doit être cherchée ailleurs.

Il s'en faut donc que les règles précédemment énoncées n'aient d'autre raison d'être que de satisfaire à un formalisme logique sans grande utilité, puisque, au contraire, selon qu'on les applique ou non, les faits sociaux les plus essentiels changent totalement de caractère. Si, d'ailleurs, cet exemple est particulièrement démonstratif – et c'est pourquoi nous avons cru devoir nous y arrêter –, il en est bien d'autres qui pourraient être utilement cités. Il n'existe pas de société où il ne soit de règle que la peine doit être proportionnelle au délit ; cependant, pour l'école italienne, ce principe n'est qu'une invention de juristes, dénuée de toute solidité [1]. Même, pour ces criminologistes, c'est l'institution pénale tout entière, telle qu'elle a fonctionné jusqu'à présent chez tous les peuples connus, qui est un phénomène contre-nature.

---

singulièrement notre pensée que de la présenter comme une apologie du crime. Nous ne songerions même pas à protester contre une telle interprétation, si nous ne savions à quelles étranges accusations on s'expose et à quels malentendus, quand on entreprend d'étudier les faits moraux objectivement et d'en parler dans une langue qui n'est pas celle du vulgaire [d].

1. Voir Garofalo, *Criminologie*, p. 299.

Nous avons déjà vu que, pour M. Garofalo, la criminalité spéciale aux sociétés inférieures n'a rien de naturel. Pour les socialistes, c'est l'organisation capitaliste, malgré sa généralité, qui constitue une déviation de l'état normal, produite par la violence et l'artifice. Au contraire, pour M. Spencer, c'est notre centralisation administrative, c'est l'extension des pouvoirs gouvernementaux qui est le vice radical de nos sociétés, et cela quoique l'une et l'autre progressent de la manière la plus régulière et la plus universelle à mesure qu'on avance dans l'histoire. Nous ne croyons pas que jamais on se soit systématiquement astreint à décider du caractère normal ou anormal des faits sociaux d'après leur degré de généralité. C'est toujours à grand renfort de dialectique que ces questions sont tranchées.

Cependant, ce critère écarté, non seulement on s'expose à des confusions et à des erreurs partielles, comme celles que nous venons de rappeler, mais on rend la science même impossible. En effet, elle a pour objet immédiat l'étude du type normal ; or, si les faits les plus généraux peuvent être morbides, il peut se faire que le type normal n'ait jamais existé dans les faits. Dès lors, que sert de les étudier ? Ils ne peuvent que confirmer nos préjugés et enraciner nos erreurs puisqu'ils en résultent. Si la peine, si la responsabilité, telles qu'elles existent dans l'histoire, ne sont qu'un produit de l'ignorance et de la barbarie, à quoi bon s'attacher à les connaître pour en déterminer les formes normales ? C'est ainsi que l'esprit est amené à se détourner d'une réalité désormais sans intérêt pour se replier sur soi-même et chercher au-dedans de soi les matériaux nécessaires pour le reconstruire. Pour que la sociologie traite les faits comme des choses, il faut que le sociologue sente la nécessité de se mettre à leur école. Or, comme l'objet principal de toute science de la vie, soit individuelle soit sociale, est, en somme, de définir l'état normal, de l'expliquer et de le distinguer de son contraire, si la normalité n'est pas donnée dans les choses mêmes, si elle est, au contraire, un caractère que nous leur imprimons du dehors ou que nous leur refusons pour des raisons quelconques, c'en est fait de cette salutaire dépendance. L'esprit se trouve à l'aise en face du réel qui n'a pas grand-chose à lui apprendre ; il n'est plus contenu par la matière à laquelle il s'applique, puisque c'est lui, en quelque sorte, qui la détermine. Les différentes règles que nous avons établies jusqu'à présent sont donc étroitement solidaires. Pour que la sociologie soit vraiment une science de choses, il faut que la généralité des phénomènes soit prise comme critère de leur normalité.

Notre méthode a, d'ailleurs, l'avantage de régler l'action en même temps que la pensée. Si le désirable n'est pas objet d'observation, mais peut et doit être déterminé par une sorte de calcul mental, aucune borne, pour ainsi dire, ne peut être assignée aux libres inventions de l'imagination à la recherche du mieux. Car comment assigner à la perfection un terme qu'elle ne puisse dépasser ? Elle échappe, par définition, à toute limitation. Le but de l'humanité recule donc à l'infini, décourageant les uns par son éloignement même, excitant, au contraire, et enfiévrant les autres, qui, pour s'en rapprocher un peu, pressent le pas et se précipitent dans les révolutions. On échappe à ce dilemme pratique si le désirable, c'est la santé, et si la santé est quelque chose de défini et de donné dans les choses, car le terme de l'effort est donné et défini du même coup. Il ne s'agit plus de poursuivre désespérément une fin qui fuit à mesure qu'on avance, mais de travailler avec une régulière persévérance à maintenir l'état normal, à le rétablir s'il est troublé, à en retrouver les conditions si elles viennent à changer. Le devoir de l'homme d'État n'est plus de pousser violemment les sociétés vers un idéal qui lui paraît séduisant, mais son rôle est celui du médecin : il prévient l'éclosion des maladies par une bonne hygiène et, quand elles sont déclarées, il cherche à les guérir [1].

---

1. De la théorie développée dans ce chapitre, on a quelquefois conclu que, suivant nous, la marche ascendante de la criminalité au cours du XIXe siècle était un phénomène normal. Rien n'est plus éloigné de notre pensée. Plusieurs faits que nous avons indiqués à propos du suicide (voir *Le Suicide*, p. 420 *sqq*) tendent, au contraire, à nous faire croire que ce développement est, en général, morbide. Toutefois, il pourrait se faire qu'un certain accroissement de certaines formes de la criminalité fût normal, car chaque état de civilisation a sa criminalité propre. Mais on ne peut faire là-dessus que des hypothèses. [Note introduite dans l'édition de 1901.]

Chapitre IV

RÈGLES RELATIVES
À LA CONSTITUTION DES TYPES SOCIAUX

Puisqu'un fait social ne peut être qualifié de normal ou d'anormal que par rapport à une espèce sociale déterminée, ce qui précède implique qu'une branche de la sociologie est consacrée à la constitution de ces espèces et à leur classification.

Cette notion de l'espèce sociale a, d'ailleurs, le très grand avantage de nous fournir un moyen terme entre les deux conceptions contraires de la vie collective qui se sont, pendant longtemps, partagé les esprits ; je veux dire le nominalisme des historiens [1] et le réalisme extrême des philosophes. Pour l'historien, les sociétés constituent autant d'individualités hétérogènes, incomparables entre elles. Chaque peuple a sa physionomie, sa constitution spéciale, son droit, sa morale, son organisation économique qui ne conviennent qu'à lui, et toute généralisation est à peu près impossible. Pour le philosophe, au contraire, tous ces groupements particuliers, que l'on appelle les tribus, les cités, les nations, ne sont que des combinaisons contingentes

---

[1]. Je l'appelle ainsi, parce qu'il a été fréquent chez les historiens, mais je ne veux pas dire qu'il se retrouve chez tous.

et provisoires sans réalité propre. Il n'y a de réel que l'humanité et c'est des attributs généraux de la nature humaine que découle toute l'évolution sociale. Pour les premiers, par conséquent, l'histoire n'est qu'une suite d'événements qui s'enchaînent sans se reproduire ; pour les seconds, ces mêmes événements n'ont de valeur et d'intérêt que comme illustrations des lois générales qui sont inscrites dans la constitution de l'homme et qui dominent tout le développement historique. Pour ceux-là, ce qui est bon pour une société ne saurait s'appliquer aux autres. Les conditions de l'état de santé varient d'un peuple à l'autre et ne peuvent être déterminées théoriquement ; c'est affaire de pratique, d'expérience, de tâtonnements. Pour les autres, elles peuvent être calculées une fois pour toutes et pour le genre humain tout entier. Il semblait donc que la réalité sociale ne pouvait être l'objet que d'une philosophie abstraite et vague ou de monographies purement descriptives. Mais on échappe à cette alternative une fois qu'on a reconnu qu'entre la multitude confuse des sociétés historiques et le concept unique, mais idéal, de l'humanité, il y a des intermédiaires : ce sont les espèces sociales. Dans l'idée d'espèce, en effet, se trouvent réunies et l'unité qu'exige toute recherche vraiment scientifique et la diversité qui est donnée dans les faits, puisque l'espèce se retrouve la même chez tous les individus qui en font partie[a] et que, d'autre part, les espèces diffèrent entre elles. Il reste vrai que les institutions morales, juridiques, économiques, etc., sont infiniment variables, mais ces variations ne sont pas de telle nature qu'elles n'offrent aucune prise à la pensée scientifique.

C'est pour avoir méconnu l'existence d'espèces sociales que Comte a cru pouvoir représenter le progrès des sociétés humaines comme identique à celui d'un peuple unique « auquel seraient idéalement rapportées toutes les modifications consécutives observées chez les populations distinctes [1] ». C'est qu'en effet, s'il n'existe qu'une seule espèce sociale, les sociétés particulières ne peuvent différer entre elles qu'en degrés, suivant qu'elles présentent plus ou moins complètement les traits constitutifs de cette espèce unique, suivant qu'elles expriment [b] plus ou moins parfaitement l'humanité. Si, au contraire, il existe des types sociaux qualitativement distincts les uns des autres, on aura beau les rapprocher, on ne pourra pas faire qu'ils se rejoignent exactement comme les sections homogènes d'une droite géométrique. Le développement historique perd ainsi l'unité idéale et simpliste qu'on lui attribuait ; il se fragmente, pour ainsi dire, en une multitude de tronçons qui, parce qu'ils diffèrent spécifiquement les uns des autres, ne sauraient se relier d'une manière continue. La fameuse métaphore de Pascal, reprise depuis par Comte, se trouve désormais sans vérité.

Mais comment faut-il s'y prendre pour constituer ces espèces ?

---

1. *Cours de philosophie positive*, IV, p. 263.

I

Il peut sembler, au premier abord, qu'il n'y ait pas d'autre manière de procéder que d'étudier chaque société en particulier, d'en faire une monographie aussi exacte et aussi complète que possible, puis de comparer toutes ces monographies entre elles, de voir par où elles concordent et par où elles divergent, et alors, suivant l'importance relative de ces similitudes et de ces divergences, de classer les peuples dans des groupes semblables ou différents. À l'appui de cette méthode, on fait remarquer qu'elle seule est recevable dans une science d'observation. L'espèce, en effet, n'est que le résumé des individus ; comment donc la constituer, si l'on ne commence pas par décrire chacun d'eux et par le décrire tout entier ? N'est-ce pas une règle de ne s'élever au général qu'après avoir observé le particulier et tout le particulier ? C'est pour cette raison que l'on a voulu parfois ajourner la sociologie jusqu'à l'époque indéfiniment éloignée où l'histoire, dans l'étude qu'elle fait des sociétés particulières, sera parvenue à des résultats assez objectifs et définis pour pouvoir être utilement comparés.

Mais, en réalité, cette circonspection n'a de scientifique que l'apparence. Il est inexact, en effet, que la science ne puisse instituer de lois qu'après avoir passé en revue tous les faits qu'elles expriment, ni former de genres qu'après avoir décrit, dans leur intégralité, les individus qu'ils comprennent. La vraie méthode expérimentale tend plutôt à substituer aux faits vulgaires, qui ne sont démonstratifs qu'à condition d'être très nombreux et qui, par suite, ne permettent que des conclusions toujours suspectes, des faits *décisifs* ou *cruciaux*, comme disait Bacon [1], qui, par eux-mêmes et indépendamment de leur nombre, ont une valeur et un intérêt scientifiques. Il est surtout nécessaire de procéder ainsi quand il s'agit de constituer des genres et des espèces. Car faire l'inventaire de tous les caractères qui appartiennent à un individu est un problème insoluble. Tout individu est un infini et l'infini ne peut être épuisé. S'en tiendra-t-on aux propriétés les plus essentielles ? Mais d'après quel principe fera-t-on le triage ? Il faut pour cela un critère qui dépasse l'individu et que les monographies les mieux faites ne sauraient, par conséquent, nous fournir. Sans même pousser les choses à cette rigueur, on peut prévoir que, plus les caractères qui serviront de base à la classification seront nombreux, plus aussi il sera difficile que les diverses manières dont ils se combinent dans les cas particuliers présentent des ressemblances assez franches et des différences assez tranchées pour permettre la constitution de groupes et de sous-groupes définis.

Mais quand même une classification serait possible d'après cette méthode, elle aurait le très grand défaut de ne pas rendre les services qui en sont la raison d'être. En effet, elle doit, avant tout, avoir pour objet d'abréger le travail scientifique en substituant à la multiplicité indéfinie des individus un nombre restreint de types. Mais elle perd cet avantage si ces types n'ont été constitués qu'après que tous les individus ont été passés en revue et analysés tout entiers. Elle ne peut

---

1. *Novum organum*, II, § 36.

guère faciliter la recherche, si elle ne fait que résumer les recherches déjà faites. Elle ne sera vraiment utile que si elle nous permet de classer d'autres caractères que ceux qui lui servent de base, que si elle nous procure des cadres pour les faits à venir. Son rôle est de nous mettre en mains des points de repère auxquels nous puissions rattacher d'autres observations que celles qui nous ont fourni ces points de repère eux-mêmes. Mais, pour cela, il faut qu'elle soit faite, non d'après un inventaire complet de tous les caractères individuels, mais d'après un petit nombre d'entre eux, soigneusement choisis. Dans ces conditions, elle ne servira pas seulement à mettre un peu d'ordre dans des connaissances toutes faites ; elle servira à en faire. Elle épargnera à l'observateur bien des démarches parce qu'elle le guidera. Ainsi, une fois la classification établie sur ce principe, pour savoir si un fait est général dans une espèce, il ne sera pas nécessaire d'avoir observé toutes les sociétés de cette espèce ; quelques-unes suffiront. Même, dans bien des cas, ce sera assez d'une observation bien faite, de même que, souvent, une expérience bien conduite suffit à l'établissement d'une loi.

Nous devons donc choisir pour notre classification des caractères particulièrement essentiels. Il est vrai qu'on ne peut les connaître que si l'explication des faits est suffisamment avancée. Ces deux parties de la science sont solidaires et progressent l'une par l'autre. Cependant, sans entrer très avant dans l'étude des faits, il n'est pas difficile de conjecturer de quel côté il faut chercher les propriétés caractéristiques des types sociaux. Nous savons, en effet, que les sociétés sont composées de parties ajoutées les unes aux autres. Puisque la nature de toute résultante dépend nécessairement de la nature, du nombre des éléments composants et de leur mode de combinaison, ces caractères sont évidemment ceux que nous devons prendre pour base, et on verra, en effet, dans la suite, que c'est d'eux que dépendent les faits généraux de la vie sociale. D'autre part, comme ils sont d'ordre morphologique, on pourrait appeler *Morphologie sociale* la partie de la sociologie qui a pour tâche de constituer et de classer les types sociaux.

On peut même préciser davantage le principe de cette classification. On sait, en effet, que ces parties constitutives dont est formée toute société sont des sociétés plus simples qu'elle. Un peuple est produit par la réunion de deux ou plusieurs peuples qui l'ont précédé. Si donc nous connaissions la société la plus simple qui ait jamais existé, nous n'aurions, pour faire notre classification, qu'à suivre la manière dont cette société se compose avec elle-même et dont ses composés se composent entre eux.

II

M. Spencer a fort bien compris que la classification méthodique des types sociaux ne pouvait avoir d'autre fondement.

« Nous avons vu, dit-il, que l'évolution sociale commence par de petits agrégats simples ; qu'elle progresse par l'union de quelques-uns de ces agrégats en agrégats plus grands, et qu'après s'être consolidés, ces groupes s'unissent avec d'autres semblables à eux pour former des agrégats encore plus grands. Notre classification doit donc commencer par des sociétés du premier ordre, c'est-à-dire du plus simple [1]. »

Malheureusement, pour mettre ce principe en pratique, il faudrait commencer par définir avec précision ce que l'on entend par société simple. Or cette définition, non seulement M. Spencer ne la donne pas, mais il la juge à peu près impossible [2]. C'est que, en effet, la simplicité, comme il l'entend, consiste essentiellement dans une certaine grossièreté d'organisation. Or il n'est pas facile de dire avec exactitude à quel moment l'organisation sociale est assez rudimentaire pour être qualifiée de simple ; c'est affaire d'appréciation. Aussi la formule qu'il en donne est-elle tellement flottante qu'elle convient à toute sorte de sociétés. « Nous n'avons rien de mieux à faire, dit-il, que de considérer comme une société simple celle qui forme un tout non assujetti à un autre et dont les parties coopèrent avec ou sans centre régulateur, en vue de certaines fins d'intérêt public [3]. » Mais il y a nombre de peuples qui satisfont à cette condition. Il en résulte qu'il confond, un peu au hasard, sous cette même rubrique, toutes les sociétés les moins civilisées. On imagine ce que peut être, avec un pareil point de départ, tout le reste de sa classification. On y voit rapprochées, dans la plus étonnante confusion, les sociétés les plus disparates,

---

1. *Sociologie*, II, p. 135.
2. « Nous ne pouvons pas toujours dire avec précision ce qui constitue une société simple. » (*Ibid.*, p. 135, 136.)
3. *Ibid.*, p. 136.

les Grecs homériques mis à côté des fiefs du Xe siècle et au-dessous des Bechuanas, des Zoulous et des Fidjiens, la confédération athénienne à côté des fiefs de la France du XIIIe siècle et au-dessous des Iroquois et des Araucaniens.

Le mot de simplicité n'a de sens défini que s'il signifie une absence complète de parties. Par société simple, il faut donc entendre toute société qui n'en renferme pas d'autres, plus simples qu'elle ; qui non seulement est actuellement réduite à un segment unique, mais encore qui ne présente aucune trace d'une segmentation antérieure. La *horde*, telle que nous l'avons définie ailleurs [1], répond exactement à cette définition. C'est un agrégat social qui ne comprend et n'a jamais compris dans son sein aucun autre agrégat plus élémentaire, mais qui se résout immédiatement en individus. Ceux-ci ne forment pas, à l'intérieur du groupe total, des groupes spéciaux et différents du précédent ; ils sont juxtaposés atomiquement. On conçoit qu'il ne puisse pas y avoir de société plus simple ; c'est le protoplasme du règne social et, par conséquent, la base naturelle de toute classification.

Il est vrai qu'il n'existe peut-être pas de société historique qui réponde exactement à ce signalement ; mais, ainsi que nous l'avons montré dans le livre déjà cité, nous en connaissons une multitude qui sont formées, immédiatement et sans autre intermédiaire, par une répétition de hordes. Quand la horde devient ainsi un segment social au lieu d'être la société tout entière, elle change de nom, elle s'appelle le clan ; mais elle

---

1. *Division du travail social*, p. 189.

garde les mêmes traits constitutifs. Le clan est, en effet, un agrégat social qui ne se résout en aucun autre, plus restreint. On fera peut-être remarquer que, généralement, là où nous l'observons aujourd'hui, il renferme une pluralité de familles particulières. Mais, d'abord, pour des raisons que nous ne pouvons développer ici, nous croyons que la formation de ces petits groupes familiaux est postérieure au clan ; puis, elles ne constituent pas, à parler exactement, des segments sociaux parce qu'elles ne sont pas des divisions politiques. Partout où on le rencontre, le clan constitue l'ultime division de ce genre. Par conséquent, quand même nous n'aurions pas d'autres faits pour postuler l'existence de la horde – et il en est que nous aurons un jour l'occasion d'exposer –, l'existence du clan, c'est-à-dire de sociétés formées par une réunion de hordes, nous autorise à supposer qu'il y a eu d'abord des sociétés plus simples qui se réduisaient à la horde proprement dite, et à faire de celle-ci la souche d'où sont sorties toutes les espèces sociales.

Une fois posée cette notion de la horde ou société à segment unique – qu'elle soit conçue comme une réalité historique ou comme un postulat de la science –, on a le point d'appui nécessaire pour construire l'échelle complète des types sociaux. On distinguera autant de types fondamentaux qu'il y a de manières, pour la horde, de se combiner avec elle-même en donnant naissance à des sociétés nouvelles et, pour celles-ci, de se combiner entre elles. On rencontrera d'abord des agrégats formés par une simple répétition de hordes ou de clans (pour leur donner leur nom nouveau), sans que ces clans soient associés entre eux de manière à former des groupes intermédiaires entre le groupe total qui les comprend tous, et chacun d'eux. Ils sont simplement juxtaposés comme les individus de la horde. On trouve des exemples de ces sociétés que l'on pourrait appeler *polysegmentaires simples* dans certaines tribus iroquoises et australiennes. L'*arch* ou tribu kabyle a le même caractère ; c'est une réunion de clans fixés sous forme de villages. Très vraisemblablement, il y eut un moment dans l'histoire où la *curie* romaine, la *phratrie* athénienne était une société de ce genre. Au-dessus viendraient les sociétés formées par un assemblage de sociétés de l'espèce précédente, c'est-à-dire les *sociétés polysegmentaires simplement composées*. Tel est le caractère de la confédération iroquoise, de celle formée par la réunion des tribus kabyles ; il en fut de même, à l'origine, de chacune des trois tribus primitives dont l'association donna, plus tard, naissance à la cité romaine. On rencontrerait ensuite les *sociétés polysegmentaires doublement composées* qui résultent de la juxtaposition ou fusion de plusieurs sociétés polysegmentaires simplement composées. Telles sont la cité, agrégat de tribus, qui sont elles-mêmes des agrégats de curies qui, à leur tour, se résolvent en *gentes* ou clans, et la tribu germanique, avec ses comtés, qui se subdivisent en centaines, lesquelles, à leur tour, ont pour unité dernière le clan devenu village.

Nous n'avons pas à développer davantage ni à pousser plus loin ces quelques indications, puisqu'il ne saurait être question d'exécuter ici une classification des sociétés. C'est un problème trop complexe pour pouvoir être traité ainsi, comme en passant ; il suppose, au contraire, tout un ensemble de longues et spéciales recherches. Nous avons seulement voulu, par quelques exemples, préciser les idées et montrer comment doit être appliqué le principe de la méthode. Même il ne faudrait pas considérer ce qui précède comme constituant une classification complète des sociétés inférieures. Nous y avons quelque peu simplifié les choses pour plus de clarté. Nous avons supposé, en effet, que chaque type supérieur était formé par une répétition de sociétés d'un même type, à savoir du type immédiatement inférieur. Or il n'y a rien d'impossible à ce que des sociétés d'espèces différentes, situées inégalement haut sur l'arbre généalogique des types sociaux, se réunissent de manière à former une espèce nouvelle. On en connaît au moins un cas ; c'est l'Empire romain, qui comprenait dans son sein les peuples les plus divers de nature [1].

Mais une fois ces types constitués, il y aura lieu de distinguer dans chacun d'eux des variétés différentes selon que les sociétés segmentaires, qui servent à former la société résultante, gardent une certaine individualité, ou bien, au contraire, sont absorbées dans la masse totale. On comprend en effet que les phénomènes sociaux doivent varier, non pas seulement suivant la nature des éléments composants, mais suivant leur mode de composition ; ils doivent surtout être très différents suivant que chacun des groupes partiels

---

1. Toutefois il est vraisemblable que, en général, la distance entre les sociétés composantes ne saurait être très grande ; autrement, il ne pourrait y avoir entre elles aucune communauté morale.

garde sa vie locale ou qu'ils sont tous entraînés dans la vie générale, c'est-à-dire suivant qu'ils sont plus ou moins étroitement concentrés. On devra, par conséquent, rechercher si, à un moment quelconque, il se produit une coalescence complète de ces segments. On reconnaîtra qu'elle existe à ce signe que cette composition originelle de la société n'affecte plus son organisation administrative et politique. À ce point de vue, la cité se distingue nettement des tribus germaniques. Chez ces dernières, l'organisation à base de clans s'est maintenue, quoique effacée, jusqu'au terme de leur histoire, tandis que, à Rome, à Athènes, les *gentes* cessèrent très tôt d'être des divisions politiques pour devenir des groupements privés.

À l'intérieur des cadres ainsi constitués, on pourra chercher à introduire de nouvelles distinctions d'après des caractères morphologiques secondaires. Cependant, pour des raisons que nous donnerons plus loin, nous ne croyons guère possible de dépasser utilement les divisions générales qui viennent d'être indiquées. Au surplus, nous n'avons pas à entrer dans ces détails, il nous suffit d'avoir posé le principe de classification qui peut être énoncé ainsi : *On commencera par classer les sociétés d'après le degré de composition qu'elles présentent, en prenant pour base la société parfaitement simple ou à segment unique ; à l'intérieur de ces classes, on distinguera des variétés différentes suivant qu'il se produit ou non une coalescence complète des segments initiaux.*

III

Ces règles répondent implicitement à une question que le lecteur s'est peut-être posée en nous voyant parler d'espèces sociales comme s'il y en avait, sans en avoir directement établi l'existence. Cette preuve est contenue dans le principe même de la méthode qui vient d'être exposée.

Nous venons de voir, en effet, que les sociétés n'étaient que des combinaisons différentes d'une seule et même société originelle. Or un même élément ne peut se composer avec lui-même et les composés qui en résultent ne peuvent, à leur tour, se composer entre eux que suivant un nombre de modes limité, surtout quand les éléments composants sont peu nombreux ; ce qui est le cas des segments sociaux. La gamme des combinaisons possibles est donc finie et, par suite, la plupart d'entre elles, tout au moins, doivent se répéter. Il se trouve ainsi qu'il y a des espèces sociales. Il reste, d'ailleurs, possible que certaines de ces combinaisons ne se produisent qu'une seule fois. Cela n'empêche pas qu'il y ait des espèces. On dira seulement dans les cas de ce genre que l'espèce ne compte qu'un individu [1].

Il y a donc des espèces sociales pour la même raison qui fait qu'il y a des espèces en biologie. Celles-ci, en effet, sont dues à ce fait que les organismes ne sont que des combinaisons variées d'une seule et même unité anatomique. Toutefois, il y a, à ce point de vue, une grande différence entre les deux règnes. Chez les animaux, en

---

1. N'est-ce pas le cas de l'Empire romain, qui paraît bien être sans analogue dans l'histoire ?

effet, un facteur spécial vient donner aux caractères spécifiques une force de résistance que n'ont pas les autres ; c'est la génération. Les premiers, parce qu'ils sont communs à toute la lignée des ascendants, sont bien plus fortement enracinés dans l'organisme. Ils ne se laissent donc pas facilement entamer par l'action des milieux individuels, mais se maintiennent identiques à eux-mêmes, malgré la diversité des circonstances extérieures. Il y a une force interne qui les fixe en dépit des sollicitations à varier qui peuvent venir du dehors ; c'est la force des habitudes héréditaires. C'est pourquoi ils sont nettement définis et peuvent être déterminés avec précision. Dans le règne social, cette cause interne leur fait défaut. Ils ne peuvent être renforcés par la génération parce qu'ils ne durent qu'une génération. Il est de règle, en effet, que les sociétés engendrées soient d'une autre espèce que les sociétés génératrices, parce que ces dernières, en se combinant, donnent naissance à des arrangements tout à fait nouveaux. Seule, la colonisation pourrait être comparée à une génération par germination ; encore, pour que l'assimilation soit exacte, faut-il que le groupe des colons n'aille pas se mêler à quelque société d'une autre espèce ou d'une autre variété. Les attributs distinctifs de l'espèce ne reçoivent donc pas de l'hérédité un surcroît de force qui lui permette de résister aux variations individuelles. Mais ils se modifient et se nuancent à l'infini sous l'action des circonstances ; aussi, quand on veut les atteindre, une fois qu'on a écarté toutes les variantes qui les voilent, n'obtient-on souvent qu'un résidu assez indéterminé. Cette indétermination croît naturellement d'autant plus que la complexité des caractères est plus grande ; car plus une chose est complexe, plus les parties qui la composent peuvent former de combinaisons différentes. Il en résulte que le type spécifique, au-delà des caractères les plus généraux et les plus simples, ne présente pas de contours aussi définis qu'en biologie [1].

---

1. En rédigeant ce chapitre pour la première édition de cet ouvrage, nous n'avons rien dit de la méthode qui consiste à classer les sociétés d'après leur état de civilisation. À ce moment, en effet, il n'existait pas de classifications de ce genre qui fussent proposées par des sociologues autorisés, sauf peut-être celle, trop évidemment archaïque, de Comte. Depuis, plusieurs essais ont été faits dans ce sens, notamment par Vierkandt (« Die Kulturtypen der Menscheit », in *Archiv. f. Anthropologie*, 1898), par Sutherland (*The Origin and Growth of the Moral Instinct*), et par Steinmetz (« Classification des types sociaux », in *Année sociologique*, III, p. 43-147). Néanmoins, nous ne nous arrêterons pas à les discuter, car ils ne répondent pas au problème posé dans ce chapitre. On y trouve classées, non des espèces sociales, mais, ce qui est bien différent, des phases historiques. La France, depuis ses origines, a passé par des formes de civilisation très différentes ; elle a commencé par être agricole, pour passer ensuite à l'industrie des métiers et au petit commerce, puis à la manufacture et enfin à la grande industrie. Or il est impossible d'admettre qu'une même individualité collective puisse changer d'espèce trois ou quatre fois. Une espèce doit se définir par des caractères plus constants. L'état économique, technologique, etc., présente des phénomènes trop instables et trop complexes pour fournir la base d'une classification. Il est même très possible qu'une même civilisation industrielle, scientifique, artistique puisse se rencontrer dans des sociétés dont la constitution congénitale est très différente. Le Japon pourra nous emprunter nos arts, notre industrie, même notre organisation politique ; il ne laissera pas d'appartenir à une autre espèce sociale que la France et l'Allemagne. Ajoutons que ces tentatives, quoique conduites par des sociologues de valeur, n'ont donné que des résultats vagues, contestables et de peu d'utilité. [Note introduite dans l'édition de 1901.]

Chapitre V

RÈGLES RELATIVES
À L'EXPLICATION DES FAITS SOCIAUX

Mais la constitution des espèces est avant tout un moyen de grouper les faits pour en faciliter l'interprétation ; la morphologie sociale est un acheminement à la partie vraiment explicative de la science. Quelle est la méthode propre de cette dernière ?

I

La plupart des sociologues croient avoir rendu compte des phénomènes une fois qu'ils ont fait voir à quoi ils servent, quel rôle ils jouent. On raisonne comme s'ils n'existaient qu'en vue de ce rôle et n'avaient d'autre cause déterminante que le sentiment, clair ou confus, des services qu'ils sont appelés à rendre. C'est pourquoi on croit avoir dit tout ce qui est nécessaire pour les rendre intelligibles, quand on a établi la réalité de ces services et montré à quel besoin social ils apportent satisfaction. C'est ainsi que Comte ramène toute la force progressive de l'espèce humaine à cette tendance fondamentale « qui pousse directement l'homme à améliorer sans cesse sous tous les rapports sa condition quelconque [1] », et M. Spencer, au besoin d'un plus grand bonheur. C'est en vertu de ce principe qu'il explique la formation de la société par les avantages qui résultent de la coopération, l'institution du gouvernement par l'utilité qu'il y a à régulariser la coopération militaire [2], les transformations par lesquelles a passé la famille par le besoin de concilier de plus en plus parfaitement les intérêts des parents, des enfants et de la société.

Mais cette méthode confond deux questions très différentes. Faire voir à quoi un fait est utile n'est pas expliquer comment il est né ni comment il est ce qu'il est. Car les emplois auxquels il sert supposent les propriétés spécifiques qui le caractérisent, mais ne le créent pas. Le besoin que nous avons des choses ne peut pas faire qu'elles soient telles ou telles et, par conséquent, ce n'est pas ce besoin qui peut les tirer du néant et leur conférer l'être. C'est de causes d'un autre genre qu'elles tiennent leur existence. Le sentiment que nous avons de l'utilité qu'elles présentent peut bien nous inciter à mettre ces causes en œuvre et à en tirer les effets qu'elles impliquent, non à susciter ces effets de rien. Cette proposition est évidente tant qu'il ne s'agit que des phénomènes matériels ou même psychologiques. Elle ne serait pas plus contestée en sociologie si les faits sociaux, à cause de leur extrême immatérialité, ne nous paraissaient, à tort, destitués de toute réalité intrinsèque. Comme on n'y voit que des

---

1. *Cours de philosophie positive*, IV, p. 262.
2. *Sociologie*, III, p. 336.

combinaisons purement mentales, il semble qu'ils doivent se produire d'eux-mêmes dès qu'on en a l'idée, si, du moins, on les trouve utiles[a] : mais puisque chacun d'eux est une force et qui domine la nôtre, puisqu'il a une nature qui lui est propre, il ne saurait suffire, pour lui donner l'être, d'en avoir le désir ni la volonté. Encore faut-il que des forces capables de produire cette force déterminée, que des natures capables de produire cette nature spéciale, soient données. C'est à cette condition seulement qu'il sera possible. Pour ranimer l'esprit de famille là où il est affaibli, il ne suffit pas que tout le monde en comprenne les avantages ; il faut faire directement agir les causes qui, seules, sont susceptibles de l'engendrer. Pour rendre à un gouvernement l'autorité qui lui est nécessaire, il ne suffit pas d'en sentir le besoin ; il faut s'adresser aux seules sources d'où dérive toute autorité, c'est-à-dire constituer des traditions, un esprit commun, etc., etc. ; pour cela, il faut encore remonter plus haut la chaîne des causes et des effets, jusqu'à ce qu'on trouve un point où l'action de l'homme puisse s'insérer efficacement.

Ce qui montre bien la dualité de ces deux ordres de recherches, c'est qu'un fait peut exister sans servir à rien, soit qu'il n'ait jamais été ajusté à aucune fin vitale, soit que, après avoir été utile, il ait perdu toute utilité en continuant à exister par la seule force de l'habitude. Il y a, en effet, encore plus de survivances dans la société que dans l'organisme. Il y a même des cas où soit une pratique, soit une institution sociale changent de fonctions sans, pour cela, changer de nature. La règle *is pater est quem justæ nuptiæ declarant* est matériellement restée dans notre Code ce qu'elle était dans le vieux droit romain. Mais, tandis qu'alors elle avait pour objet de sauvegarder les droits de propriété du père sur les enfants issus de la femme légitime, c'est bien plutôt le droit des enfants qu'elle protège aujourd'hui. Le serment a commencé par être une sorte d'épreuve judiciaire pour devenir simplement une forme solennelle et imposante du témoignage. Les dogmes religieux du christianisme n'ont pas changé depuis des siècles ; mais le rôle qu'ils jouent dans nos sociétés modernes n'est plus le même qu'au Moyen Âge. C'est ainsi encore que les mots servent à exprimer des idées nouvelles sans que leur contexture change. C'est, du reste, une proposition vraie en sociologie comme en biologie que l'organe est indépendant de la fonction, c'est-à-dire que, tout en restant le même, il peut servir à des fins différentes. C'est donc que les causes qui le font être sont indépendantes des fins auxquelles il sert.

Nous n'entendons pas dire, d'ailleurs, que les tendances, les besoins, les désirs des hommes n'interviennent jamais, d'une manière active, dans l'évolution sociale. Il est, au contraire, certain qu'il leur est possible, suivant la manière dont ils se portent sur les conditions dont dépend un fait, d'en presser ou d'en contenir le développement. Seulement, outre qu'ils ne peuvent, en aucun cas, faire quelque chose de rien, leur intervention elle-même, quels qu'en soient les effets, ne peut avoir lieu qu'en vertu de causes efficientes [b]. En effet, une tendance ne peut concourir, même dans cette mesure restreinte, à la production d'un phénomène nouveau que si elle est nouvelle elle-même, qu'elle se soit constituée de toutes pièces ou qu'elle soit due à quelque transformation d'une tendance antérieure. Car, à moins de postuler une harmonie préétablie vraiment providentielle, on ne saurait admettre que, dès l'origine, l'homme portât en lui à l'état virtuel, mais toutes prêtes à s'éveiller à l'appui des circonstances, toutes les tendances dont l'opportunité devait se faire sentir dans la suite de l'évolution. Or une tendance est, elle aussi, une chose ; elle ne peut donc ni se constituer ni se modifier par cela seul que nous le jugeons utile. C'est une force qui a sa nature propre ; pour que cette nature soit suscitée ou altérée, il ne suffit pas que nous y trouvions quelque avantage. Pour déterminer de tels changements, il faut que des causes agissent qui les impliquent physiquement [c].

Par exemple, nous avons expliqué les progrès constants de la division du travail social en montrant qu'ils sont nécessaires pour que l'homme puisse se maintenir dans les nouvelles conditions d'existence où il se trouve placé à mesure qu'il avance dans l'histoire ; nous avons donc attribué à cette tendance, qu'on appelle assez improprement l'instinct de conservation, un rôle important dans notre explication. Mais, en premier lieu, elle ne saurait à elle seule rendre compte de la spécialisation même la plus rudimentaire. Car elle ne peut rien si les conditions dont dépend ce phénomène ne sont pas déjà réalisées, c'est-à-dire si les différences individuelles ne se sont pas suffisamment accrues par suite de l'indétermination progressive de la conscience commune et des influences héréditaires [1].

---

1. *Division du travail*, 1. II, chap. III et IV.

Même, il fallait que la division du travail eût déjà commencé d'exister pour que l'utilité en fût aperçue et que le besoin s'en fît sentir ; et le seul développement des divergences individuelles, en impliquant une plus grande diversité de goûts et d'aptitudes, devait nécessairement produire ce premier résultat. Mais de plus, ce n'est pas de soi-même et sans cause que l'instinct de conservation est venu féconder ce premier germe de spécialisation. S'il s'est orienté et nous a orientés dans cette voie nouvelle, c'est, d'abord, que la voie qu'il suivait et nous faisait suivre antérieurement s'est trouvée comme barrée, parce que l'intensité plus grande de la lutte, due à la condensation plus grande des sociétés, a rendu de plus en plus difficile la survie des individus qui continuaient à se consacrer à des tâches générales. Il a été ainsi nécessité à changer de direction. D'autre part, s'il s'est tourné et a tourné de préférence notre activité dans le sens d'une division du travail toujours plus développée, c'est que c'était aussi le sens de la moindre résistance. Les autres solutions possibles étaient l'émigration, le suicide, le crime. Or, dans la moyenne des cas, les liens qui nous attachent à notre pays, à la vie, la sympathie que nous avons pour nos semblables sont des sentiments plus forts et plus résistants que les habitudes qui peuvent nous détourner d'une spécialisation plus étroite. C'est donc ces dernières qui devaient inévitablement céder à chaque poussée qui s'est produite. Ainsi, on ne revient pas, même partiellement, au finalisme parce qu'on ne se refuse pas à faire une place aux besoins humains dans les explications sociologiques. Car ils ne peuvent avoir d'influence sur l'évolution sociale qu'à condition d'évoluer eux-mêmes, et les changements par lesquels ils passent ne peuvent être expliqués que par des causes qui n'ont rien de final.

Mais ce qui est plus convaincant encore que les considérations qui précèdent, c'est la pratique même des faits sociaux. Là où règne le finalisme, règne aussi une plus ou moins large contingence ; car il n'est pas de fins, et moins encore de moyens, qui s'imposent nécessairement à tous les hommes, même quand on les suppose placés dans les mêmes circonstances. Étant donné un même milieu, chaque individu, suivant son humeur, s'y adapte à sa manière qu'il préfère à toute autre. L'un cherchera à le changer pour le mettre en harmonie avec ses besoins ; l'autre aimera mieux se changer soi-même et modérer ses désirs, et, pour arriver à un même but, que de voies différentes peuvent être et sont effectivement suivies ! Si donc il était vrai que le développement historique se fît en vue de fins clairement ou obscurément senties, les faits sociaux devraient présenter la plus infinie diversité et toute comparaison presque devrait se trouver impossible. Or c'est le contraire qui est la vérité. Sans doute, les événements extérieurs dont la trame constitue la partie superficielle de la vie sociale varient d'un peuple à l'autre. Mais c'est ainsi que chaque individu a son histoire, quoique les bases de l'organisation physique et morale soient les mêmes chez tous. En fait, quand on est entré quelque peu en contact avec les phénomènes sociaux, on est, au contraire, surpris de l'étonnante régularité avec laquelle ils se reproduisent dans les mêmes circonstances. Même les pratiques les plus minutieuses et, en apparence, les plus puériles, se répètent avec la plus étonnante uniformité. Telle cérémonie nuptiale, purement symbolique à ce qu'il semble, comme l'enlèvement de la fiancée, se retrouve exactement partout où existe un certain type familial, lié lui-même à toute une organisation politique. Les usages les plus bizarres, comme la couvade, le lévirat, l'exogamie, etc., s'observent chez les peuples les plus divers et sont symptomatiques d'un certain état social. Le droit de tester apparaît à une phase déterminée de l'histoire et, d'après les restrictions plus ou moins importantes qui le limitent, on peut dire à quel moment de l'évolution sociale on se trouve. Il serait facile de multiplier les exemples. Or cette généralité des formes collectives serait inexplicable si les causes finales avaient en sociologie la prépondérance qu'on leur attribue.

Quand donc on entreprend d'expliquer un phénomène social, il faut rechercher séparément la cause efficiente qui le produit et la fonction qu'il remplit. Nous nous servons du mot de fonction de préférence à celui de fin ou de but, précisément parce que les phénomènes sociaux n'existent généralement pas en vue des résultats utiles qu'ils produisent. Ce qu'il faut déterminer, c'est s'il y a correspondance entre le fait considéré et les besoins généraux de l'organisme social et en quoi consiste cette correspondance, sans se préoccuper de savoir si elle a été intentionnelle ou non. Toutes ces questions d'intention sont, d'ailleurs, trop subjectives pour pouvoir être traitées scientifiquement.

Non seulement ces deux ordres de problèmes doivent être disjoints, mais il convient, en général, de traiter le premier avant le second. Cet ordre, en effet, correspond à celui des faits. Il est naturel de chercher la cause d'un phénomène avant d'essayer d'en déterminer les effets. Cette méthode est d'autant plus logique que la première question, une fois résolue, aidera souvent à résoudre la seconde. En effet, le lien de solidarité qui unit la cause à l'effet a un caractère de réciprocité qui n'a pas été assez reconnu. Sans doute, l'effet ne peut pas exister sans sa cause, mais celle-ci, à son tour, a besoin de son effet. C'est d'elle qu'il tire son énergie, mais aussi il la lui restitue à l'occasion et, par conséquent, ne peut pas disparaître sans qu'elle s'en ressente [1]. Par exemple, la réaction sociale qui constitue la peine est due à l'intensité des sentiments collectifs que le crime offense ; mais, d'un autre côté, elle a pour fonction utile d'entretenir ces sentiments au même degré d'intensité, car ils ne tarderaient pas à s'énerver si les offenses qu'ils subissent n'étaient pas châtiées [2]. De même, à mesure que le milieu social devient plus complexe et plus mobile, les traditions, les croyances toutes faites s'ébranlent, prennent quelque chose de plus indéterminé et de plus souple et les facultés de réflexion se développent ; mais ces mêmes facultés sont indispensables aux sociétés et aux individus pour s'adapter à un milieu plus mobile et

---

1. Nous ne voudrions pas soulever ici des questions de philosophie générale qui ne seraient pas à leur place. Remarquons pourtant que, mieux étudiée, cette réciprocité de la cause et de l'effet pourrait fournir un moyen de réconcilier le mécanisme scientifique avec le finalisme qu'impliquent l'existence et surtout la persistance de la vie.

2. *Division du travail*, l. II, chap. II, et notamment p. 105 *sqq*.

plus complexe[1]. À mesure que les hommes sont obligés de fournir un travail plus intense, les produits de ce travail deviennent plus nombreux et de meilleure qualité ; mais ces produits plus abondants et meilleurs sont nécessaires pour réparer les dépenses qu'entraîne ce travail plus considérable[2]. Ainsi, bien loin que la cause des phénomènes sociaux consiste dans une anticipation mentale de la fonction qu'ils sont appelés à remplir, cette fonction consiste, au contraire, au moins dans nombre de cas, à maintenir la cause préexistante d'où ils dérivent ; on trouvera donc plus facilement la première, si la seconde est déjà connue [d].

Mais si l'on ne doit procéder qu'en second lieu à la détermination de la fonction, elle ne laisse pas d'être nécessaire pour que l'explication du phénomène soit complète. En effet, si l'utilité du fait n'est pas ce qui le fait être, il faut généralement qu'il soit utile pour pouvoir se maintenir. Car c'est assez qu'il ne serve à rien pour être nuisible par cela même puisque, dans ce cas, il coûte sans rien rapporter. Si donc la généralité des phénomènes sociaux avait ce caractère parasitaire, le budget de l'organisme serait en déficit, la vie sociale serait impossible. Par conséquent, pour donner de celle-ci une intelligence satisfaisante, il est nécessaire de montrer comment les phénomènes qui en sont la matière concourent entre eux de manière à mettre la société en harmonie avec elle-même et avec le dehors. Sans doute, la formule courante, qui définit la vie une correspondance entre le milieu interne et le

---

1. *Ibid.*, p. 52, 53.
2. *Ibid.*, p. 301 *sqq.*

milieu externe, n'est qu'approchée ; cependant elle est vraie en général et, par suite, pour expliquer un fait d'ordre vital, il ne suffit pas de montrer la cause dont il dépend, il faut encore, au moins dans la plupart des cas, trouver la part qui lui revient dans l'établissement de cette harmonie générale.

II

Ces deux questions distinguées, il nous faut déterminer la méthode d'après laquelle elles doivent être résolues.

En même temps qu'elle est finaliste, la méthode d'explication généralement suivie par les sociologues est essentiellement psychologique. Ces deux tendances sont solidaires l'une de l'autre. En effet, si la société n'est qu'un système de moyens institués par les hommes en vue de certaines fins, ces fins ne peuvent être qu'individuelles ; car, avant la société, il ne pouvait exister que des individus. C'est donc de l'individu qu'émanent les idées et les besoins qui ont déterminé la formation des sociétés, et, si c'est de lui que tout vient, c'est nécessairement par lui que tout doit s'expliquer. D'ailleurs, il n'y a rien dans la société que des consciences particulières ; c'est donc dans ces dernières que se trouve la source de toute l'évolution sociale. Par suite, les lois sociologiques ne pourront être qu'un corollaire des lois plus générales de la psychologie ; l'explication suprême de la vie collective consistera à faire voir comment elle découle de la nature humaine en général, soit qu'on l'en déduise directement et sans observation préalable, soit qu'on l'y rattache après l'avoir observée.

Ces termes sont à peu près textuellement ceux dont se sert Auguste Comte pour caractériser sa méthode. « Puisque, dit-il, le phénomène social, conçu en totalité, n'est, au fond, *qu'un simple développement de l'humanité, sans aucune création de facultés quelconques*, ainsi que je l'ai établi ci-dessus, toutes les dispositions effectives que l'observation sociologique pourra successivement dévoiler devront donc se retrouver au moins en germe dans ce type primordial que la biologie a construit par avance pour la sociologie[1]. » C'est que, suivant lui, le fait dominateur de la vie sociale est le progrès et que, d'autre part, le progrès dépend d'un facteur exclusivement psychique, à savoir la tendance qui pousse l'homme à développer de plus en plus sa nature. Les faits sociaux dériveraient même si immédiatement de la nature humaine que, pendant les premières phases de l'histoire, ils en pourraient être directement déduits sans qu'il soit nécessaire de recourir à l'observation[2]. Il est vrai que, de l'aveu de Comte, il est impossible d'appliquer cette méthode déductive aux périodes plus avancées de l'évolution. Seulement cette impossibilité est purement pratique. Elle tient à ce que la distance entre le point de départ et le point d'arrivée devient trop considérable pour que l'esprit humain, s'il entreprenait de le parcourir sans guide, ne risquât pas de s'égarer[3]. Mais le rapport

---

1. *Cours de philosophie positive*, IV, p. 333.
2. *Ibid.*, p. 345.
3. *Ibid.*, p. 346.

EXPLICATION DES FAITS SOCIAUX 219

entre les lois fondamentales de la nature humaine et les résultats ultimes du progrès ne laisse pas d'être analytique. Les formes les plus complexes de la civilisation ne sont que de la vie psychique développée. Aussi, alors même que les théories de la psychologie ne peuvent pas suffire comme prémisses au raisonnement sociologique, elles sont la pierre de touche qui seule permet d'éprouver la validité des propositions inductivement établies. « Aucune loi de succession sociale, dit Comte, indiquée, même avec toute l'autorité possible, par la méthode historique, ne devra être finalement admise qu'après avoir été rationnellement rattachée, d'une manière d'ailleurs directe ou indirecte, mais toujours incontestable, à la théorie positive de la nature humaine[1]. » C'est donc toujours la psychologie qui aura le dernier mot.

Telle est également la méthode suivie par M. Spencer. Suivant lui, en effet, les deux facteurs primaires des phénomènes sociaux sont le milieu cosmique et la constitution physique et morale de l'individu[2]. Or le premier ne peut avoir d'influence sur la société qu'à travers le second, qui se trouve être ainsi le moteur essentiel de l'évolution sociale. Si la société se forme, c'est pour permettre à l'individu de réaliser sa nature, et toutes les transformations par lesquelles elle a passé n'ont d'autre objet que de rendre cette réalisation plus facile et plus complète. C'est en vertu de ce principe que, avant de procéder à aucune recherche sur l'organisation sociale, M. Spencer a cru devoir consacrer

---

1. *Ibid.*, p. 335.
2. *Principes de sociologie*, I, 14, p. 14.

presque tout le premier tome de ses *Principes de sociologie* à l'étude de l'homme primitif physique, émotionnel et intellectuel. « La science de la sociologie, dit-il, part des unités sociales, soumises aux conditions que nous avons vues, constituées physiquement, émotionnellement et intellectuellement, et en possession de certaines idées acquises de bonne heure et des sentiments correspondants[1]. » Et c'est dans deux de ces sentiments, la crainte des vivants et la crainte des morts, qu'il trouve l'origine du gouvernement politique et du gouvernement religieux[2]. Il admet, il est vrai, que, une fois formée, la société réagit sur les individus[3]. Mais il ne s'ensuit pas qu'elle ait le pouvoir d'engendrer directement le moindre fait social ; elle n'a d'efficacité causale à ce point de vue que par l'intermédiaire des changements qu'elle détermine chez l'individu. C'est donc toujours de la nature humaine, soit primitive, soit dérivée, que tout découle. D'ailleurs, cette action que le corps social exerce sur ses membres ne peut rien avoir de spécifique, puisque les fins politiques ne sont rien en elles-mêmes, mais une simple expression résumée des fins individuelles[4]. Elle ne peut donc être qu'une sorte de retour de l'activité privée sur elle-même. Surtout, on ne voit pas en

---

1. *Op. cit.*, I, p. 583.
2. *Ibid.*, p. 582.
3. *Ibid.*, p. 18.
4. « La société existe pour le profit de ses membres, les membres n'existent pas pour le profit de la société [...] : les droits du corps politique ne sont rien en eux-mêmes, ils ne deviennent quelque chose qu'à condition d'incarner les droits des individus qui le composent. » (*Op. cit.*, II, p. 20.)

quoi elle peut consister dans les sociétés industrielles, qui ont précisément pour objet de rendre l'individu à lui-même et à ses impulsions naturelles, en le débarrassant de toute contrainte sociale.

Ce principe n'est pas seulement à la base de ces grandes doctrines de sociologie générale ; il inspire également un très grand nombre de théories particulières. C'est ainsi qu'on explique couramment l'organisation domestique par les sentiments que les parents ont pour leurs enfants et les seconds pour les premiers ; l'institution du mariage, par les avantages qu'il présente pour les époux et leur descendance ; la peine, par la colère que détermine chez l'individu toute lésion grave de ses intérêts. Toute la vie économique, telle que la conçoivent et l'expliquent les économistes, surtout de l'école orthodoxe, est, en définitive, suspendue à ce facteur purement individuel, le désir de la richesse. S'agit-il de la morale ? On fait des devoirs de l'individu envers lui-même la base de l'éthique. De la religion ? On y voit un produit des impressions que les grandes forces de la nature ou certaines personnalités éminentes éveillent chez l'homme, etc., etc.

Mais une telle méthode n'est applicable aux phénomènes sociologiques qu'à condition de les dénaturer. Il suffit, pour en avoir la preuve, de se reporter à la définition que nous en avons donnée. Puisque leur caractéristique essentielle consiste dans le pouvoir qu'ils ont d'exercer, du dehors, une pression sur les consciences individuelles, c'est qu'ils n'en dérivent pas et que, par suite, la sociologie n'est pas un corollaire de la psychologie. Car cette puissance contraignante témoigne qu'ils expriment une nature différente de la nôtre puisqu'ils ne pénètrent en nous que de force ou, tout au moins, en pesant sur nous d'un poids plus ou moins lourd[e]. Si la vie sociale n'était qu'un prolongement de l'être individuel, on ne la verrait pas ainsi remonter vers sa source et l'envahir impétueusement. Puisque l'autorité devant laquelle s'incline l'individu quand il agit, sent ou pense socialement, le domine à ce point, c'est qu'elle est un produit de forces qui le dépassent et dont il ne saurait, par conséquent, rendre compte[f]. Ce n'est pas de lui que peut venir cette poussée extérieure qu'il subit, ce n'est donc pas ce qui se passe en lui qui la peut expliquer[g]. Il est vrai que nous ne sommes pas incapables de nous contraindre nous-mêmes ; nous pouvons contenir nos tendances, nos habitudes, nos instincts même et en arrêter le développement par un acte d'inhibition. Mais les mouvements inhibitifs ne sauraient être confondus avec ceux qui constituent la contrainte sociale. Le *processus* des premiers est centrifuge ; celui des seconds, centripète. Les uns s'élaborent dans la conscience individuelle et tendent ensuite à s'extérioriser ; les autres sont d'abord extérieurs à l'individu, qu'ils tendent ensuite à façonner du dehors à leur image. L'inhibition est bien, si l'on veut, le moyen par lequel la contrainte sociale produit ses effets psychiques : elle n'est pas cette contrainte.

Or, l'individu écarté, il ne reste que la société ; c'est donc dans la nature de la société elle-même qu'il faut aller chercher l'explication de la vie sociale. On conçoit, en effet, que, puisqu'elle dépasse infiniment l'individu dans le temps comme dans l'espace, elle soit en état de lui imposer les manières d'agir et de penser qu'elle a consacrées de son autorité. Cette pression, qui est le signe distinctif des faits sociaux, c'est celle que tous exercent sur chacun.

Mais, dira-t-on, puisque les seuls éléments dont est formée la société sont des individus, l'origine première des phénomènes sociologiques ne peut être que psychologique. En raisonnant ainsi, on peut tout aussi facilement établir que les phénomènes biologiques s'expliquent analytiquement par les phénomènes inorganiques. En effet, il est bien certain qu'il n'y a dans la cellule vivante que des molécules de matière brute. Seulement, ils y sont associés et c'est cette association qui est la cause de ces phénomènes nouveaux qui caractérisent la vie et dont il est impossible de retrouver même le germe dans aucun des éléments associés. C'est qu'un tout n'est pas identique à la somme de ses parties, il est quelque chose d'autre et dont les propriétés diffèrent de celles que présentent les parties dont il est composé. L'association n'est pas, comme on l'a cru quelquefois, un phénomène, par soi-même infécond, qui consiste simplement à mettre en rapports extérieurs des faits acquis et des propriétés constituées. N'est-elle pas, au contraire, la source de toutes les nouveautés qui se sont successivement produites au cours de l'évolution générale des choses ? Quelles différences y a-t-il entre les organismes inférieurs et les autres, entre le vivant organisé et le simple plastide, entre celui-ci et les molécules inorganiques qui le composent, sinon des différences d'association ? Tous ces êtres, en dernière analyse, se résolvent en éléments de même nature ; mais ces éléments sont, ici juxtaposés, là associés ; ici associés d'une manière, là d'une autre.

On est même en droit de se demander si cette loi ne pénètre pas jusque dans le monde minéral et si les différences qui séparent les corps inorganisés n'ont pas la même origine.

En vertu de ce principe, la société n'est pas une simple somme d'individus, mais le système formé par leur association représente une réalité spécifique qui a ses caractères propres. Sans doute, il ne peut rien se produire de collectif si des consciences particulières ne sont pas données ; mais cette condition nécessaire n'est pas suffisante. Il faut encore que ces consciences soient associées, combinées, et combinées d'une certaine manière ; c'est de cette combinaison que résulte la vie sociale et, par suite, c'est cette combinaison qui l'explique. En s'agrégeant, en se pénétrant, en se fusionnant, les âmes individuelles donnent naissance à un être, psychique si l'on veut, mais qui constitue une individualité psychique d'un genre nouveau [1]. C'est donc dans la nature de cette individualité, non

---

[1]. Voilà dans quel sens et pour quelles raisons on peut et on doit parler d'une conscience collective distincte des consciences individuelles. Pour justifier cette distinction, il n'est pas nécessaire d'hypostasier la première ; elle est quelque chose de spécial et doit être désignée par un terme spécial, simplement parce que les états qui la constituent diffèrent spécifiquement de ceux qui constituent les consciences particulières. Cette spécificité leur vient de ce qu'ils ne sont pas formés des mêmes éléments. Les uns, en effet, résultent de la nature de l'être organico-psychique pris isolément, les autres de la combinaison d'une pluralité d'êtres de ce genre. Les résultantes ne peuvent donc pas manquer de différer, puisque les composantes diffèrent à ce point. Notre définition du fait social ne faisait, d'ailleurs, que marquer d'une autre manière cette ligne de démarcation. [Cette note ne figure pas dans le texte initial.]

dans celle des unités composantes, qu'il faut aller chercher les causes prochaines et déterminantes des faits qui s'y produisent. Le groupe pense, sent, agit tout autrement que ne feraient ses membres, s'ils étaient isolés. Si donc on part de ces derniers, on ne pourra rien comprendre à ce qui se passe dans le groupe. En un mot, il y a entre la psychologie et la sociologie la même solution de continuité qu'entre la biologie et les sciences physico-chimiques. Par conséquent, toutes les fois qu'un phénomène social est directement expliqué par un phénomène psychique, on peut être assuré que l'explication est fausse.

On répondra peut-être que si la société, une fois formée, est en effet la cause prochaine des phénomènes sociaux, les causes qui en ont déterminé la formation sont de nature psychologique. On accorde que, quand les individus sont associés, leur association peut donner naissance à une vie nouvelle, mais on prétend qu'elle ne peut avoir lieu que pour des raisons individuelles. – Mais, en réalité, aussi loin qu'on remonte dans l'histoire, le fait de l'association est le plus obligatoire de tous ; car il est la source de toutes les autres obligations. Par suite de ma naissance, je suis obligatoirement rattaché à un peuple déterminé. On dit que, dans la suite, une fois adulte, j'acquiesce à cette obligation par cela seul que je continue à vivre dans mon pays. Mais qu'importe ? Cet acquiescement ne lui enlève pas son caractère impératif. Une pression acceptée et subie de bonne grâce ne laisse pas d'être une pression. D'ailleurs, quelle peut être la portée d'une telle adhésion ? D'abord, elle est forcée, car, dans l'immense majorité des cas, il nous est matériellement et moralement impossible de dépouiller notre nationalité ; un tel changement passe même généralement pour une apostasie[h]. Ensuite, elle ne peut concerner le passé qui n'a pu être consenti et qui, pourtant, détermine le présent : je n'ai pas voulu l'éducation que j'ai reçue ; or c'est elle qui, plus que toute autre cause, me fixe au sol natal. Enfin, elle ne saurait avoir de valeur morale pour l'avenir, dans la mesure où il est inconnu. Je ne connais même pas tous les devoirs qui peuvent m'incomber un jour ou l'autre en ma qualité de citoyen ; comment pourrais-je y acquiescer par avance ? Or tout ce qui est obligatoire, nous l'avons démontré, a sa source en dehors de l'individu. Tant donc qu'on ne sort pas de l'histoire, le fait de l'association présente le même caractère que les autres et, par conséquent, s'explique de la même manière. D'autre part, comme toutes les sociétés sont nées d'autres sociétés sans solution de continuité, on peut être assuré que, dans tout le cours de l'évolution sociale, il n'y a pas eu un moment où les individus aient eu vraiment à délibérer pour savoir s'ils entreraient ou non dans la vie collective, et dans celle-ci plutôt que dans celle-là. Pour que la question pût se poser, il faudrait donc remonter jusqu'aux origines premières de toute société. Mais les solutions, toujours douteuses, que l'on peut apporter à de tels problèmes, ne sauraient en aucun cas affecter la méthode d'après laquelle doivent être traités les faits donnés dans l'histoire. Nous n'avons donc pas à les discuter.

Mais on se méprendrait étrangement sur notre pensée, si, de ce qui précède, on tirait cette conclusion que la sociologie, suivant nous, doit ou même peut faire abstraction de l'homme et de ses facultés. Il est clair, au contraire, que les caractères généraux de la nature humaine entrent dans le travail d'élaboration d'où résulte la vie sociale. Seulement, ce n'est pas eux qui la suscitent ni qui lui donnent sa forme spéciale ; ils ne font que la rendre possible. Les représentations, les émotions, les tendances collectives n'ont pas pour causes génératrices certains états de la conscience des particuliers, mais les conditions où se trouve le corps social dans son ensemble. Sans doute, elles ne peuvent se réaliser que si les natures individuelles n'y sont pas réfractaires ; mais celles-ci ne sont que la matière indéterminée que le facteur social détermine et transforme. Leur contribution consiste exclusivement en états très généraux, en prédispositions vagues et, par suite, plastiques qui, par elles-mêmes, ne sauraient prendre les formes définies et complexes qui caractérisent les phénomènes sociaux, si d'autres agents n'intervenaient.

Quel abîme, par exemple, entre les sentiments que l'homme éprouve en face de forces supérieures à la sienne et l'institution religieuse avec ses croyances, ses pratiques si multipliées et si compliquées, son organisation matérielle et morale ; entre les conditions psychiques de la sympathie que deux êtres de même sang éprouvent l'un pour l'autre [1] et cet ensemble touffu de règles juridiques et morales qui déterminent la structure de la famille, les rapports des personnes entre elles, des choses avec les personnes, etc. ! Nous avons vu que, même quand la société se réduit à une foule

---

1. Si tant est qu'elle existe avant toute vie sociale. Voir sur ce point Espinas, *Sociétés animales*, p. 474.

inorganisée, les sentiments collectifs qui s'y forment peuvent, non seulement ne pas ressembler, mais être opposés à la moyenne des sentiments individuels. Combien l'écart doit-il être plus considérable encore quand la pression que subit l'individu est celle d'une société régulière, où, à l'action des contemporains, s'ajoute celle des générations antérieures et de la tradition ! Une explication purement psychologique des faits sociaux ne peut donc manquer de laisser échapper tout ce qu'ils ont de spécifique, c'est-à-dire de social.

Ce qui a masqué aux yeux de tant de sociologues l'insuffisance de cette méthode, c'est que, prenant l'effet pour la cause, il leur est arrivé très souvent d'assigner comme conditions déterminantes aux phénomènes sociaux certains état psychiques, relativement définis et spéciaux, mais qui, en fait, en sont la conséquence. C'est ainsi qu'on a considéré comme inné à l'homme un certain sentiment de religiosité, un certain *minimum* de jalousie sexuelle, de piété filiale, d'amour paternel, etc., et c'est par là que l'on a voulu expliquer la religion, le mariage, la famille. Mais l'histoire montre que ces inclinations, loin d'être inhérentes à la nature humaine, ou bien font totalement défaut dans certaines circonstances sociales, ou, d'une société à l'autre, présentent de telles variations que le résidu que l'on obtient en éliminant toutes ces différences, et qui seul peut être considéré comme d'origine psychologique, se réduit à quelque chose de vague et de schématique qui laisse à une distance infinie les faits qu'il s'agit d'expliquer. C'est donc que ces sentiments résultent de l'organisation collective, loin d'en être la base. Même, il n'est pas du tout prouvé que la tendance à la sociabilité ait été, dès l'origine, un instinct congénital du genre humain. Il est beaucoup plus naturel d'y voir un produit de la vie sociale, qui s'est lentement organisé en nous ; car c'est un fait d'observation que les animaux sont sociables ou non suivant que les dispositions de leurs habitats les obligent à la vie commune ou les en détournent. – Et encore faut-il ajouter que, même entre ces inclinations plus déterminées et la réalité sociale, l'écart reste considérable.

Il y a d'ailleurs un moyen d'isoler à peu près complètement le facteur psychologique de manière à pouvoir préciser l'étendue de son action, c'est de chercher de quelle façon la race affecte l'évolution sociale. En effet, les caractères ethniques sont d'ordre organico-psychique. La vie sociale doit donc varier quand ils varient, si les phénomènes psychologiques ont sur la société l'efficacité causale qu'on leur attribue. Or nous ne connaissons aucun phénomène social qui soit placé sous la dépendance incontestée de la race. Sans doute, nous ne saurions attribuer à cette proposition la valeur d'une loi ; nous pouvons du moins l'affirmer comme un fait constant de notre pratique. Les formes d'organisation les plus diverses se rencontrent dans des sociétés de même race, tandis que des similitudes frappantes s'observent entre des sociétés de races différentes. La cité a existé chez les Phéniciens, comme chez les Romains et les Grecs ; on la trouve en voie de formation chez les Kabyles. La famille patriarcale était presque aussi développée chez les Juifs que chez les Indous, mais elle ne se retrouve pas chez les Slaves qui sont pourtant de race aryenne. En revanche, le type familial qu'on y rencontre existe aussi chez les Arabes. La famille maternelle et le clan s'observent partout. Le détail des preuves judiciaires, des cérémonies nuptiales est le même chez les peuples les plus dissemblables au point de vue ethnique. S'il en est ainsi, c'est que l'apport psychique est trop général pour prédéterminer le cours des phénomènes sociaux. Puisqu'il n'implique pas une forme sociale plutôt qu'une autre, il ne peut en expliquer aucune. Il y a, il est vrai, un certain nombre de faits qu'il est d'usage d'attribuer à l'influence de la race. C'est ainsi, notamment, qu'on explique comment le développement des lettres et des arts a été si rapide et si intense à Athènes, si lent et si médiocre à Rome. Mais cette interprétation des faits, pour être classique, n'a jamais été méthodiquement démontrée ; elle semble bien tirer à peu près toute son autorité de la seule tradition. On n'a même pas essayé si une explication sociologique des mêmes phénomènes n'était pas possible et nous sommes convaincu qu'elle pourrait être tentée avec succès. En somme, quand on rapporte avec cette rapidité à des facultés esthétiques congénitales le caractère artistique de la civilisation athénienne, on procède à peu près comme faisait le Moyen Âge quand il expliquait le feu par le phlogistique et les effets de l'opium par sa vertu dormitive.

Enfin, si vraiment l'évolution sociale avait son origine dans la constitution psychologique de l'homme, on ne voit pas comment elle aurait pu se produire. Car alors il faudrait admettre qu'elle a pour moteur quelque ressort intérieur à la nature humaine. Mais quel pourrait être ce ressort ? Serait-ce cette sorte d'instinct dont parle Comte et qui pousse l'homme à réaliser de plus en plus sa nature ? Mais c'est répondre à la question par la question et expliquer le progrès par une tendance innée au progrès, véritable entité métaphysique dont rien, du reste, ne démontre l'existence ; car les espèces animales, même les plus élevées, ne sont aucunement travaillées par le besoin de progresser, et même parmi les sociétés humaines, il en est beaucoup qui se plaisent à rester indéfiniment stationnaires. Serait-ce, comme semble le croire M. Spencer, le besoin d'un plus grand bonheur que les formes de plus en plus complexes de la civilisation seraient destinées à réaliser de plus en plus complètement ? Il faudrait alors établir que le bonheur croît avec la civilisation et nous avons exposé ailleurs toutes les difficultés que soulève cette hypothèse [1]. Mais il y a plus ; alors même que l'un ou l'autre de ces deux postulats devrait être admis, le développement historique ne serait pas, pour cela, rendu intelligible ; car l'explication qui en résulterait serait purement finaliste et nous avons montré plus haut que les faits sociaux, comme tous les phénomènes naturels, ne sont pas expliqués par cela seul qu'on a fait voir qu'ils servent à quelque fin. Quand on a bien prouvé que les organisations sociales de plus en plus savantes qui se sont succédé au cours de l'histoire ont eu pour effet de satisfaire toujours davantage tel ou tel de nos penchants fondamentaux, on n'a pas fait comprendre pour autant comment elles se sont produites. Le fait qu'elles étaient utiles ne nous apprend pas ce qui les a fait

---

1. *Division du travail social*, 1. II, chap. I.

être. Alors même qu'on s'expliquerait comment nous sommes parvenus à les imaginer, à en faire comme le plan par avance de manière à nous représenter les services que nous en pouvions attendre – et le problème est déjà difficile –, les vœux dont elles pouvaient être ainsi l'objet n'avaient pas la vertu de les tirer du néant. En un mot, étant admis qu'elles sont les moyens nécessaires pour atteindre le but poursuivi, la question reste tout entière : Comment, c'est-à-dire de quoi et par quoi ces moyens ont-ils été constitués ?

Nous arrivons donc à la règle suivante : *La cause déterminante d'un fait social doit être cherchée parmi les faits sociaux antécédents, et non parmi les états de la conscience individuelle.* D'autre part, on conçoit aisément que tout ce qui précède s'applique à la détermination de la fonction, aussi bien qu'à celle de la cause. La fonction d'un fait social ne peut être que sociale, c'est-à-dire qu'elle consiste dans la production d'effets socialement utiles. Sans doute, il peut se faire, et il arrive en effet que, par contrecoup, il serve aussi à l'individu. Mais ce résultat heureux n'est pas sa raison d'être immédiate. Nous pouvons donc compléter la proposition précédente en disant : *La fonction d'un fait social doit toujours être recherchée dans le rapport qu'il soutient avec quelque fin sociale.*

C'est parce que les sociologues ont souvent méconnu cette règle et considéré les phénomènes sociaux d'un point de vue trop psychologique, que leurs théories paraissent à de nombreux esprits trop vagues, trop flottantes, trop éloignées de la nature spéciale des choses qu'ils croient expliquer. L'historien, notamment, qui vit dans l'intimité de la réalité sociale, ne peut manquer de sentir fortement combien ces interprétations trop générales sont impuissantes à rejoindre les faits ; et c'est, sans doute, ce qui a produit, en partie, la défiance que l'histoire a souvent témoignée à la sociologie. Ce n'est pas à dire, assurément, que l'étude des faits psychiques ne soit pas indispensable au sociologue. Si la vie collective ne dérive pas de la vie individuelle, l'une et l'autre sont étroitement en rapports ; si la seconde ne peut expliquer la première, elle peut, du moins, en faciliter l'explication. D'abord, comme nous l'avons montré, il est incontestable que les faits sociaux sont produits par une élaboration *sui generis* de faits psychiques. Mais, en outre, cette élaboration elle-même n'est pas sans analogie avec celle qui se produit dans chaque conscience individuelle et qui transforme progressivement les éléments primaires (sensations, réflexes, instincts) dont elle est originellement constituée. Ce n'est pas sans raison qu'on a pu dire du moi qu'il était lui-même une société, au même titre que l'organisme, quoique d'une autre manière, et il y a longtemps que les psychologues ont montré toute l'importance du facteur *association* pour l'explication de la vie de l'esprit. Une culture psychologique, plus encore qu'une culture biologique, constitue donc pour le sociologue une propédeutique nécessaire ; mais elle ne lui sera utile qu'à condition qu'il s'en affranchisse après l'avoir reçue et qu'il la dépasse en la complétant par une culture spécialement sociologique. Il faut qu'il renonce à faire de la psychologie, en quelque sorte, le centre de ses opérations, le point d'où doivent partir et où doivent le ramener les incursions qu'il risque dans le monde social, et qu'il s'établisse au cœur même des faits sociaux, pour les observer de front et sans intermédiaire, en ne demandant à la science de l'individu qu'une préparation générale, et, au besoin, d'utiles suggestions[1].

III

Puisque les faits de morphologie sociale sont de même nature que les phénomènes physiologiques, ils doivent s'expliquer d'après cette même règle que nous venons d'énoncer. Toutefois, il résulte de tout ce qui précède qu'ils jouent dans la vie collective et, par suite, dans les explications sociologiques un rôle prépondérant.

---

1. Les phénomènes psychiques ne peuvent avoir de conséquences sociales que quand ils sont si intimement unis à des phénomènes sociaux que l'action des uns et des autres est nécessairement confondue. C'est le cas de certains faits socio-psychiques. Ainsi, un fonctionnaire est une force sociale, mais c'est en même temps un individu. Il en résulte qu'il peut se servir de l'énergie sociale qu'il détient, dans un sens déterminé par sa nature individuelle, et, par là, il peut avoir une influence sur la constitution de la société. C'est ce qui arrive aux hommes d'État et, plus généralement, aux hommes de génie. Ceux-ci, alors même qu'ils ne remplissent pas une fonction sociale, tirent des sentiments collectifs dont ils sont l'objet une autorité qui est, elle aussi, une force sociale, et qu'ils peuvent mettre, dans une certaine mesure, au service d'idées personnelles. Mais on voit que ces cas sont dus à des accidents individuels et, par suite, ne sauraient affecter les traits constitutifs de l'espèce sociale qui, seule, est objet de science. La restriction au principe énoncé plus haut n'est donc pas de grande importance pour le sociologue.

En effet, si la condition déterminante des phénomènes sociaux consiste, comme nous l'avons montré, dans le fait même de l'association, ils doivent varier avec les formes de cette association, c'est-à-dire suivant les manières dont sont groupées les parties constituantes de la société. Puisque, d'autre part, l'ensemble déterminé que forment, par leur réunion, les éléments de toute nature qui entrent dans la composition d'une société, en constitue le milieu interne, de même que l'ensemble des éléments anatomiques, avec la manière dont ils sont disposés dans l'espace, constitue le milieu interne des organismes, on pourra dire : *L'origine première de tout processus social de quelque importance doit être recherchée dans la constitution du milieu social interne*.

Il est même possible de préciser davantage. En effet, les éléments qui composent ce milieu sont de deux sortes : il y a les choses et les personnes. Parmi les choses, il faut comprendre, outre les objets matériels qui sont incorporés à la société, les produits de l'activité sociale antérieure, le droit constitué, les mœurs établies, les monuments littéraires, artistiques, etc. Mais il est clair que ce n'est ni des uns ni des autres que peut venir l'impulsion qui détermine les transformations sociales ; car ils ne recèlent aucune puissance motrice. Il y a, assurément, lieu d'en tenir compte dans les explications que l'on tente. Ils pèsent, en effet, d'un certain poids sur l'évolution sociale dont la vitesse et la direction même varient suivant ce qu'ils sont ; mais ils n'ont rien de ce qui est nécessaire pour la mettre en branle. Ils sont la matière à laquelle s'appliquent les forces vives de la société, mais ils ne dégagent par eux-mêmes aucune force vive. Reste donc, comme facteur actif, le milieu proprement humain.

L'effort principal du sociologue devra donc tendre à découvrir les différentes propriétés de ce milieu qui sont susceptibles d'exercer une action sur le cours des phénomènes sociaux. Jusqu'à présent, nous avons trouvé deux séries de caractères qui répondent d'une manière éminente à cette condition ; c'est le nombre des unités sociales ou, comme nous avons dit aussi, le volume de la société, et le degré de concentration de la masse, ou ce que nous avons appelé la densité dynamique. Par ce dernier mot, il faut entendre non pas le resserrement purement matériel de l'agrégat qui ne peut avoir d'effet si les individus ou plutôt les groupes d'individus restent séparés par des vides moraux, mais le resserrement moral dont le précédent n'est que l'auxiliaire et, assez généralement, la conséquence. La densité dynamique peut se définir, à volume égal, en fonction du nombre des individus qui sont effectivement en relations non pas seulement commerciales, mais morales ; c'est-à-dire, qui non seulement échangent des services ou se font concurrence, mais vivent d'une vie commune. Car, comme les rapports purement économiques laissent les hommes en dehors les uns des autres, on peut en avoir de très suivis sans participer pour cela à la même existence collective. Les affaires qui se nouent par-dessus les frontières qui séparent les peuples ne font pas que ces frontières n'existent pas. Or la vie commune ne peut être affectée que par le nombre de ceux qui y collaborent efficacement. C'est pourquoi ce qui exprime le mieux la densité dynamique d'un peuple, c'est le degré de coalescence des segments sociaux. Car si chaque agrégat partiel forme un tout, une individualité distincte, séparée des autres par une barrière, c'est que l'action de ses membres, en général, y reste localisée ; si, au contraire, ces sociétés partielles sont toutes confondues au sein de la société totale ou tendent à s'y confondre, c'est que, dans la même mesure, le cercle de la vie sociale s'est étendu [1].

Quant à la densité matérielle – si, du moins, on entend par là non pas seulement le nombre des habitants par unité de surface, mais le développement des voies de communication et de transmission –, elle marche *d'ordinaire* du même pas que la densité dynamique et, *en général*, peut servir à la mesurer. Car si les différentes parties de la population tendent à se rapprocher, il est inévitable qu'elles se frayent des voies qui permettent ce rapprochement, et, d'un autre côté, des relations ne peuvent s'établir entre des points distants de la masse sociale que si cette distance n'est pas un obstacle, c'est-à-dire est, en fait, supprimée. Cependant il y a des exceptions [1] et on s'exposerait à de sérieuses erreurs si l'on jugeait toujours de la concentration morale d'une société d'après le degré de concentration matérielle qu'elle présente. Les routes,

---

1. Nous avons eu le tort, dans notre *Division du travail*, de trop présenter la densité matérielle comme l'expression exacte de la densité dynamique. Toutefois, la substitution de la première à la seconde est absolument légitime pour tout ce qui concerne les effets économiques de celle-ci, par exemple la division du travail comme fait purement économique.

les lignes ferrées, etc., peuvent servir au mouvement des affaires plus qu'à la fusion des populations, qu'elles n'expriment alors que très imparfaitement. C'est le cas de l'Angleterre dont la densité matérielle est supérieure à celle de la France, et où, pourtant, la coalescence des segments est beaucoup moins avancée, comme le prouve la persistance de l'esprit local et de la vie régionale [j].

Nous avons montré ailleurs comment tout accroissement dans le volume et dans la densité dynamique des sociétés, en rendant la vie sociale plus intense, en étendant l'horizon que chaque individu embrasse par sa pensée et emplit de son action, modifie profondément les conditions fondamentales de l'existence collective. Nous n'avons pas à revenir sur l'application que nous avons faite alors de ce principe. Ajoutons seulement qu'il nous a servi à traiter non pas seulement la question encore très générale qui faisait l'objet de cette étude, mais beaucoup d'autres problèmes plus spéciaux, et que nous avons pu en vérifier ainsi l'exactitude par un nombre déjà respectable d'expériences. Toutefois, il s'en faut que nous croyions avoir trouvé toutes les particularités du milieu social qui sont susceptibles de jouer un rôle dans l'explication des faits sociaux. Tout ce que nous pouvons dire, c'est que ce sont les seules que nous ayons aperçues et que nous n'avons pas été amené à en rechercher d'autres.

Mais cette espèce de prépondérance que nous attribuons au milieu social et, plus particulièrement, au milieu humain n'implique pas qu'il faille y voir une sorte de fait ultime et absolu au-delà duquel il n'y ait pas lieu de remonter. Il est évident, au contraire, que l'état où il se trouve à chaque moment de l'histoire dépend lui-même de causes sociales, dont les unes sont inhérentes à la société elle-même, tandis que les autres tiennent aux actions et aux réactions qui s'échangent entre cette société et ses voisines. D'ailleurs, la science ne connaît pas de causes premières, au sens absolu du mot. Pour elle, un fait est primaire simplement quand il est assez général pour expliquer un grand nombre d'autres faits. Or le milieu social est certainement un facteur de ce genre ; car les changements qui s'y produisent, quelles qu'en soient les causes, se répercutent dans toutes les directions de l'organisme social et ne peuvent manquer d'en affecter plus ou moins toutes les fonctions.

Ce que nous venons de dire du milieu général de la société peut se répéter des milieux spéciaux à chacun des groupes particuliers qu'elle renferme. Par exemple, selon que la famille sera plus ou moins volumineuse, plus ou moins repliée sur elle-même, la vie domestique sera tout autre. De même, si les corporations professionnelles se reconstituent de manière à ce que chacune d'elles soit ramifiée sur toute l'étendue du territoire au lieu de rester enfermée, comme jadis, dans les limites d'une cité, l'action qu'elles exerceront sera très différente de celle qu'elles exercèrent autrefois. Plus généralement, la vie professionnelle sera tout autre suivant que le milieu propre à chaque profession sera fortement constitué ou que la trame en sera lâche, comme elle est aujourd'hui. Toutefois, l'action de ces milieux particuliers ne saurait avoir l'importance du milieu général ; car ils sont soumis eux-mêmes à l'influence de ce dernier. C'est toujours à celui-ci qu'il en faut revenir. C'est la pression qu'il exerce sur ces groupes partiels qui fait varier leur constitution.

Cette conception du milieu social comme facteur déterminant de l'évolution collective est de la plus haute importance. Car, si on la rejette, la sociologie est dans l'impossibilité d'établir aucun rapport de causalité.

En effet, cet ordre de causes écarté, il n'y a pas de conditions concomitantes dont puissent dépendre les phénomènes sociaux ; car si le milieu social externe, c'est-à-dire celui qui est formé par les sociétés ambiantes, est susceptible d'avoir quelque action, ce n'est guère que sur les fonctions qui ont pour objet l'attaque et la défense et, de plus, il ne peut faire sentir son influence que par l'intermédiaire du milieu social interne. Les principales causes du développement historique ne se trouveraient donc pas parmi les *circumfusa* ; elles seraient toutes dans le passé. Elles feraient elles-mêmes partie de ce développement dont elles constitueraient simplement des phases plus anciennes. Les événements actuels de la vie sociale dériveraient non de l'état actuel de la société, mais des événements antérieurs, des précédents historiques, et les explications sociologiques consisteraient exclusivement à rattacher le présent au passé.

Il peut sembler, il est vrai, que ce soit suffisant. Ne dit-on pas couramment que l'histoire a précisément pour objet d'enchaîner les événements selon leur ordre de succession ? Mais il est impossible de concevoir comment l'état où la civilisation se trouve parvenue à un moment donné pourrait être la cause déterminante de l'état qui suit. Les étapes que parcourt successivement l'humanité ne s'engendrent pas les unes les autres[k]. On comprend bien que les progrès réalisés à une époque déterminée dans l'ordre juridique, économique, politique, etc., rendent possibles de nouveaux progrès, mais en quoi les prédéterminent-ils ? Ils sont un point de départ qui permet d'aller plus loin ; mais qu'est-ce qui nous incite à aller plus loin ? Il faudrait admettre alors une tendance interne qui pousse l'humanité à dépasser sans cesse les résultats acquis, soit pour se réaliser complètement, soit pour accroître son bonheur, et l'objet de la sociologie serait de retrouver l'ordre selon lequel s'est développée cette tendance. Mais, sans revenir sur les difficultés qu'implique une pareille hypothèse, en tout cas[l], la loi qui exprime ce développement ne saurait avoir rien de causal. Un rapport de causalité, en effet, ne peut s'établir qu'entre deux faits donnés ; or cette tendance, qui est censée être la cause de ce développement, n'est pas donnée ; elle n'est que postulée et construite par l'esprit d'après les effets qu'on lui attribue. C'est une sorte de faculté motrice que nous imaginons sous le mouvement, pour en rendre compte ; mais la cause efficiente d'un mouvement ne peut être qu'un autre mouvement, non une virtualité de ce genre. Tout ce que nous atteignons donc expérimentalement en l'espèce, c'est une suite de changements entre lesquels il n'existe pas de lien causal. L'état antécédent ne produit pas le conséquent, mais le rapport entre eux est exclusivement chronologique. Aussi, dans ces conditions, toute prévision scientifique est-elle impossible. Nous pouvons bien dire comment les choses se sont succédé jusqu'à présent, non dans quel ordre elles se succéderont désormais, parce que la cause dont elles sont censées dépendre n'est pas scientifiquement déterminée, ni déterminable. D'ordinaire, il est vrai, on admet que l'évolution se poursuivra dans le même sens que par le passé, mais c'est en vertu d'un simple postulat. Rien ne nous assure que les faits réalisés expriment assez complètement la nature de cette tendance pour qu'on puisse préjuger le terme auquel elle aspire d'après ceux par lesquels elle a successivement passé. Pourquoi même la direction qu'elle suit et qu'elle imprime serait-elle rectiligne ?

Voilà pourquoi, en fait, le nombre des relations causales, établies par les sociologues, se trouve être si restreint. À quelques exceptions près, dont Montesquieu est le plus illustre exemple, l'ancienne philosophie de l'histoire s'est uniquement attachée à découvrir le sens général dans lequel s'oriente l'humanité, sans chercher à relier les phases de cette évolution à aucune condition concomitante. Quelque grands services que Comte ait rendus à la philosophie sociale, les termes dans lesquels il pose le problème sociologique ne diffèrent pas des précédents. Aussi, sa fameuse loi des trois états n'a-t-elle rien d'un rapport de causalité ; fût-elle exacte, elle n'est et ne peut être qu'empirique. C'est un coup d'œil sommaire sur l'histoire écoulée du genre humain. C'est tout à fait arbitrairement que Comte considère le troisième état comme l'état définitif de l'humanité. Qui nous dit qu'il n'en surgira pas un autre dans l'avenir ? Enfin, la loi qui domine la sociologie de M. Spencer ne paraît pas être d'une autre nature. Fût-il vrai que nous tendons actuellement à chercher notre bonheur dans une civilisation industrielle, rien n'assure que, dans la suite, nous ne le chercherons pas ailleurs. Or ce qui fait la généralité et la persistance de cette méthode, c'est qu'on a vu le plus souvent dans le milieu social un moyen par lequel le progrès se réalise, non la cause qui le détermine.

D'un autre côté, c'est également par rapport à ce même milieu que se doit mesurer la valeur utile ou, comme nous avons dit, la fonction des phénomènes sociaux. Parmi les changements dont il est la cause, ceux-là servent qui sont en rapport avec l'état où il se trouve, puisqu'il est la condition essentielle de l'existence collective. À ce point de vue encore, la conception que nous venons d'exposer est, croyons-nous, fondamentale ; car, seule, elle permet d'expliquer comment le caractère utile des phénomènes sociaux peut varier sans pourtant dépendre d'arrangements arbitraires. Si, en effet, on se représente l'évolution historique comme mue par une sorte de *vis a tergo* qui pousse les hommes en avant, puisqu'une tendance motrice ne peut avoir qu'un but et qu'un seul, il ne peut y avoir qu'un point de repère par rapport auquel on calcule l'utilité ou la nocivité des phénomènes sociaux. Il en résulte qu'il n'existe et ne peut exister qu'un seul type d'organisation sociale qui convienne parfaitement à l'humanité, et que les différentes sociétés historiques ne sont que des approximations successives de cet unique modèle. Il n'est pas nécessaire de montrer combien un pareil simplisme est aujourd'hui inconciliable avec la variété et la complexité reconnues des formes sociales. Si, au contraire, la convenance ou la disconvenance des institutions ne peut s'établir que par rapport à un milieu donné, comme ces milieux sont divers, il y a dès lors une diversité de points de repère et, par suite, de types qui, tout en étant qualitativement distincts les uns des autres, sont tous également fondés dans la nature des milieux sociaux.

La question que nous venons de traiter est donc étroitement connexe de celle qui a trait à la constitution des types sociaux. S'il y a des espèces sociales, c'est que la vie collective dépend avant tout de conditions concomitantes qui présentent une certaine diversité. Si, au contraire, les principales causes des événements sociaux étaient toutes dans le passé, chaque peuple ne serait plus que le prolongement de celui qui l'a précédé et les différentes sociétés perdraient leur individualité pour ne plus devenir que des moments divers d'un seul et même développement. Puisque, d'autre part, la constitution du milieu social résulte du mode de composition des agrégats sociaux, que même ces deux expressions sont, au fond, synonymes, nous avons maintenant la preuve qu'il n'y a pas de caractères plus essentiels que ceux que nous avons assignés comme base à la classification sociologique.

Enfin, on doit comprendre maintenant, mieux que précédemment, combien il serait injuste de s'appuyer sur ces mots de conditions extérieures et de milieu, pour accuser notre méthode et chercher les sources de la vie en dehors du vivant. Tout au contraire, les considérations qu'on vient de lire se ramènent à cette idée que les causes des phénomènes sociaux sont internes à la société. C'est bien plutôt à la théorie qui fait dériver la société de l'individu qu'on pourrait justement reprocher de chercher à tirer le dedans du dehors, puisqu'elle explique l'être social par autre chose que lui-même, et le plus du moins, puisqu'elle entreprend de déduire le tout de la partie. Les principes qui précèdent méconnaissent si peu le caractère spontané de tout vivant que, si on les applique à la biologie et à la psychologie, on devra admettre que la vie individuelle, elle aussi, s'élabore tout entière à l'intérieur de l'individu.

IV

Du groupe de règles qui viennent d'être établies se dégage une certaine conception de la société et de la vie collective.

Deux théories contraires se partagent sur ce point les esprits.

Pour les uns, comme Hobbes, Rousseau, il y a solution de continuité entre l'individu et la société. L'homme est donc naturellement réfractaire à la vie commune, il ne peut s'y résigner que forcé. Les fins sociales ne sont pas simplement le point de rencontre des fins individuelles ; elles leur sont plutôt contraires. Aussi, pour amener l'individu à les poursuivre, est-il nécessaire d'exercer sur lui une contrainte, et c'est dans l'institution et l'organisation de cette contrainte que consiste, par excellence, l'œuvre sociale. Seulement, parce que l'individu est regardé comme la seule et unique réalité du règne humain, cette organisation, qui a pour objet de le gêner et de le contenir, ne peut être conçue que comme artificielle. Elle n'est pas fondée dans la nature, puisqu'elle est destinée à lui faire violence en l'empêchant de produire ses conséquences antisociales. C'est une œuvre d'art, une machine construite tout entière de la main des hommes et qui, comme tous les produits de ce genre, n'est ce qu'elle est que parce que les hommes l'ont voulue telle ; un décret de la volonté l'a créée, un autre décret la peut transformer. Ni Hobbes ni Rousseau ne paraissent avoir aperçu tout ce qu'il y a de contradictoire à admettre que l'individu soit lui-même l'auteur d'une machine qui a pour rôle essentiel de le dominer et de le contraindre, ou du moins il leur a paru que, pour faire disparaître cette contradiction, il suffisait de la dissimuler aux yeux de ceux qui en sont les victimes par l'habile artifice du pacte social.

C'est de l'idée contraire que se sont inspirés et les théoriciens du droit naturel et les économistes et, plus récemment, M. Spencer [1]. Pour eux, la vie sociale est essentiellement spontanée et la société une chose naturelle. Mais, s'ils lui confèrent ce caractère, ce n'est pas qu'ils lui reconnaissent une nature spécifique ; c'est qu'ils lui trouvent une base dans la nature de l'individu. Pas plus que les précédents penseurs, ils n'y voient un système de choses qui existe par soi-même, en vertu de causes qui lui sont spéciales. Mais, tandis que ceux-là ne la concevaient que comme un arrangement conventionnel qu'aucun lien ne rattache à la réalité et qui se tient en l'air, pour ainsi dire, ils lui donnent pour assises les instincts fondamentaux du cœur humain. L'homme est naturellement enclin à la vie politique, domestique, religieuse, aux échanges, etc., et c'est de ces penchants naturels que dérive l'organi-

---

1. La position de Comte sur ce sujet est d'un éclectisme assez ambigu.

sation sociale. Par conséquent, partout où elle est normale, elle n'a pas besoin de s'imposer. Quand elle recourt à la contrainte, c'est qu'elle n'est pas ce qu'elle doit être ou que les circonstances sont anormales. En principe, il n'y a qu'à laisser les forces individuelles se développer en liberté pour qu'elles s'organisent socialement.

Ni l'une ni l'autre de ces doctrines n'est la nôtre.

Sans doute, nous faisons de la contrainte la caractéristique de tout fait social. Seulement, cette contrainte ne résulte pas d'une machinerie plus ou moins savante, destinée à masquer aux hommes les pièges dans lesquels ils se sont pris eux-mêmes. Elle est simplement due à ce que l'individu se trouve en présence d'une force qui le domine et devant laquelle il s'incline ; mais cette force est naturelle. Elle ne dérive pas d'un arrangement conventionnel que la volonté humaine a surajouté de toutes pièces au réel ; elle sort des entrailles mêmes de la réalité ; elle est le produit nécessaire de causes données. Aussi, pour amener l'individu à s'y soumettre de son plein gré, n'est-il nécessaire de recourir à aucun artifice ; il suffit de lui faire prendre conscience de son état de dépendance et d'infériorité naturelles – qu'il s'en fasse par la religion une représentation sensible et symbolique ou qu'il arrive à s'en former par la science une notion adéquate et définie. Comme la supériorité que la société a sur lui n'est pas simplement physique, mais intellectuelle et morale, elle n'a rien à craindre du libre examen, pourvu qu'il en soit fait un juste emploi. La réflexion, en faisant comprendre à l'homme combien l'être social est plus riche, plus complexe et plus durable que l'être individuel, ne peut que lui révéler les raisons intelligibles de la subordination qui est exigée de lui et des sentiments d'attachement et de respect que l'habitude a fixés dans son cœur [1].

Il n'y a donc qu'une critique singulièrement superficielle qui pourrait reprocher à notre conception de la contrainte sociale de rééditer les théories de Hobbes et de Machiavel. Mais si, contrairement à ces philosophes, nous disons que la vie sociale est naturelle, ce n'est pas que nous en trouvions la source dans la nature de l'individu ; c'est qu'elle dérive directement de l'être collectif qui est, par lui-même, une nature *sui generis* ; c'est qu'elle résulte de cette élaboration spéciale à laquelle sont soumises les consciences particulières par le fait de leur association et d'où se dégage une nouvelle forme d'existence [2]. Si donc nous recon-

---

1. Voilà pourquoi toute contrainte n'est pas normale. Celle-là seulement mérite ce nom qui correspond à quelque supériorité sociale, c'est-à-dire intellectuelle ou morale. Mais celle qu'un individu exerce sur l'autre parce qu'il est plus fort ou plus riche, surtout si cette richesse n'exprime pas sa valeur sociale, est anormale et ne peut se maintenir que par la violence.
2. Notre théorie est même plus contraire à celle de Hobbes que celle du droit naturel. En effet, pour les partisans de cette dernière doctrine, la vie collective n'est naturelle que dans la mesure où elle peut être déduite de la nature individuelle. Or seules les formes les plus générales de l'organisation sociale peuvent, à la rigueur, être dérivées de cette origine. Quant au détail, il est trop éloigné de l'extrême généralité des propriétés psychiques pour y pouvoir être rattaché ; il paraît donc aux disciples de cette école tout aussi artificiel qu'à leurs adversaires. Pour nous, au contraire, tout est naturel, même les arrangements les plus spéciaux ; car tout est fondé dans la nature de la société.

naissons avec les uns qu'elle se présente à l'individu sous l'aspect de la contrainte, nous admettons avec les autres qu'elle est un produit spontané de la réalité ; et ce qui relie logiquement ces deux éléments, contradictoires en apparence, c'est que cette réalité d'où elle émane dépasse l'individu. C'est dire que ces mots de contrainte et de spontanéité n'ont pas dans notre terminologie le sens que Hobbes donne au premier et M. Spencer au second.

En résumé, à la plupart des tentatives qui ont été faites pour expliquer rationnellement les faits sociaux, on a pu objecter ou qu'elles faisaient évanouir toute idée de discipline sociale, ou qu'elles ne parvenaient à la maintenir qu'à l'aide de subterfuges mensongers. Les règles que nous venons d'exposer permettraient, au contraire, de faire une sociologie qui verrait dans l'esprit de discipline la condition essentielle de toute vie en commun, tout en le fondant en raison et en vérité.

bref : la Loi, si elle dérive d'1 contrainte, est aussi structurante.

Chapitre VI

RÈGLES RELATIVES
À L'ADMINISTRATION DE LA PREUVE

I

Nous n'avons qu'un moyen de démontrer qu'un phénomène est cause d'un autre, c'est de comparer les cas où ils sont simultanément présents ou absents et de chercher si les variations qu'ils présentent dans ces différentes combinaisons de circonstances témoignent que l'un dépend de l'autre. Quand ils peuvent être artificiellement produits au gré de l'observateur, la méthode est l'expérimentation proprement dite. Quand, au contraire, la production des faits n'est pas à notre disposition et que nous ne pouvons que les rapprocher tels qu'ils se sont spontanément produits, la méthode que l'on emploie est celle de l'expérimentation indirecte ou méthode comparative.

Nous avons vu que l'explication sociologique consiste exclusivement à établir des rapports de causalité, qu'il s'agisse de rattacher un phénomène à sa cause, ou, au contraire, une cause à ses effets utiles. Puisque, d'autre part, les phénomènes sociaux échappent évidemment à l'action de l'opérateur, la méthode comparative est la seule qui convienne à la sociologie. Comte, il est vrai, ne l'a pas jugée suffisante ; il a trouvé nécessaire de la compléter par ce qu'il nomme la méthode historique ; mais la cause en est dans sa conception particulière des lois sociologiques. Suivant lui, elles doivent principalement exprimer, non des rapports définis de causalité, mais le sens dans lequel se dirige l'évolution humaine en général ; elles ne peuvent donc être découvertes à l'aide de comparaison, car pour pouvoir comparer les différentes formes que prend un phénomène social chez différents peuples, il faut l'avoir détaché des séries temporelles auxquelles il appartient. Or, si l'on commence par fragmenter ainsi le développement humain, on se met dans l'impossibilité d'en retrouver la suite. Pour y parvenir, ce n'est pas par analyses, mais par larges synthèses qu'il convient de procéder. Ce qu'il faut c'est rapprocher les uns des autres et réunir dans une même intuition, en quelque sorte [a], les états successifs de l'humanité de manière à apercevoir « l'accroissement continu de chaque disposition physique, intellectuelle, morale et politique [1] ». Telle est la raison d'être de cette méthode que Comte appelle historique [b] et qui, par suite, est dépourvue de tout objet dès qu'on a rejeté la conception fondamentale de la sociologie comtiste.

Il est vrai que Mill déclare l'expérimentation, même indirecte, inapplicable à la sociologie. Mais ce qui suffit déjà à enlever à son argumentation une grande partie de son autorité, c'est qu'il l'appliquait également

---

1. *Cours de philosophie positive*, IV, p. 328.

aux phénomènes biologiques, et même aux faits physico-chimiques les plus complexes [1] ; or il n'y a plus à démontrer aujourd'hui que la chimie et la biologie ne peuvent être que des sciences expérimentales. Il n'y a donc pas de raison pour que ses critiques soient mieux fondées en ce qui concerne la sociologie ; car les phénomènes sociaux ne se distinguent des précédents que par une complexité plus grande. Cette différence peut bien impliquer que l'emploi du raisonnement expérimental en sociologie offre plus de difficultés encore que dans les autres sciences ; mais on ne voit pas pourquoi il y serait radicalement impossible.

Du reste, toute cette théorie de Mill repose sur un postulat qui, sans doute, est lié aux principes fondamentaux de sa logique, mais qui est en contradiction avec tous les résultats de la science. Il admet, en effet, qu'un même conséquent ne résulte pas toujours d'un même antécédent, mais peut-être dû tantôt à une cause et tantôt à une autre. Cette conception du lien causal, en lui enlevant toute détermination, le rend à peu près inaccessible à l'analyse scientifique ; car il introduit une telle complication dans l'enchevêtrement des causes et des effets que l'esprit s'y perd sans retour. Si un effet peut dériver de causes différentes, pour savoir ce qui le détermine dans un ensemble de circonstances données, il faudrait que l'expérience se fît dans des conditions d'isolement pratiquement irréalisables, surtout en sociologie.

Mais ce prétendu axiome de la pluralité des causes est une négation du principe de causalité. Sans doute,

---

[1]. *Système de logique*, II, p. 478.

si l'on croit avec Mill que la cause et l'effet sont absolument hétérogènes, qu'il n'y a entre eux aucune relation logique, il n'y a rien de contradictoire à admettre qu'un effet puisse suivre tantôt une cause et tantôt une autre. Si le rapport qui unit C à A est purement chronologique, il n'est pas exclusif d'un autre rapport du même genre qui unirait C à B par exemple. Mais si, au contraire, le lien causal a quelque chose d'intelligible, il ne saurait être à ce point indéterminé. S'il consiste en un rapport qui résulte de la nature des choses, un même effet ne peut soutenir ce rapport qu'avec une seule cause, car il ne peut exprimer qu'une seule nature. Or il n'y a que les philosophes qui aient jamais mis en doute l'intelligibilité de la relation causale. Pour le savant, elle ne fait pas question ; elle est supposée par la méthode de la science. Comment expliquer autrement et le rôle si important de la déduction dans le raisonnement expérimental et le principe fondamental de la proportionnalité entre la cause et l'effet ? Quant aux cas que l'on cite et où l'on prétend observer une pluralité de causes, pour qu'ils fussent démonstratifs, il faudrait avoir établi au préalable ou que cette pluralité n'est pas simplement apparente, ou que l'unité extérieure de l'effet ne recouvre par une réelle pluralité. Que de fois il est arrivé à la science de réduire à l'unité des causes dont la diversité, au premier abord, paraissait irréductible ! Stuart Mill en donne lui-même un exemple en rappelant que, suivant les théories modernes, la production de la chaleur par le frottement, la percussion, l'action chimique, etc., dérive d'une seule et même cause. Inversement, quand il s'agit de l'effet, le savant distingue souvent ce que le vulgaire confond. Pour le sens commun, le mot de fièvre désigne une seule et même entité morbide ; pour la science, il y a une multitude de fièvres spécifiquement différentes et la pluralité des causes se trouve en rapport avec celle des effets ; et si entre toutes ces espèces nosologiques il y a pourtant quelque chose de commun, c'est que ces causes, également, se confondent par certains de leurs caractères.

Il importe d'autant plus d'exorciser ce principe de la sociologie que nombre de sociologues en subissent encore l'influence, et cela alors même qu'ils n'en font pas une objection contre l'emploi de la méthode comparative. Ainsi, on dit couramment que le crime peut être également produit par les causes les plus différentes ; qu'il en est de même du suicide, de la peine, etc. En pratiquant dans cet esprit le raisonnement expérimental, on aura beau réunir un nombre considérable de faits, on ne pourra jamais obtenir de lois précises, de rapports déterminés de causalité. On ne pourra qu'assigner vaguement un conséquent mal défini à un groupe confus et indéfini d'antécédents. Si donc on veut employer la méthode comparative d'une manière scientifique, c'est-à-dire en se conformant au principe de causalité tel qu'il se dégage de la science elle-même, on devra prendre pour base des comparaisons que l'on institue la proposition suivante : *À un même effet correspond toujours une même cause*. Ainsi, pour reprendre les exemples cités plus haut, si le suicide dépend de plus d'une cause, c'est que, en réalité, il y a plusieurs espèces de suicides. Il en est de même du crime. Pour la peine, au contraire, si l'on a cru qu'elle s'expliquait également bien par des causes différentes, c'est que l'on n'a pas aperçu l'élément commun qui se retrouve dans tous ces antécédents et en vertu duquel ils^c produisent leur effet commun [1].

II

Toutefois, si les divers procédés de la méthode comparative ne sont pas inapplicables à la sociologie, ils n'y ont pas tous une force également démonstrative.

La méthode dite des résidus, si tant est d'ailleurs qu'elle constitue une forme du raisonnement expérimental, n'est, pour ainsi dire, d'aucun usage dans l'étude des phénomènes sociaux. Outre qu'elle ne peut servir qu'aux sciences assez avancées, puisqu'elle suppose déjà connues un nombre important de lois, les phénomènes sociaux sont beaucoup trop complexes pour que, dans un cas donné, on puisse exactement retrancher l'effet de toutes les causes moins une.

La même raison rend difficilement utilisables et la méthode de concordance et celle de différence. Elles supposent, en effet, que les cas comparés ou concordent en un seul point ou diffèrent par un seul. Sans doute, il n'est pas de science qui ait jamais pu instituer d'expériences où le caractère rigoureusement unique d'une concordance ou d'une différence fût établi d'une manière irréfutable. On n'est jamais sûr de n'avoir pas laissé échapper quelque antécédent qui concorde ou qui diffère comme le conséquent, en même temps et de la même manière que l'unique antécédent connu.

---

1. *Division du travail social*, p. 87.

Cependant, quoique l'élimination absolue de tout élément adventice soit une limite idéale qui ne peut être réellement atteinte, en fait, les sciences physico-chimiques et même les sciences biologiques s'en rapprochent assez pour que, dans un grand nombre de cas, la démonstration puisse être regardée comme pratiquement suffisante. Mais il n'en est plus de même en sociologie par suite de la complexité trop grande des phénomènes, jointe à l'impossibilité de toute expérience artificielle. Comme on ne saurait faire un inventaire, même à peu près complet, de tous les faits qui coexistent au sein d'une même société ou qui se sont succédé au cours de son histoire, on ne peut jamais être assuré, même d'une manière approximative, que deux peuples concordent ou diffèrent sous tous les rapports, sauf un. Les chances de laisser un phénomène se dérober sont bien supérieures à celles de n'en négliger aucun. Par conséquent, une pareille méthode de démonstration ne peut donner naissance qu'à des conjectures qui, réduites à elles seules, sont presque dénuées de tout caractère scientifique.

Mais il en est tout autrement de la méthode des variations concomitantes. En effet, pour qu'elle soit démonstrative, il n'est pas nécessaire que toutes les variations différentes de celles que l'on compare aient été rigoureusement exclues. Le simple parallélisme des valeurs par lesquelles passent les deux phénomènes, pourvu qu'il ait été établi dans un nombre suffisant de cas suffisamment variés, est la preuve qu'il existe entre eux une relation. Cette méthode doit ce privilège à ce qu'elle atteint le rapport causal, non du dehors comme les précédentes, mais par le dedans. Elle ne nous fait pas simplement voir deux faits qui s'accompagnent ou qui s'excluent extérieurement[1], de sorte que rien ne prouve directement qu'ils soient unis par un lien interne ; au contraire, elle nous les montre participant l'un de l'autre et d'une manière continue, du moins pour ce qui regarde leur quantité. Or cette participation, à elle seule, suffit à démontrer qu'ils ne sont pas étrangers l'un à l'autre. La manière dont un phénomène se développe en exprime la nature ; pour que deux développements se correspondent, il faut qu'il y ait aussi une correspondance dans les natures qu'ils manifestent. La concomitance constante est donc, par elle-même, une loi, quel que soit l'état des phénomènes restés en dehors de la comparaison. Aussi, pour l'infirmer, ne suffit-il pas de montrer qu'elle est mise en échec par quelques applications particulières de la méthode de concordance ou de différence ; ce serait attribuer à ce genre de preuves une autorité qu'il ne peut avoir en sociologie. Quand deux phénomènes varient régulièrement l'un comme l'autre, il faut maintenir ce rapport alors même que, dans certains cas, l'un de ces phénomènes se présenterait sans l'autre. Car il peut se faire, ou bien que la cause ait été empêchée de produire son effet par l'action de quelque cause contraire, ou bien qu'elle se trouve présente, mais sous une forme différente de celle que l'on a précédemment observée. Sans doute, il y a lieu de voir, comme on dit, d'examiner les faits

---

[1]. Dans le cas de la méthode de différence, l'absence de la cause exclut la présence de l'effet. [Cette note ne figure pas dans le texte initial.]

à nouveau, mais non d'abandonner sur-le-champ les résultats d'une démonstration régulièrement faite.

Il est vrai que les lois établies par ce procédé ne se présentent pas toujours d'emblée sous la forme de rapports de causalité. La concomitance peut être due non à ce qu'un des phénomènes est la cause de l'autre, mais à ce qu'ils sont tous deux des effets d'une même cause, ou bien encore à ce qu'il existe entre eux un troisième phénomène, intercalé mais inaperçu, qui est l'effet du premier et la cause du second. Les résultats auxquels conduit cette méthode ont donc besoin d'être interprétés. Mais quelle est la méthode expérimentale qui permet d'obtenir mécaniquement un rapport de causalité sans que les faits qu'elle établit aient besoin d'être élaborés par l'esprit ? Tout ce qui importe, c'est que cette élaboration soit méthodiquement conduite et voici de quelle manière on pourra y procéder. On cherchera d'abord, à l'aide de la déduction, comment l'un des deux termes a pu produire l'autre ; puis on s'efforcera de vérifier le résultat de cette déduction à l'aide d'expériences, c'est-à-dire de comparaisons nouvelles. Si la déduction est possible et si la vérification réussit, on pourra regarder la preuve comme faite. Si, au contraire [d], l'on n'aperçoit entre ces faits aucun lien direct, surtout si l'hypothèse d'un tel lien contredit des lois déjà démontrées, on se mettra à la recherche d'un troisième phénomène dont les deux autres dépendent également ou qui ait pu servir d'intermédiaire entre eux. Par exemple, on peut établir de la manière la plus certaine que la tendance au suicide varie comme la tendance à l'instruction. Mais il est impossible de comprendre comment l'instruction peut conduire au suicide ; une telle explication est en contradiction avec les lois de la psychologie. L'instruction, surtout réduite aux connaissances élémentaires, n'atteint que les régions les plus superficielles de la conscience ; au contraire, l'instinct de conservation est une de nos tendances fondamentales. Il ne saurait donc être sensiblement affecté par un phénomène aussi éloigné et d'un aussi faible retentissement. On en vient ainsi à se demander si l'un et l'autre fait ne seraient pas la conséquence d'un même état. Cette cause commune, c'est l'affaiblissement du traditionalisme religieux qui renforce à la fois le besoin de savoir et le penchant au suicide.

Mais il est une autre raison qui fait de la méthode des variations concomitantes l'instrument par excellence des recherches sociologiques. En effet, même quand les circonstances leur sont le plus favorables, les autres méthodes ne peuvent être employées utilement que si le nombre des faits comparés est très considérable. Si l'on ne peut trouver deux sociétés qui ne diffèrent ou qui ne se ressemblent qu'en un point, du moins, on peut constater que deux faits ou s'accompagnent ou s'excluent très généralement. Mais, pour que cette constatation ait une valeur scientifique, il faut qu'elle ait été faite un très grand nombre de fois ; il faudrait presque être assuré que tous les faits ont été passés en revue. Or, non seulement un inventaire aussi complet n'est pas possible, mais encore les faits qu'on accumule ainsi ne peuvent jamais être établis avec une précision suffisante, justement parce qu'ils sont trop nombreux. Non seulement on risque d'en omettre d'essentiels et qui contredisent ceux qui sont connus, mais encore on n'est pas sûr de bien connaître ces derniers. En fait, ce qui a souvent discrédité les raisonnements des sociologues, c'est que, comme ils ont employé de préférence la méthode de concordance ou celle de différence et surtout la première, ils se sont plus préoccupés d'entasser les documents que de les critiquer et de les choisir. C'est ainsi qu'il leur arrive sans cesse de mettre sur le même plan les observations confuses et rapidement faites des voyageurs et les textes précis de l'histoire. Non seulement, en voyant ces démonstrations, on ne peut s'empêcher de se dire qu'un seul fait pourrait suffire à les infirmer, mais les faits mêmes sur lesquels elles sont établies n'inspirent pas toujours confiance.

La méthode des variations concomitantes ne nous oblige ni à de ces énumérations incomplètes, ni à de ces observations superficielles. Pour qu'elle donne des résultats, quelques faits suffisent. Dès qu'on a prouvé que, dans un certain nombre de cas, deux phénomènes varient l'un comme l'autre, on peut être certain qu'on se trouve en présence d'une loi. N'ayant pas besoin d'être nombreux, les documents peuvent être choisis et, de plus, étudiés de près par le sociologue qui les emploie. Il pourra donc et, par suite, il devra prendre pour matière principale de ses inductions les sociétés dont les croyances, les traditions, les mœurs, le droit ont pris corps en des monuments écrits et authentiques. Sans doute, il ne dédaignera pas les renseignements de l'ethnographie (il n'est pas de faits qui puissent être dédaignés par le savant), mais il les mettra à leur vraie place. Au lieu d'en faire le centre de gravité de ses recherches, il ne les utilisera en général que comme complément de ceux qu'il doit à l'histoire ou, tout au moins, il s'efforcera de les confirmer par ces derniers. Non seulement il circonscrira ainsi, avec plus de discernement, l'étendue de ses comparaisons, mais il les conduira avec plus de critique ; car, par cela même qu'il s'attachera à un ordre restreint de faits, il pourra les contrôler avec plus de soin. Sans doute, il n'a pas à refaire l'œuvre des historiens ; mais il ne peut pas non plus recevoir passivement et de toutes mains les informations dont il se sert.

Mais il ne faut pas croire que la sociologie soit dans un état de sensible infériorité vis-à-vis des autres sciences parce qu'elle ne peut guère se servir que d'un seul procédé expérimental. Cet inconvénient est, en effet, compensé par la richesse des variations qui s'offrent spontanément aux comparaisons du sociologue et dont on ne trouve aucun exemple dans les autres règnes de la nature. Les changements qui ont lieu dans un organisme au cours d'une existence individuelle sont peu nombreux et très restreints ; ceux qu'on peut provoquer artificiellement sans détruire la vie sont eux-mêmes compris dans d'étroites limites. Il est vrai qu'il s'en est produit de plus importants dans la suite de l'évolution zoologique, mais ils n'ont laissé d'eux-mêmes que de rares et obscurs vestiges, et il est encore plus difficile de retrouver les conditions qui les ont déterminés. Au contraire, la vie sociale est une suite ininterrompue de transformations, parallèles à d'autres transformations dans les conditions de l'existence collective ; et nous n'avons pas seulement à notre disposition celles qui se rapportent à une époque récente, mais un grand nombre de celles par lesquelles ont passé les peuples disparus sont parvenues jusqu'à nous. Malgré ses lacunes, l'histoire de l'humanité est autrement claire et complète que celle des espèces animales. De plus, il existe une multitude de phénomènes sociaux qui se produisent dans toute l'étendue de la société, mais qui prennent des formes diverses selon les régions, les professions, les confessions, etc. Tels sont, par exemple, le crime, le suicide, la natalité, la nuptialité, l'épargne, etc. De la diversité de ces milieux spéciaux résultent, pour chacun de ces ordres de faits, de nouvelles séries de variations, en dehors de celles que produit l'évolution historique. Si donc le sociologue ne peut pas employer avec une égale efficacité tous les procédés de la recherche expérimentale, l'unique méthode, dont il doit presque se servir à l'exclusion des autres, peut, dans ses mains, être très féconde, car il a, pour la mettre en œuvre, d'incomparables ressources.

Mais elle ne produit les résultats qu'elle comporte que si elle est pratiquée avec rigueur. On ne prouve rien quand, comme il arrive si souvent, on se contente de faire voir par des exemples plus ou moins nombreux que, dans des cas épars, les faits ont varié comme le veut l'hypothèse. De ces concordances sporadiques et fragmentaires, on ne peut tirer aucune conclusion générale. Illustrer une idée n'est pas la démontrer. Ce qu'il faut, c'est comparer non des variations isolées, mais des séries de variations, régulièrement constituées, dont les termes se relient les uns aux autres par une gradation aussi continue que possible, et qui, de plus, soient d'une suffisante étendue. Car les variations d'un phénomène ne permettent d'en induire la loi que si elles expriment clairement la manière dont il se développe dans des circonstances données. Or, pour cela, il faut qu'il y ait entre elles la même suite qu'entre les moments divers d'une même évolution naturelle, et, en outre, que cette évolution qu'elles figurent soit assez prolongée pour que le sens n'en soit pas douteux[e].

III

Mais la manière dont doivent être formées ces séries[f] diffère selon les cas. Elles peuvent comprendre des faits empruntés ou à une seule et unique société – ou à plusieurs sociétés de même espèce – ou à plusieurs espèces sociales distinctes.

Le premier procédé peut suffire, à la rigueur, quand il s'agit de faits d'une grande généralité et sur lesquels nous avons des informations statistiques assez étendues et variées. Par exemple, en rapprochant la courbe qui exprime la marche du suicide pendant une période de temps suffisamment longue des variations que présente le même phénomène suivant les provinces, les classes, les habitats ruraux ou urbains, les sexes, les âges, l'état civil, etc., on peut arriver, même sans étendre ses recherches au-delà d'un seul pays, à établir de véritables lois, quoiqu'il soit toujours préférable de confirmer ces résultats par d'autres observations faites sur d'autres peuples de la même espèce. Mais on ne peut se contenter de comparaisons aussi limitées que quand on étudie quelqu'un de ces courants sociaux qui sont répandus dans toute la société, tout en variant d'un point à l'autre. Quand, au contraire, il s'agit d'une institution, d'une règle juridique ou morale, d'une coutume organisée, qui est la même et fonctionne de la même manière sur toute l'étendue du pays et qui ne change que dans le temps, on ne peut se renfermer dans l'étude d'un seul peuple ; car, alors, on n'aurait pour matière de la preuve qu'un seul couple de courbes parallèles, à savoir celles qui expriment la marche historique du phénomène considéré et de la cause conjecturée, mais dans cette seule et unique société. Sans doute, même ce seul parallélisme, s'il est constant, est déjà un fait considérable, mais il ne saurait, à lui seul, constituer une démonstration.

En faisant entrer en ligne de compte plusieurs peuples de même espèce, on dispose déjà d'un champ de comparaison plus étendu. D'abord, on peut confronter l'histoire de l'un par celle des autres et voir si, chez chacun d'eux pris à part, le même phénomène évolue dans le temps en fonction des mêmes conditions. Puis on peut établir des comparaisons entre ces divers développements. Par exemple, on déterminera la forme que le fait étudié prend chez ces différentes sociétés au moment où il parvient à son apogée. Comme, tout en appartenant au même type, elles sont pourtant des individualités distinctes, cette forme n'est pas partout la même ; elle est plus ou moins accusée, suivant les cas [g]. On aura ainsi une nouvelle série de variations qu'on rapprochera de celles que présente, au même moment et dans chacun de ces pays, la condition présumée [h]. Ainsi, après avoir suivi l'évolution de la famille patriarcale à travers l'histoire de Rome, d'Athènes, de Sparte, on classera ces mêmes cités suivant le degré maximum de développement qu'atteint chez chacune d'elles ce type familial et on verra ensuite si, par rapport à l'état du milieu social dont il paraît dépendre d'après la première expérience, elles se classent encore de la même manière.

Mais cette méthode elle-même ne peut guère se suffire. Elle ne s'applique, en effet, qu'aux phénomènes qui ont pris naissance pendant la vie des peuples comparés. Or, une société ne crée pas de toutes pièces son organisation ; elle la reçoit, en partie, toute faite de celles qui l'ont précédée. Ce qui lui est ainsi transmis n'est, au cours de son histoire, le produit d'aucun développement, par conséquent ne peut être expliqué si l'on ne sort pas des limites de l'espèce dont elle fait partie. Seules, les additions qui se surajoutent à ce fond primitif et le transforment peuvent être traitées de cette manière. Mais, plus on s'élève dans l'échelle sociale, plus les caractères acquis par chaque peuple sont peu de chose à côté des caractères transmis. C'est, d'ailleurs, la condition de tout progrès. Ainsi, les éléments nouveaux que nous avons introduits dans le droit domestique, le droit de propriété, la morale, depuis le commencement de notre histoire, sont relativement peu nombreux et peu importants, comparés à ceux que le passé nous a légués. Les nouveautés qui se produisent ainsi ne sauraient donc se comprendre si l'on n'a pas étudié d'abord ces phénomènes plus fondamentaux qui en sont les racines[i] et ils ne peuvent être étudiés qu'à l'aide de comparaisons beaucoup plus étendues. Pour pouvoir expliquer l'état actuel de la famille, du mariage, de la propriété, etc., il faudrait connaître quelles en sont les origines, quels sont les éléments simples dont ces institutions sont composées et, sur ces points, l'histoire comparée des grandes sociétés européennes ne saurait nous apporter de grandes lumières. Il faut remonter plus haut.

Par conséquent, pour rendre compte d'une institution sociale, appartenant à une espèce déterminée, on comparera les formes différentes qu'elle présente, non seulement chez les peuples de cette espèce, mais dans toutes les espèces antérieures. S'agit-il, par exemple, de l'organisation domestique ? On constituera d'abord le type le plus rudimentaire qui ait jamais existé, pour suivre ensuite pas à pas la manière dont il s'est progressivement compliqué. Cette méthode, que l'on pourrait appeler génétique, donnerait d'un seul coup l'analyse et la synthèse du phénomène. Car, d'une part, elle nous montrerait à l'état dissocié les éléments qui le composent, par cela seul qu'elle nous les ferait voir se surajoutant successivement les uns aux autres et, en même temps, grâce à ce large champ de comparaison, elle serait beaucoup mieux en état de déterminer les conditions dont dépendent leur formation et leur association. *Par conséquent, on ne peut expliquer un fait social de quelque complexité qu'à condition d'en suivre le développement intégral à travers toutes les espèces sociales.* La sociologie comparée n'est pas une branche particulière de la sociologie ; c'est la sociologie même, en tant qu'elle cesse d'être purement descriptive et aspire à rendre compte des faits.

Au cours de ces comparaisons étendues, se commet souvent une erreur qui en fausse les résultats. Parfois, pour juger du sens dans lequel se développent les événements sociaux, il est arrivé qu'on a simplement comparé ce qui se passe au déclin de chaque espèce avec ce qui se produit au début de l'espèce suivante. En procédant ainsi, on a cru pouvoir dire, par exemple, que l'affaiblissement des croyances religieuses et de tout traditionalisme ne pouvait jamais être qu'un phénomène passager de la vie des peuples, parce qu'il n'apparaît que pendant la dernière période de leur existence pour cesser dès qu'une évolution nouvelle recommence. Mais, avec une telle méthode, on est exposé à prendre pour la marche régulière et nécessaire du progrès ce qui est l'effet d'une tout autre cause. En effet, l'état où se trouve une société jeune n'est pas le simple prolongement de l'état où étaient parvenues à la fin de leur carrière les sociétés qu'elle remplace, mais provient en partie de cette jeunesse même qui empêche les produits des expériences faites par les peuples antérieurs d'être tous immédiatement assimilables et utilisables. C'est ainsi que l'enfant reçoit de ses parents des facultés et des prédispositions qui n'entrent en jeu que tardivement dans sa vie. Il est donc possible, pour reprendre le même exemple, que ce retour du traditionalisme que l'on observe au début de chaque histoire soit dû non à ce fait qu'un recul du même phénomène ne peut jamais être que transitoire, mais aux conditions spéciales où se trouve placée toute société qui commence. La comparaison ne peut être démonstrative que si l'on élimine ce facteur de l'âge qui la trouble ; pour y arriver, *il suffira de considérer les sociétés que l'on compare à la même période de leur développement*. Ainsi, pour savoir dans quel sens évolue un phénomène social, on comparera ce qu'il est pendant la jeunesse de chaque espèce avec ce qu'il devient pendant la jeunesse de l'espèce suivante, et suivant que, de l'une de ces étapes à l'autre, il présentera plus, moins ou autant d'intensité, on dira qu'il progresse, recule ou se maintient.

Conclusion

En résumé, les caractères de cette méthode sont les suivants.

D'abord, elle est indépendante de toute philosophie. Parce que la sociologie est née des grandes doctrines philosophiques, elle a gardé l'habitude de s'appuyer sur quelque système dont elle se trouve ainsi solidaire. C'est ainsi qu'elle a été successivement positiviste, évolutionniste, spiritualiste, alors qu'elle doit se contenter d'être la sociologie tout court. Même nous hésiterions à la qualifier de naturaliste à moins qu'on ne veuille seulement indiquer par là qu'elle considère les faits sociaux comme explicables naturellement, et, dans ce cas, l'épithète est assez inutile, puisqu'elle signifie simplement que le sociologue fait œuvre de science et n'est pas un mystique. Mais nous repoussons le mot, si on lui donne un sens doctrinal sur l'essence des choses sociales, si, par exemple, on entend dire qu'elles sont réductibles aux autres forces cosmiques. La sociologie n'a pas à prendre de parti entre les grandes hypothèses qui divisent les métaphysiciens. Elle n'a pas plus à affirmer la liberté que le déterminisme. Tout ce qu'elle demande qu'on lui accorde, c'est que le principe de causalité s'applique aux phénomènes sociaux. Encore ce principe est-il posé par elle, non comme une nécessité rationnelle, mais seulement comme un postulat empirique, produit d'une induction légitime. Puisque la loi de causalité a été vérifiée dans les autres règnes de la nature, que, progressivement, elle a étendu son empire du monde physico-chimique au monde biologique, de celui-ci au monde psychologique, on est en droit d'admettre qu'elle est également vraie du monde social ; et il est possible d'ajouter aujourd'hui que les recherches entreprises sur la base de ce postulat tendent à le confirmer. Mais la question de savoir si la nature du lien causal exclut toute contingence n'est pas tranchée pour cela.

Au reste, la philosophie elle-même a tout intérêt à cette émancipation de la sociologie. Car, tant que le sociologue n'a pas suffisamment dépouillé le philosophe, il ne considère les choses sociales que par leur côté le plus général, celui par où elles ressemblent le plus aux autres choses de l'univers. Or, si la sociologie ainsi conçue peut servir à illustrer de faits curieux une philosophie, elle ne saurait l'enrichir de vues nouvelles, puisqu'elle ne signale rien de nouveau dans l'objet qu'elle étudie. Mais en réalité, si [a] les faits fondamentaux des autres règnes se retrouvent dans le règne social, c'est sous des formes spéciales qui en font mieux comprendre la nature parce qu'elles en sont l'expression la plus haute [b]. Seulement, pour les apercevoir sous cet aspect, il faut sortir des généralités et entrer dans le détail des faits. C'est ainsi que la sociologie, à mesure qu'elle se spécialisera, fournira des matériaux plus originaux à la réflexion philosophique.

Déjà ce qui précède a pu faire entrevoir comment des notions essentielles, telles que celles d'espèce, d'organe, de fonction, de santé et de maladie, de cause et de fin s'y présentent sous des jours tout nouveaux. D'ailleurs, n'est-ce pas la sociologie qui est destinée à mettre dans tout son relief une idée qui pourrait bien être la base non pas seulement d'une psychologie, mais de toute une philosophie, l'idée d'association ?

Vis-à-vis des doctrines pratiques, notre méthode permet et commande la même indépendance. La sociologie ainsi entendue ne sera ni individualiste, ni communiste, ni socialiste, au sens qu'on donne vulgairement à ces mots. Par principe, elle ignorera ces théories auxquelles elle ne saurait reconnaître de valeur scientifique, puisqu'elles tendent directement, non à exprimer les faits, mais à les réformer. Du moins, si elle s'y intéresse, c'est dans la mesure où elle y voit des faits sociaux qui peuvent l'aider à comprendre la réalité sociale en manifestant les besoins qui travaillent la société. Ce n'est pas, toutefois, qu'elle doive se désintéresser des questions pratiques. On a pu voir, au contraire, que notre préoccupation constante était de l'orienter de manière à ce qu'elle puisse aboutir pratiquement. Elle rencontre nécessairement ces problèmes au terme de ses recherches. Mais, par cela même qu'ils ne se présentent à elle qu'à ce moment, que, par suite, ils se dégagent des faits et non des passions, on peut prévoir qu'ils doivent se poser pour le sociologue dans de tout autres termes que pour la foule, et que les solutions, d'ailleurs partielles, qu'il y peut apporter ne sauraient coïncider exactement avec aucune de celles auxquelles s'arrêtent les partis. Mais le rôle de la sociologie à ce point de vue doit justement consister à nous affranchir de tous les partis, non pas tant en opposant une doctrine aux doctrines, qu'en faisant contracter aux esprits, en face de ces questions, une attitude spéciale que la science peut seule donner par le contact direct des choses. Seule, en effet, elle peut apprendre à traiter avec respect, mais sans fétichisme, les institutions historiques quelles qu'elles soient, en nous faisant sentir ce qu'elles ont, à la fois, de nécessaire et de provisoire, leur force de résistance et leur infinie variabilité.

En second lieu, notre méthode est objective. Elle est dominée tout entière par cette idée que les faits sociaux sont des choses et doivent être traités comme telles. Sans doute, ce principe se retrouve, sous une forme un peu différente, à la base des doctrines de Comte et de M. Spencer. Mais ces grands penseurs en ont donné la formule théorique, plus qu'ils ne l'ont mise en pratique. Pour qu'elle ne restât pas lettre morte, il ne suffisait pas de la promulguer ; il fallait en faire la base de toute une discipline qui prît le savant au moment même où il aborde l'objet de ses recherches et qui l'accompagnât pas à pas dans toutes ses démarches. C'est à instituer cette discipline que nous nous sommes attaché. Nous avons montré comment le sociologue devait écarter les notions anticipées qu'il avait des faits pour se mettre en face des faits eux-mêmes ; comment il devait les atteindre par leurs caractères les plus objectifs ; comment il devait leur demander à eux-mêmes le moyen de les classer en sains et en morbides ; comment, enfin, il devait s'inspirer du même principe dans les explications qu'il tentait comme dans la manière dont il prouvait ces explications. Car une fois qu'on a le sentiment qu'on se trouve en présence de choses, on ne songe même plus à les expliquer par des calculs utilitaires ni par des raisonnements d'aucune sorte. On comprend trop bien l'écart qu'il y a entre de telles causes et de tels effets. Une chose est une force qui ne peut être engendrée que par une autre force. On cherche donc, pour rendre compte des faits sociaux, des énergies capables de les produire. Non seulement les explications sont autres, mais elles sont autrement démontrées, ou plutôt c'est alors seulement qu'on éprouve le besoin de les démontrer. Si les phénomènes sociologiques ne sont que des systèmes d'idées objectivées, les expliquer, c'est les repenser dans leur ordre logique et cette explication est à elle-même sa propre preuve ; tout au plus peut-il y avoir lieu de la confirmer par quelques exemples. Au contraire, il n'y a que des expériences méthodiques qui puissent arracher leur secret à des choses.

Mais si nous considérons les faits sociaux comme des choses, c'est comme *des choses sociales*. C'est le troisième trait caractéristique de notre méthode d'être exclusivement sociologique. Il a souvent paru que ces phénomènes, à cause de leur extrême complexité, ou bien étaient réfractaires à la science, ou bien n'y pouvaient entrer que réduits à leurs conditions élémentaires, soit psychiques, soit organiques, c'est-à-dire dépouillés de leur nature propre. Nous avons, au contraire, entrepris d'établir qu'il était possible de les traiter scientifiquement sans rien leur enlever de leurs caractères spécifiques. Même nous avons refusé de ramener cette immatérialité *sui generis* qui les caractérise à celle, déjà complexe pourtant, des phénomènes psychologiques ; à plus forte raison nous sommes-nous interdit de la résorber, à la suite de l'école italienne, dans les propriétés générales de la matière organisée [1]. Nous avons fait voir qu'un fait social ne peut être expliqué que par un autre fait social, et, en même temps, nous avons montré comment cette sorte d'explication est possible en signalant dans le milieu social interne le moteur principal de l'évolution collective [c]. La sociologie n'est donc l'annexe d'aucune autre science ; elle est elle-même une science distincte et autonome, et le sentiment de ce qu'a de spécial la réalité sociale est même tellement nécessaire au sociologue que, seule, une culture spécialement sociologique peut le préparer à l'intelligence des faits sociaux.

Nous estimons que ce progrès est le plus important de ceux qui restent à faire à la sociologie. Sans doute, quand une science est en train de naître, on est bien obligé, pour la faire, de se référer aux seuls modèles qui existent, c'est-à-dire aux sciences déjà formées. Il y a là un trésor d'expériences toutes faites qu'il serait insensé de ne pas mettre à profit. Cependant, une science ne peut se regarder comme définitivement constituée que quand elle est parvenue à se faire une personnalité indépendante. Car elle n'a de raison d'être que si elle a pour matière un ordre de faits que n'étudient pas les autres sciences. Or il est impossible que les mêmes notions puissent convenir identiquement à des choses de nature différente.

---

1. On est donc mal venu à qualifier notre méthode de matérialiste. [Cette note ne figure pas dans le texte initial.]

Tels nous paraissent être les principes de la méthode sociologique.

Cet ensemble de règles paraîtra peut-être inutilement compliqué, si on le compare aux procédés qui sont couramment mis en usage. Tout cet appareil de précautions peut sembler bien laborieux pour une science qui, jusqu'ici, ne réclamait guère, de ceux qui s'y consacraient, qu'une culture générale et philosophique [d], et il est, en effet, certain que la mise en pratique d'une telle méthode ne saurait avoir pour effet de vulgariser la curiosité des choses sociologiques. Quand, comme condition d'initiation préalable, on demande aux gens de se défaire des concepts qu'ils ont l'habitude d'appliquer à un ordre de choses, pour repenser celles-ci à nouveaux frais, on ne peut s'attendre à recruter une nombreuse clientèle. Mais ce n'est pas le but où nous tendons. Nous croyons, au contraire, que le moment est venu pour la sociologie de renoncer aux succès mondains, pour ainsi parler, et de prendre le caractère ésotérique qui convient à toute science. Elle gagnera ainsi en dignité et en autorité ce qu'elle perdra peut-être en popularité. Car tant qu'elle reste mêlée aux luttes des partis, tant qu'elle se contente d'élaborer, avec plus de logique que le vulgaire, les idées communes et que, par suite, elle ne suppose aucune compétence spéciale, elle n'est pas en droit de parler assez haut pour faire taire les passions et les préjugés. Assurément, le temps est encore loin où elle pourra jouer ce rôle efficacement ; pourtant, c'est à la mettre en état de le remplir un jour qu'il nous faut, dès maintenant, travailler.

VARIANTES

I. Qu'est-ce qu'un fait social ?

a. « *Si l'on s'est contenté* [...] *d'une autre espèce.* » Var. : « C'est si peu la répétition qui les constitue, qu'ils existent en dehors des cas particuliers où ils se réalisent. Chaque fait social consiste soit dans une croyance, soit dans une tendance, soit dans une pratique qui est celle du groupe pris collectivement et qui est tout autre chose que les formes sous lesquelles elle se réfracte chez les individus. » (*Revue philosophique*, tome XXXVII, janvier à juin 1894, p. 470.)

b. « *qui les reflètent* ». Var. : « où elles s'incarnent chaque jour. » (*R. P.*, p. 470.)

c. « *Aucune d'elles ne se retrouve* [...] *actuellement appliquées.* » Phrase ne figurant pas dans le texte initial.

d. « *Il est même indispensable* [...] *état de pureté.* » Phrase ne figurant pas dans le texte initial.

e. « *Ce sont évidemment des faits sociaux.* » Phrase ne figurant pas dans le texte initial.

f. « *Ce qu'il exprime* [...] *étranger.* » Phrases ne figurant pas dans le texte initial.

g. « *Cependant, on peut le définir* [...] *en se diffusant.* » Var. : « On peut le définir également : une manière de penser ou d'agir qui est générale dans l'étendue du groupe, mais qui existe indépendamment de ses expressions individuelles. » (*R.P.*, p. 472.)

II. Règles relatives à l'observation des faits sociaux

a. « *Copernic.* » Var. : « Galilée » (*R.P.*, p. 476.)

b. « *tout en continuant* [...] *idéologique* ». Var. : « et déclaré qu'ils devaient être étudiés d'après la méthode des sciences physiques. Cependant, en réalité, tous les travaux que nous leur devons se réduisent à de pures analyses idéologiques, non moins que ceux de l'école métaphysique. » (*R.P.*, p. 486.)

c. « *non moins que leurs adversaires* [...] *introspection* ». Var. : « eux aussi n'employaient que la méthode introspective. » (*R.P.*, p. 486.)

d. « *trop malléables pour pouvoir s'imposer* [...] *à la place des faits* ». Var. : « pour contrôler efficacement les notions correspondantes que l'habitude a fixées en nous. Celles-ci restent donc sans contrepoids ; par suite elles s'interposent entre les faits et nous. » (*R.P.*, p. 487.)

e. « *d'admettre que ces sentiments relèvent de* ». Var. : « de soumettre ces sentiments au contrôle de » (*R.P.*, p. 489.)

f. « *De plus, puisque c'est par cette définition initiale qu'est constitué* ». Var. : « On conçoit aisément l'importance de cette définition initiale puisque c'est elle qui constitue » (*R.P.*, p. 490.)

g. « *qu'ils sont plus complètement dégagés* [...] *qui les manifestent* ». Var. : « qu'ils sont plus consolidés. » (*R.P.*, p. 497.)

h. « *Or la vie sociale* [...] *en libres courants* ». Var. : « Or la vie sociale, à l'état de liberté, est infiniment mobile et fuyante. Elle n'est pas isolée, au moins immédiatement, des phénomènes particuliers où elle s'incarne et ceux-ci diffèrent d'une fois à l'autre, d'un cas à l'autre. Ce sont des courants » (*R.P.*, p. 497.)

i. « *qu'elles ne changent pas avec les diverses applications qui en sont faites* ». Élément ne figurant pas dans le texte initial.

j. « *se présentent isolés de leurs manifestations individuelles* ». Var. : « présentent un degré suffisant de consolidation. » (*R.P.*, p. 497.)

III. Règles relatives à la distinction du normal et du pathologique

a. « *anomalie* ». Var. : « maladie » (*R.P.*, p. 582.)

b. « *celle-ci se trouve ainsi isolée* [...] *sur l'organisme* ». Phrase ne figurant pas dans le texte initial.

c. « *que des groupements de ce genre soient démonstratifs* ». Var. : « qu'on puisse procéder à des groupements de ce genre. » (*R.P.*, p. 582.)

d. « *Ce serait donc dénaturer singulièrement notre pensée* [...] *dans une langue qui n'est pas celle du vulgaire.* » Phrases ne figurant pas dans le texte initial.

IV. RÈGLES RELATIVES
À LA CONSTITUTION DES TYPES SOCIAUX

a. « *en font partie* ». Var. : « l'incarnent » (*R.P.*, p. 599.)
b. « *expriment* ». Var. : « incarnent » (*R.P.*, p. 599.)

V. RÈGLES RELATIVES
À L'EXPLICATION DES FAITS SOCIAUX

a. « *Comme on n'y voit que des combinaisons* [...] *on les trouve utiles* ». Phrase ne figurant pas dans le texte initial.

b. « *Il est, au contraire, certain* [...] *ne peut avoir lieu qu'en vertu de causes efficientes.* » Var. : « S'ils ne peuvent pas faire quelque chose de rien, il leur est possible, en se portant sur les conditions dont dépend un fait, d'en presser ou d'en contenir le développement. Seulement cette intervention elle-même a lieu en vertu de causes efficientes. » (*Revue philosophique*, tome XXXVIII, juillet à décembre 1894, p. 16.)

c. « *Pour déterminer de tels changements* [...] *impliquent physiquement.* » Var. : « Mais il faut tout autre chose que la représentation des services qu'ils peuvent rendre pour déterminer de tels changements. » (*R.P.*, p. 16.)

d. « *On trouvera donc plus facilement la première, si la seconde est déjà connue* ». Phrase ne figurant pas dans le texte initial.

e. « *qu'ils expriment une nature différente de la nôtre* [...] *plus ou moins lourd* ». Var. : « qu'ils viennent de quelque chose, qui non seulement est en dehors de nous, mais encore est d'une nature différente de la nôtre puisqu'elle lui est supérieure. » (*R.P.*, p. 23.)

f. « *est un produit de forces* [...] *rendre compte* ». Var. : « n'en émane pas, mais est un produit de forces qui le dépassent et qui, par conséquent, n'en peuvent être déduites. » (*R.P.*, p. 23.)

g. « *ce n'est donc pas ce qui se passe en lui qui la peut expliquer* ». Phrase ne figurant pas dans le texte initial.

h. « *Un tel changement passe même généralement pour une apostasie.* » Phrase ne figurant pas dans le texte initial.

i. « *le cercle de la vie sociale s'est étendu* ». Var. : « la vie sociale s'est généralisée. » (*R.P.*, p. 32.)

j. « *comme le prouve la persistance de l'esprit local et de la vie régionale* ». Phrase ne figurant pas dans le texte initial.

k. « *Mais il est impossible* [...] *ne s'engendrent pas les unes les autres* ». Var. : « Mais s'il est certain que tout changement, une fois accompli, doive avoir des répercussions qu'il explique, ce qu'on ne voit pas, dans cette conception, c'est comment le changement lui-même est possible. » (*R.P.*, p. 34.)

l. « *sans revenir sur les difficultés* [...] *en tout cas* ». Élément ne figurant pas dans le texte initial.

VI. RÈGLES RELATIVES
À L'ADMINISTRATION DE LA PREUVE

a. « *car pour pouvoir comparer* [...] *dans une même intuition, en quelque sorte* ». Var. : « puisque celles-ci ont pour objet de considérer isolément les couples formés par chaque phénomène social avec le groupe de ses conditions. Il faut, au contraire, rapprocher les uns des autres et réunir dans une même synthèse. » (*R.P.*, p. 169.)

b. « *Telle est la raison d'être de cette méthode que Comte appelle historique.* » Var. : « Tel est le rôle de cette méthode historique » (*R.P.*, p. 169.)

c. « *si le suicide dépend de plus d'une cause* [...] *en vertu duquel ils* ». Var. : : « si le crime, si le suicide reconnaissent des causes différentes, c'est que, en réalité, il y a des espèces très différentes de crimes et de suicides. Pour la peine, au contraire, c'est en vertu d'un élément qui leur est commun à toutes que les causes différentes en apparence, qu'on lui attribue » (*R.P.*, p. 171.)

d. « *la déduction est possible et si la vérification réussit, on pourra regarder la preuve comme faite. Si, au contraire* ». Phrase ne figurant pas dans le texte initial.

e. Ce paragraphe, dans son ensemble, est absent du texte initial.

f. « *la manière dont doivent être formées ces séries* ». Var. : « la nature même des comparaisons sociologiques » (*R.P.*, p. 175.)

g. « *elle est plus ou moins accusée, suivant les cas* ». Phrase ne figurant pas dans le texte initial.

h. « *présumée* ». Var. : « conjecturée. » (*R.P.*, p. 176.)

i. Élément ne figurant pas dans le texte initial.

Conclusion

a. « *la sociologie ainsi conçue* [...]. *Mais en réalité, si* ». Développement ne figurant pas dans le texte initial.

b. « *spéciales qui en font mieux comprendre la nature parce qu'elles en sont l'expression la plus haute* ». Var. : « nouvelles et qui par cela même en font mieux comprendre la nature. » (*R.P.*, p. 179.)

c. « *dans le milieu social interne* [...] *l'évolution collective* ». Var. : « un ordre de causes douées d'une suffisante efficience pour rendre intelligible la production des effets que nous leur attribuons, et assez rapprochées de ces effets pour pouvoir en rendre compte sans qu'il soit nécessaire de les dénaturer par une simplification artificielle ; ce sont les propriétés du milieu social. » (*R.P.*, p. 181.)

d. « *pour une science qui,* [...] *culture générale et philosophique* ». Var. : « quand on voit la facilité avec laquelle d'élégants et subtils esprits se jouent au milieu des phénomènes sociaux, » (*R.P.*, p. 182.)

ANNEXE

L'ÉTAT ACTUEL DES ÉTUDES SOCIOLOGIQUES EN FRANCE [1]
(1895)

Quand, il y a environ dix ans, nous avons décidé de nous consacrer à l'étude des phénomènes sociaux, le nombre de ceux qui s'intéressaient à ces questions était si restreint en France que, malgré la grande bienveillance avec laquelle furent accueillies nos premières tentatives, nous n'avons trouvé nulle part les conseils et les aides dont nous avions besoin pour éviter de longs tâtonnements et pour rendre plus faciles nos recherches. Dans le milieu universitaire, en particulier, la sociologie était l'objet d'un véritable discrédit : non seulement le mot semblait barbare aux puristes, mais la chose elle-même inspirait une espèce d'inquiétude et de répulsion à un grand nombre de personnes et il faut convenir que la faute en revenait un peu aux sociologues eux-mêmes. Car la sociologie, née de la philosophie positive, a pris parfois, à l'égard de certaines doctrines philosophiques, une attitude inutilement

---

1. Article paru initialement en italien sous le titre « Lo stato attuale degli studi sociologici in Francia », dans la revue *La Riforma sociale* en 1895 (n° 3, p. 607-622 et 691-707). Traduit et republié par Victor Karady dans É. Durkheim, *Textes*, Paris, Éditions de Minuit, 1975, vol. I, p. 73-108.

agressive. En effet, si c'est une science, elle est indépendante de toute métaphysique et n'a pas besoin par conséquent de s'immiscer dans les luttes entre les systèmes. En outre, le manque de méthode et de résultats précis, la pauvreté des informations que la généralité des conclusions rendait plus manifeste, ne pouvaient pas ne pas éveiller une certaine méfiance chez les savants particulièrement attachés à la précision.

Enfin, la rapidité avec laquelle cette science, née hier, croyait pouvoir déduire de la théorie des réformes pratiques et le caractère ambitieux et artificiel de ces réformes n'étaient pas de nature à lui assurer la sympathie des hommes d'action pour lesquels la réalité sociale ne peut pas se construire ou se reconstruire avec tant de facilité.

Aujourd'hui les choses ont sensiblement changé. En 1887, sur l'initiative de Monsieur Liard, directeur de l'enseignement supérieur, on créa à la faculté des lettres de Bordeaux le premier cours de science sociale professé dans une université française. Il est vrai qu'à cette époque, nous avons pu nous apercevoir que la prévention, dont la sociologie était l'objet, n'avait pas complètement disparu. Non seulement ce cours, dont l'avenir paraissait de prime abord si incertain, est sur le point d'entrer dans la huitième année de son existence et ne voit plus son utilité contestée, mais d'autres cours semblables ont été créés ailleurs. À Lyon, la mairie accorde des subsides à un cours de sociologie que professe notre collègue Bertrand ; à Montpellier, Bernès, chargé de cours de philosophie, a commencé cette année un enseignement sur la même matière ; à Paris, enfin, la faculté des lettres a émis, il y a quelques mois, un vœu pour la création d'un cours de sociologie. En même temps, les travaux de sciences sociales se sont multipliés : plusieurs diplômes d'études supérieures traitant de problèmes sociologiques ont été délivrés par la faculté des lettres de Paris, d'autres sont en préparation ou à la veille de voir le jour. Parmi les auteurs que les candidats doivent étudier au programme de l'agrégation de philosophie – par laquelle on recrute les professeurs de lycée – figurent depuis quelques années des œuvres de sociologues (Comte, Mill, Spencer) et on a même appelé à la présidence du jury des spécialistes renommés de sociologie afin de représenter ces nouvelles études et d'indiquer aux candidats ce dont ils doivent s'occuper.

Le mot de sociologie, qui, autrefois, faisait peur et ne se prononçait que du bout des lèvres, est entré dans le langage commun. Mais certains esprits particulièrement impatients commencent à trouver que l'on ne va pas assez vite. On a même proposé la création pour la sociologie d'une chaire spéciale dans toutes les universités, oubliant qu'il fallait pour cela une armée de sociologues que l'on ne peut pas improviser alors que la sociologie a intérêt à consolider ses succès, très récents d'ailleurs, au lieu de chercher activement à les diffuser. C'est sous l'emprise de ces idées qu'a été fondée une revue de sociologie qui vit depuis plus d'un an, et, bien que son apparition nous ait semblé prématurée – la littérature véritablement sociologique n'est pas en effet assez abondante en Europe pour alimenter une revue périodique –, cette publication n'en constitue pas moins un fait intéressant symptomatique de l'état d'esprit actuel.

Il ne faut pas croire d'autre part que ce mouvement soit superficiel : il a au contraire de profondes racines dans la jeunesse des écoles. On peut même prévoir que les générations qui sont encore sur les bancs de l'université mais qui, dans peu de temps, prendront part à la vie politique, apporteront à l'étude de ces problèmes une curiosité que leurs prédécesseurs n'ont pas éprouvée, et qui ira toujours croissant. De ce point de vue, une véritable révolution s'est produite dans l'esprit de nos étudiants. Les questions politiques qui, autrefois, les enthousiasmaient, les laissent froids et indifférents. La liberté plus ou moins grande de la presse, les relations entre l'Église et l'État, celles du pouvoir exécutif et du pouvoir législatif, etc. ne les intéressent guère. Au contraire, tout ce qui se rattache à l'organisation interne de la société, à sa structure morale, à tout ce qui concerne la famille, la propriété, les rapports entre les divers organismes sociaux, éveille en eux, surtout chez les meilleurs, une véritable passion. Dans plusieurs universités, ils ont fondé des cercles de sciences sociales où ils se réunissent pour discuter des questions qui les attirent ou les préoccupent le plus.

Toute cette activité court le risque de dévier dans un sens dangereux si elle n'est pas guidée avec méthode ; il reste qu'elle constitue malgré tout un fait social dont il est difficile de nier l'importance. Il nous paraît donc opportun d'essayer de déterminer dans quel état se trouvent les travaux qui ont pour objet de répondre à ce besoin et de satisfaire ces aspirations.

Il nous semble intéressant de présenter au public scientifique étranger un tableau général des différentes orientations prises par les recherches qui sont menées en France, du degré de progrès auquel elles sont parvenues et de l'état de chaque système. C'est ce que nous nous proposons de faire dans cette étude. Sans entrer dans les détails, nous essayerons de classer les principales doctrines sociologiques de manière à faire connaître les différentes écoles, leurs chefs et l'orientation de chacune d'elles. À vrai dire, le terme d'école est impropre car la production sociologique a encore quelque chose de sporadique et d'individuel, chacun est un peu resté son propre maître. Il n'est cependant pas impossible de trouver quelques centres autour desquels gravitent nos spécialistes de sociologie : ce sont le groupe anthropologique, le groupe criminologiste et le groupe universitaire.

I. *Le groupe anthropologique et ethnographique*

Il comprend tous les travaux de sociologie qui se rattachent à la Société d'anthropologie de Paris.

Cette société a été fondée par Broca en 1859. Si, à l'origine, on a pu croire qu'elle se limiterait aux études d'anatomie, elle ne tarda pas cependant à élargir son champ de recherche. Les limites mal définies de ce qu'on appelle anthropologie se prêtaient à cette extension. C'est ainsi que la sociologie ou, du moins, une section de la sociologie, put y être admise ; ce fut la sociologie ethnographique. Le terme d'ethnographie servit d'intermédiaire entre l'anthropologie et la sociologie proprement dite. Comme on avait affirmé, d'une part, que l'anthropologie s'occupe surtout des races et qu'on avait admis, d'autre part, que la civilisation varie selon les races, la civilisation – matière sociale par excellence –, ne devait-elle pas être considérée comme une partie naturelle de l'anthropologie ? Aussi, quand l'école d'anthropologie fut fondée, une chaire fut-elle créée qui, sans prendre le titre de sociologie, eut néanmoins pour tâche d'enseigner cette matière.

Dès le début, elle fut occupée par Letourneau, que l'on peut considérer comme le principal représentant de ce groupe. C'est pourquoi, bien que des œuvres de sociologie autres que les siennes [1] aient été publiées, nous nous servirons de ses œuvres pour préciser les tendances dominantes de l'école.

Letourneau a commencé à étudier successivement les principales institutions sociales de façon à en reconstituer le développement historique. Toutefois, fidèle à l'esprit de l'école anthropologique, il s'efforce d'établir les relations qu'elles ont avec les différentes races humaines tout en en suivant l'évolution dans le temps. Et c'est pour cette raison qu'il a publié *L'Évolution de la morale* (1887), *L'Évolution du mariage et de la famille* (1888), *L'Évolution de la propriété* (1889), *L'Évolution politique dans les diverses races humaines* (1890), *L'Évolution juridique dans les diverses races humaines* (1891), *L'Évolution religieuse* (1892), *L'Évolution littéraire* (1894). Toutes ces œuvres avaient été précédées par un travail d'ensemble sur la *Sociologie*

---

1. Bordier, *La Vie des sociétés* (1887) ; Thulié, *La Femme. Essai de sociologie physiologique* ; Lacombe, *La Famille dans la société romaine* (1889) ; Dumont, *Dépopulation et civilisation* (1890).

d'après l'ethnographie [1]. On voit que l'œuvre, par ses dimensions, ne manque pas d'une certaine ampleur et qu'elle représente un travail considérable. Depuis 1887, Letourneau n'a pas, pour ainsi dire, laissé passer une année sans étudier un nouvel ordre de phénomènes de la vaste entreprise à laquelle il s'est consacré. Il a été ainsi obligé de feuilleter et de consulter une infinité d'œuvres ; histoires, récits de voyage, etc., dont il a extrait les faits qui peuvent intéresser la sociologie. Ses livres sont des répertoires de documents qui peuvent être utilement consultés par des sociologues à la recherche d'informations.

Malheureusement, les matériaux ainsi réunis sont plus remarquables par leur abondance que par leur valeur, l'auteur n'ayant pas toujours soumis à une critique approfondie la façon dont il les a choisis. Il les prend un peu partout et les situe sur le même plan, sans prendre garde à l'exactitude, à la provenance et à la valeur extrêmement variable de chacun d'eux. Les sources auxquelles il recourt le plus fréquemment sont constituées par les descriptions de voyage ; or l'on sait que, par leur nature même, elles sont suspectes et qu'elles ne devraient être utilisées qu'avec circonspection. Les coutumes, les croyances, les institutions des peuples sont des choses très profondes pour qu'on puisse les juger ainsi, à la légère. C'est pourquoi la sociologie doit principalement orienter ses recherches vers les sociétés qu'on peut étudier d'après des documents

---

1. Cette œuvre et *L'Évolution religieuse* ont été publiées chez Reinwald, les autres dans la *Bibliothèque anthropologique* de l'éditeur Bataille.

véritablement historiques, les informations ethnographiques ne devant servir qu'à corroborer et, dans une certaine mesure, éclairer les précédents. Mais un sociologue qui se fonderait exclusivement ou principalement sur des récits de voyage risque d'être taxé de fantaisiste. On ne peut donc pas ne pas déplorer par exemple que, dans son gros volume sur la famille et sur le mariage, la famille romaine, dont le développement historique est si fécond d'enseignements, n'occupe en tout que cinq pages (qu'elle partage même avec la famille grecque) [1] et qu'elle jouisse de moins de considération que la famille des Peaux-Rouges et que celle des Mélanésiens.

La prépondérance accordée aux sociétés sur lesquelles nous n'avons pas de renseignements très précis s'explique par une espèce de simplisme révolutionnaire qui est à la base de la doctrine. Qu'il s'en rende compte ou non Letourneau a, pour les peuples primitifs, une indulgence et une préférence qui lui font accorder une attention et un intérêt particulier à tout ce qui les concerne. Il ne va évidemment pas jusqu'à voir en eux des modèles d'après lesquels réformer nos sociétés contemporaines, il répète même plus d'une fois que la cité idéale dont il rêve pour l'avenir, est différente de celle que l'on rencontre à l'origine de l'histoire. Il n'en reste pas moins vrai, selon sa façon de voir, que ces dernières sont beaucoup plus proches de la vérité et de la nature que celles qui se sont constituées par la suite. On dirait que l'humanité, depuis qu'elle a dépassé les premiers stades de son évolution,

---

1. Cf. *L'Évolution du mariage et de la famille*, p. 417-422.

a dévié de sa direction normale pour s'engager dans une mauvaise voie, en s'éloignant de plus en plus de sa constitution naturelle. Et c'est pourquoi il ne voit dans le régime parlementaire, « qu'un retour à l'égalité sociale des sociétés primitives [1] ». S'agit-il de religion, le christianisme lui semble inférieur au mazdéisme [2] et il a pour l'animisme polythéiste une complaisance et une estime qu'il n'a pas pour les religions les plus anciennes [3]. Parle-t-il de la propriété, le collectivisme, qu'il appelle de ses vœux, lui rappelle beaucoup plus l'organisation économique du clan que l'état actuel de nos sociétés. « Les idées de solidarité sociale – dit-il – dans lesquelles nous trouvons quelque chose de sublime, sembleraient très simples à des Peaux-Rouges [4]. » Bref, selon lui, si l'étude des suites historiques est instructive, ce n'est pas parce qu'elle nous indique, d'une manière positive, dans quels sens nous devons essayer de nous développer mais simplement parce que l'exemple de ces sociétés nous ouvre les yeux sur les dangers qui nous guettent si, en les imitant, nous nous dressons contre la nature.

Ces brillantes civilisations qu'on a l'habitude d'admirer le laissent froid et indifférent, puisqu'il lui semble que, sous leurs apparences séduisantes, elles ont du mal à cacher un réel accroissement de la misère humaine : « Jusqu'ici, dit-il, les nations qui nous ont précédés sur la scène du monde et y ont joué un rôle

---

1. *Évolution politique*, p. 342.
2. *Évolution religieuse*, p. 557.
3. *Évolution religieuse*, p. 578.
4. *Évolution de la propriété*, p. 74.

important, ont connu une fin plus ou moins triste. Tout en accumulant progrès sur progrès du point de vue artistique, scientifique et industriel, ces grands peuples, qui ont peu à peu dégénéré moralement, ont tous fini par s'immobiliser dans le despotisme monarchique, la servilité religieuse, la domination impitoyable de la masse sur une minorité d'hommes audacieux et habiles, c'est-à-dire dans le triomphe de l'égoïsme sur l'altruisme[1]. » Dans ces conditions, les peuples qu'étudient les historiens perdent beaucoup de leur intérêt parce que notre destin n'est pas de les suivre dans la même voie, mais de faire retour à des formes sociales plus anciennes, pour recommencer l'évolution dont ils ont interrompu le déroulement normal et logique. Il n'est pas nécessaire de démontrer qu'un tel jugement est la négation de toute science objective des faits sociaux. En effet, la seule raison que nous ayons de croire que la vie est bonne est qu'elle ait duré et se soit généralisée. Nous n'avons de même aucune raison scientifique d'admettre que telle forme biologique ou sociale est supérieure à telle autre ; c'est que l'une s'est développée de plus en plus, tandis que l'autre a régressé. Considérer comme morbide et anormale une évolution qui se produit dans le même sens et de façon de plus en plus explicite au cours de l'histoire, c'est substituer à l'enseignement des faits une théorie *a priori*. Telle est, en effet, la véritable explication de cette méthode. Letourneau affronte l'étude des phénomènes sociaux avec des préjugés pratiques qui, d'avance, déterminent les conclusions. Souffrant

---

1. *Évolution littéraire*, p. 537.

intensément des maux qui affligent la société actuelle, il la croit pour cette raison mauvaise et, pour ainsi dire, manquée et il étend naturellement ce jugement à toutes les sociétés qui l'ont immédiatement précédée dans l'histoire, et qui peuvent en être considérées comme l'ébauche. Il souhaiterait les voir toutes radiées de l'histoire. Voilà pourquoi nous avons pu dire de cette conception sociologique qu'elle est à la fois simpliste et révolutionnaire.

Son simplisme est évident, car elle nie toute raison d'être aux formes complexes de la civilisation ; mais ce simplisme lui-même a pour origine le besoin de faire table rase de l'état social actuel, la conviction que l'humanité ne peut être sauvée qu'à la condition d'être libérée.

Cette conception trouve précisément pour cette raison un accueil favorable dans certains milieux révolutionnaires ; aussi la retrouve-t-on, avec des variations plus ou moins importantes, dans un grand nombre d'articles publiés par les journaux ou les revues socialistes.

Il ne semble pas vraiment que cette sociologie soit en accord avec l'idée fondamentale de Marx. Pour ce dernier, en effet, le socialisme consisterait en l'expansion des formes les plus élevées de la civilisation qui est la conséquence logique de l'évolution sociale telle qu'elle s'est accomplie jusqu'à nos jours. Bien loin de faire dévier l'humanité, tous les développements historiques antérieurs l'auraient préparée et rendue possible. Il est cependant indéniable que même les interprètes les plus accrédités du système ont souvent présenté le collectivisme comme un retour au communisme primitif ou, du moins, ils se sont ingéniés à démontrer que leurs revendications n'ont rien de chimériques [1]. Il y a là des tendances opposées entre lesquelles la pensée socialiste hésite. Pourtant cette confusion et cette hésitation ne peuvent pas ne pas nuire à l'unité et à la clarté de la doctrine.

II. *Le groupe criminologiste*

Ce groupe est composé de savants que la criminologie a conduits à la sociologie. Il a pour organe les *Archives d'anthropologie criminelle,* qui sont publiées à Lyon par l'éditeur Stork, et pour principaux inspirateurs les deux directeurs de cette revue : Lacassagne et Tarde.

Les publications de caractère social de Lacassagne se réduisent, il est vrai, à quelques articles, à quelques conférences et à quelques opuscules [2]. Mais il y a un grand nombre d'œuvres qu'il a inspirées plus ou moins directement. Il y a en outre des thèses soutenues par ses élèves et qui sont évidemment l'expression de sa pensée, comme celle de Chaussinard [3], de Mesmer (*Le Suicide militaire*), les travaux de Bournet (*La Criminalité en Corse, la criminalité en France et en Italie*), ceux de Kocher (*La Criminalité chez les Arabes*) et les recherches de Corre qui se rattachent au même groupe [4].

---

1. Cf. le préambule du *Programme du parti ouvrier*, de Marseille par Guesde et Lafargue.

2. *L'Homme criminel comparé à l'homme primitif*, Lyon, 1882. *Les Tatouages*, Paris, 1881.

3. *Contribution à l'étude de la statistique criminelle en France*, Lyon, 1881.

4. *Le Crime en pays créole*, 1889 ; *Crime et suicide*, Paris, 1891.

Ce qui caractérise l'esprit commun de ces travaux, c'est une sorte d'éclectisme qui se situe entre la conception anthropologique et biologique du crime et la conception proprement sociologique. Lacassagne est certainement bien loin de partager les principes de l'école italienne en ce qu'elle a d'excessif. Il n'admet pas que le germe physico-organique du crime puisse se développer, si le milieu social n'en favorise pas le développement, il voit en ce dernier, pour employer son expression, le *bouillon de culture* nécessaire au microbe pour se développer. Mais en même temps, il n'hésite pas à faire un rapprochement entre le criminel et l'homme primitif. Comme les criminalistes italiens, il pense que les crimes sont étroitement liés à des causes cosmiques, climatiques, saisonnières, etc.[1]. Comme eux, il voit dans le suicide un homicide à l'envers et dans le suicide un assassin de soi-même. On ne peut certainement pas affirmer que les phénomènes criminels ne dépendent que d'un seul et même ordre de causes. Mais on voudrait que le rôle attribué aux différentes conditions qui concourent à produire un crime soit mieux défini, que celles-ci ne soient pas toutes considérées de la même manière, car il semble difficile d'admettre que le même fait soit à la fois essentiellement biologique et de caractère essentiellement social. Et néanmoins, c'est tantôt sous l'un, tantôt sous l'autre de ces aspects qu'il est étudié dans les travaux de cette école, sans qu'il soit facile de savoir lequel de ces points de vue est considéré comme prédominant. Il en résulte certaines ambiguïtés dans les

---

1. Cf. *Criminalité comparée*.

notions fondamentales de la doctrine, ambiguïtés qui, comme on peut l'imaginer, sont liées à la méthode. On ne peut qu'être reconnaissant à cette cohorte de doctes chercheurs de la quantité de faits qu'ils ont réunis : cependant, dans la façon dont ceux-ci ont été élaborés et interprétés il y a quelque chose d'incertain et d'indécis qui est dû non seulement à la complexité des problèmes mais aussi au caractère hésitant de l'idée principale qui est à la base de cette construction.

Il en va différemment pour Tarde qui a pris une position bien définie à l'égard de ces problèmes. Dès le début, il a refusé les principales conclusions de l'école italienne, et on peut dire que, par la suite, il n'a fait que s'en éloigner de plus en plus. Le jugement qu'il a porté jadis sur les théories de Lombroso semble devenu encore plus sévère avec le temps.

Pour Tarde le crime est essentiellement quelque chose de social. C'est un métier comme un autre aussi banal et qui, du même coup, n'exige pas de ceux qui s'y adonnent une espèce de constitution spéciale ou de prédestination organique. Il y a certes des ressemblances entre les adeptes du crime, comme il y en a entre les ouvriers d'une même corporation, mais ces traits communs n'impliquent pas la prédestination précise qu'on leur attribue. De même, les relations qui semblent exister entre le crime et le suicide et les conditions géographiques, climatiques, etc. sont, selon Tarde, susceptibles d'être expliquées sociologiquement [1].

---

1. Cf. *Criminalité comparée*, passim.

Aussi sa sociologie a-t-elle pour base une doctrine sociale. Alors que Lacassagne et ses élèves se sont limités à l'étude spéciale du crime, la philosophie pénale de Tarde n'est qu'une application à un cas particulier du principe général de sa philosophie sociale. Ce principe est le suivant : tout *fait social est un produit de l'imitation*[1]. À dire vrai, Tarde n'a jamais donné ni ne peut donner une preuve directe et inductive de cette proposition. En réalité il n'a jamais pu établir que tous les phénomènes sociaux dérivent de l'imitation ; cette démonstration est d'ailleurs jugée impossible par plus d'un sociologue. Son argumentation, très brève du reste, est toute dialectique.

Il établit que l'aphorisme *doit être* vrai, parce qu'autrement la science sociale serait impossible, et il pose d'emblée que celle-ci est possible. En même temps il se sert de l'exemple des autres sciences naturelles à l'aide desquelles il découvre un axiome analogue. D'un côté, dit-il, la science n'est possible qu'en tant qu'il existe des ressemblances et des répétitions dans les faits observés, puisque s'ils étaient complètement hétérogènes, toute comparaison entre eux serait impossible et, par conséquent, toute généralisation. Le hasard n'est pas non plus une explication satisfaisante pour l'esprit puisque l'effet ressemble à la cause et que produire signifie se reproduire. Or l'imitation, la tendance du phénomène social à se propager, fait qu'il se répète nécessairement, qu'il se reproduit identique à lui-même et, par là, se trouve constituée la matière

---

1. Voir sur ce point surtout Tarde : *Les Lois de l'imitation*, Paris, 1890.

nécessaire à l'élaboration scientifique. D'un autre côté, il est d'autant plus naturel que l'imitation ait un rôle essentiel dans le règne social et dans la science sociale qu'elle a la même importance dans les règnes inférieurs et dans les sciences qui les étudient. Que sont en effet les mouvements ondulatoires et la reproduction, ces faits cardinaux des sciences physiques et des sciences biologiques, sinon la propagation ou la diffusion soit d'un mouvement à partir d'un centre donné, soit d'une forme organique à partir d'un couple initial, exactement comme l'imitation qui consiste en la propagation d'une idée ou d'une action à partir d'une conscience créatrice ? Les lois de la sociologie ne peuvent donc être que des corollaires de la loi de l'imitation. En vertu de ce principe Tarde a cru pouvoir expliquer l'évolution du crime, de la peine et de la preuve conformément à ces lois fondamentales [1]. Nous n'avons pas l'intention de discuter ici en détail une thèse si générale. Nous devons cependant déclarer qu'une très longue pratique des faits sociaux ne nous a pas conduit à accorder à l'imitation un rôle aussi capital que celui que lui attribue l'auteur.

Nous n'avons considéré l'imitation que comme un facteur très secondaire de l'évolution sociale et sans doute Tarde lui-même n'en aurait-il pas exagéré l'importance s'il ne l'avait pas associée de façon très arbitraire à tous les cas de diffusion sociale qu'il a pu observer. La généralité que présente un phénomène peut en effet résulter d'une tout autre cause que la contagion : elle peut provenir de l'action des condi-

---

1. Tarde, *Philosophie pénale*.

tions d'existence qui, elles-mêmes échappant à l'imitation, sont générales. On ne peut pas affirmer d'un fait collectif qu'il est dû à l'imitation, car il se propage au-delà de la sphère d'action des causes naturelles dont il dépend, c'est seulement en considérant la sphère d'action du domaine social auquel il s'étend qu'on peut affirmer qu'il a été atteint par la contagion imitative ; puisque dans ce cas, mais seulement dans ce cas, toutes les autres causes qui peuvent produire le même effet que l'imitation ont été éliminées avec soin. Nous sommes convaincus que si le phénomène de l'imitation était étudié à l'aide de cette méthode, on y verrait beaucoup plus clair et qu'il apparaîtrait comme une forme exceptionnelle et presque anormale du développement historique.

Bien que les médecins n'admettent plus aujourd'hui qu'une maladie puisse se transmettre par le seul contact et sans que l'organisme soit plus ou moins disposé à la contracter, il est cependant permis de se demander si un fait de pure imitation, c'est-à-dire de transmission, est possible par une sorte d'expansion purement automatique et sans disposition préexistante de l'imitateur. Mais, sans nous attarder sur l'examen doctrinal de cette conception, essayons de définir dans quel sens elle tend à orienter la méthode sociologique.

Ce qui est tout d'abord manifeste – et qui est selon nous ce qu'il y a de plus intéressant et de plus fécond – c'est une tendance à libérer la sociologie de ses explications finalistes et utilitaires dans lesquelles elle était depuis longtemps enlisée. La plupart des sociologues en effet considèrent que les faits sociaux sont expliqués du moment qu'on a montré à quoi ils servent, comme s'il était évident, *a priori*, qu'ils doivent tous servir à quelque chose, et, surtout qu'ils n'existent qu'en fonction et à cause d'un service qu'ils rendent.

Tout au contraire, si nous adoptons le point de vue de Tarde, on voit que les faits sociaux sont le résultat, le plus souvent, de causes simplement mécaniques, inintelligibles, et étrangères à toute finalité puisqu'il n'y a rien de plus aveugle que l'imitation. Un fait se propage parce qu'il possède une énergie trop intense, et ne peut pas tenir dans les limites du cercle à l'intérieur duquel il s'était établi primitivement, de même que la marée se propage, en s'éloignant du point où elle est née, parce qu'il est dans sa nature de le faire en vertu de son intensité et sans aucune considération d'utilité. Une pratique juridique, morale, économique, artistique, est imitée, parce qu'elle est douée d'un caractère assez prestigieux pour s'imposer à l'imitation, qu'elle soit ou non utile.

Mais, dira-t-on, ne peut-il pas arriver qu'elle soit réellement utile et que ce soit le sentiment de cette utilité qui en détermine la diffusion ? Certainement, d'après l'auteur, mais ce n'est pas ainsi que les choses se produisent en général. Il répartit en effet en deux classes les causes sociales de l'imitation, suivant qu'elles sont logiques ou qu'elles ne le sont pas. « Les causes logiques agissent quand l'innovation, choisie par un homme, est véritablement telle, parce qu'il la juge plus utile et plus vraie que les autres, c'est-à-dire plus en accord que celles-ci avec la fin et les principes qu'il s'est déjà fixés... *Mais il est très rare que l'action logique s'exerce dans toute sa pureté*[1]. » Quant aux influences non logiques, qui

---

1. *Lois de l'imitation*, p. 159.

sont beaucoup plus importantes, elles dépendent non pas de l'utilité des faits imités, mais du prestige ou du discrédit de la personne ou du groupe de personnes qu'ils imitent, du temps ou du lieu où le fait s'est produit, etc.

C'est ainsi que l'exemple de l'aristocratie se diffuse plus facilement et plus fortement dans le public du fait de l'autorité de son origine. Dans les sociétés démocratiques, les grandes villes exercent une influence semblable. Or il est clair que la valeur d'utilité d'une idée ou de l'action ainsi reproduite ne se trouve pas du tout garantie par la qualité de ceux qui leur ont donné leur marque. C'est ainsi que les usages nuisibles sont imités autant que les autres ; la maladie est au moins aussi contagieuse que la santé. Les considérations téléologiques passent ainsi au second plan et cette régression constitue selon nous un véritable progrès pour les sciences sociales.

Mais d'un autre point de vue, la théorie de Tarde apparaît, en revanche, comme la négation même de la science. Elle place en effet l'irrationnel et le miracle à la base de la vie et, par conséquent, de la science sociale. En effet toutes les pratiques, toutes les institutions collectives seraient dues à la généralisation d'une découverte, d'une invention qui s'est faite on ne sait comment, en un point quelconque de la société, et qui serait le produit d'un pur accident. Puisque, d'autre part, d'après la définition de l'auteur, l'explication scientifique ne commence que là où commence la répétition, le fait en lui-même reste inintelligible, il est parce qu'il est : c'est tout ce que l'on peut en dire, hors de toute explication. Tout ce que la science peut faire, c'est de chercher suivant quelles lois il se diffuse. Mais même si ces lois étaient toutes parfaitement connues, elles ne nous mettraient pas en état de le mieux connaître ou de mieux en comprendre la nature, puisqu'elles lui sont extérieures. Le succès d'une idée ne réside pas ou peu, d'une manière générale, dans la qualité intrinsèque de cette idée, mais plutôt dans le caractère de ceux qui s'en font les apôtres. Nous n'en aurons donc pas une intelligence plus complète, une notion plus juste, si on se borne à nous apprendre de quelle façon elle s'est propagée. Il en résulte que la nature intrinsèque des phénomènes sociaux échappe à la sociologie. Celle-ci ne les atteint pas, elle ne suit que leur évolution extérieure, elle peut mesurer la rapidité de leur diffusion, mais puisque cette rapidité ne dépend pas nécessairement, ou plutôt ne dépend pas la plupart du temps de leur caractère constitutif, ils restent en dehors de la science.

Tarde répond, il est vrai, que les autres sciences de la nature ne procèdent pas différemment. Elles partent de certains faits qu'elles constatent, sans en rendre compte, et c'est seulement ensuite que commencent les explications. Partout il y a « des données primitives accidentelles et bizarres... qui sont les prémisses et les sources d'où dérive tout ce qui est expliqué ». Par exemple, « il y a ou il y a eu telle nébuleuse, tel globe céleste... telles substances chimiques, il y a tels types organiques principaux, etc.[1] ». En outre, il ne faut pas que les savants considèrent ces derniers faits comme

---

1. *Lois de l'imitation*, p. 4.

des accidents nécessairement irrationnels. Même si, actuellement, ils n'arrivent pas à en rendre compte, ils ne les déclarent pas immédiatement réfractaires à la raison.

S'ils sont essentiellement irrationnels, tout est irrationnel, puisque le même caractère ne peut manquer de se retrouver dans la manière dont ils se généralisent. Si la manière dont ils naissent ne comporte pas d'explications scientifiques, la manière dont ils se diffusent n'est pas plus explicable, puisqu'au fond, ce sont les mêmes faits qui sont pris en considération, ici à l'état isolé, là à l'état multiple : ils ne changent pas de nature en se diffusant. Un accident qui se reproduit ne cesse pas d'être un accident, ce qui est inintelligible ne peut pas devenir intelligible par le seul fait qu'il se répète.

En outre, dans la science de la nature, on cherche, autant qu'il est possible, à restreindre la part des faits irrationnels, en réduisant les corps composés à d'autres corps plus simples, en distinguant les races des espèces et celles-ci entre elles et en ne renonçant pas à rattacher le règne biologique aux règnes inférieurs. Tarde au contraire est obligé, par sa méthode, de multiplier les données inductives, les accidents originels, puisque c'est par eux qu'il explique toutes les nouveautés qui font leur apparition au cours de la vie sociale. Son œuvre récente sur la *Transformation du droit*[1] a précisément pour objet d'augmenter le plus possible la part du hasard dans l'histoire. Contrairement aux conclusions du droit comparé qui croit avoir démontré

1. Paris, Alcan, 1894.

que l'évolution juridique se produit de façon uniforme quand les circonstances sont les mêmes, et ceci en dehors de toute imitation, Tarde s'efforce d'établir que cette évolution présente les bizarreries les plus curieuses et les plus imprévues et qu'elle commence dans les différents points du globe sous les formes les plus différentes selon que le hasard a fait éclore ici telle idée ou telle autre, les chemins qu'elle suit dans les différents cas n'étant pas plus semblables que ne le sont les points de départ. En effet, pour donner un exemple, à l'origine de la famille on trouve tantôt la promiscuité, tantôt le contraire ; le matriarcat n'a pas été aussi général qu'on le croit. Le passage de la propriété collective du *clan* à celle de la famille, de celle-ci à la propriété individuelle ne s'est pas produit avec la régularité qu'on suppose, etc. Assurément, ces négations sont tellement contraires aux faits et fondées sur des preuves tellement insuffisantes qu'elles se retournent comme autant d'objections contre la théorie qui les implique logiquement et qui pour cette même raison se trouve en défaut.

En résumé, la sociologie ainsi conçue se réduit à bien peu de chose puisque, en dehors de ces discussions générales et presque métaphysiques, elle ne peut consister qu'en des variations secondaires sur un seul et même thème fondamental. Il n'y a plus à chercher, par des comparaisons méthodiques, comment et sous l'influence de quelle cause particulière s'est formé chaque fait social considéré en lui-même. Tous ces problèmes, qui sont la grande tâche de la science, n'ont plus de raison d'être, puisqu'ils ne donnent lieu qu'à une seule et même réponse, à savoir que le phénomène étudié résulte d'une invention individuelle et accidentelle qui s'est répandue conformément aux lois générales de l'imitation. Il est sans doute intéressant de rechercher, dans chaque cas particulier, qui a pu en être l'inventeur. Mais si cette question est de nature à stimuler la curiosité de l'érudit, elle est sans intérêt scientifique, puisque le résultat, quel qu'il soit, est dépourvu de toute valeur explicative. Que la nouvelle idée ait germé dans tel ou tel cerveau ne rend pas compte de la raison pour laquelle elle s'est localisée à tel endroit. D'un autre côté, ce qui reste à la science ainsi comprise ne peut être traité avec une rigueur vraiment scientifique. Car lorsqu'on fait une telle place au hasard, on ouvre la porte à l'imagination. Si le hasard se trouve effectivement partout, c'est un *deus ex machina* que l'on peut faire intervenir à volonté, chaque fois qu'on en a besoin et sans qu'aucune vérification soit possible. L'irrationnel est inextinguible parce qu'il n'a pas de limites ; dès lors qu'on le place à la base de toutes choses, il n'y a aucune raison de ne pas y recourir indéfiniment et l'on peut ainsi prouver ce que l'on veut.

C'est ainsi que Tarde, sous prétexte d'assigner à la sociologie un objet qui se prête à la science, non seulement lui enlève une partie de sa matière la plus essentielle, mais encore rend impossible le contrôle méthodique, sans lequel la science ne peut pas exister.

III. *Le groupe universitaire*

Le troisième groupe comprend les sociologues qui appartiennent à l'Université. On sait en effet que chez nous le corps enseignant présente une unité intellectuelle et morale qu'on ne trouve pas dans les autres pays. Ceci est dû au fait que l'élite de nos professeurs sort de la même école, l'École normale supérieure, qui donne le ton même à ceux qui n'en sortent pas. De plus, tous ceux qui enseignent, normaliens ou non, ont dû subir les mêmes examens, passer le même concours et vivre la même vie. Enfin, le hasard a voulu que tous les universitaires qui se sont occupés de sociologie soient des professeurs de philosophie. Pour toutes ces raisons, il est naturel que malgré quelques divergences individuelles, il y ait dans tous leurs travaux quelque chose de commun.

Le professeur Espinas a été le premier à être attiré par la sociologie. Nous ne parlerons pas de son livre, *Les Sociétés animales,* qui est aujourd'hui très connu. D'ailleurs le caractère sociologique de l'œuvre est encore très restreint, puisqu'elle intéresse davantage la psychologie comparée que la sociologie proprement dite. Néanmoins, l'introduction – qui est consacrée à l'histoire générale de la sociologie – et la conclusion – où sont exposées des vues importantes sur la nature des sociétés – renouent avec la tradition interrompue en France après Comte, et renouvellent les problèmes généraux de la sociologie en s'inspirant des travaux de Spencer et des progrès de l'hypothèse évolutionniste.

Ensuite vint Fouillée. Esprit actif et toujours en mouvement, curieux de toutes les nouveautés, il s'intéresse à ces questions dès qu'elles commencèrent à être de nouveau soulevées, et il contribua en grande partie à les faire connaître au grand public. Elles lui donnèrent l'occasion d'écrire des articles publiés dans la *Revue des deux mondes* et qui devinrent ensuite la matière de son livre : *La Science sociale contemporaine* [1]. Avec son tempérament éclectique, il essaya de démontrer que la méthode idéaliste ou déductive n'était pas inconciliable en sociologie avec la méthode inductive, et que la conception biologique de la société n'exclut pas la conception plus ancienne du contrat social. Pour lui, un peuple est un organisme, mais un organisme dont les éléments constitutifs sont unis entre eux par des liens volontaires et contractuels. Du moins cet état lui semble-t-il être celui vers lequel tend de plus en plus à se diriger l'évolution sociale. Nous ne nous attarderons pas à discuter cette thèse ingénieuse, puisque nous croyons que, pour apprécier les véritables mérites de ce livre, il faut plutôt le juger comme une œuvre de vulgarisation scientifique. Fouillée a sans aucun doute rendu des services à la sociologie, mais c'est surtout parce qu'il a prêté à cette science, encore suspecte et discréditée, l'appui de son autorité, et qu'il a su intéresser à elle un certain nombre d'esprits cultivés qui l'ignoraient ou lui accordaient peu de considération.

Récemment, dans ce même milieu universitaire, s'est développé un nouveau mouvement sociologique dont l'esprit diffère très sensiblement de celui qui inspirait les écrivains précédents. Son objectif est

---

1. Paris, Hachette, 1880.

également plus limité. Tandis qu'Espinas et Fouillée se consacrent surtout aux problèmes les plus généraux ayant trait à la nature des sociétés, de l'évolution sociale, des rapports du règne social avec le règne biologique, les sciences sociologiques dont nous allons parler tendent à se limiter à l'étude des phénomènes moraux. Persuadées que le mal dont souffrent les sociétés européennes est essentiellement moral, elles estiment que c'est surtout au problème moral que doit s'attacher la sociologie. Mais elles envisagent ce problème, au moins en France, sous un jour nouveau. En effet, on croyait généralement jusqu'ici qu'il ne pouvait y avoir que deux sortes de morales entre lesquelles les moralistes étaient pratiquement obligés de choisir : l'utilitarisme d'un côté, avec la méthode empirique ; de l'autre la morale du devoir avec l'apriorisme et toutes ses conséquences logiques et métaphysiques. Tout le monde croyait que, du moment où l'on procédait par observation et par induction, l'on était nécessairement condamné à nier la réalité du devoir et du désintéressement. L'école, qui est sur le point de se former et dont nous nous occupons, est surtout une protestation contre ce préjugé. C'est un effort pour ouvrir à la morale et à la philosophie du devoir une nouvelle vie et pour démontrer qu'il est possible de soumettre la morale à la science sans pour cela l'affaiblir, d'expliquer rationnellement l'autorité du devoir sans la réduire à n'être que le produit d'une sorte d'illusion psychologique.

Telle est, de façon générale, l'idée qui inspire le livre récent de Richard sur l'origine de l'idée du droit [1],

---

1. *Essais sur l'origine de l'idée du droit*, Paris, 1882.

celui-ci combat en effet avec la même vivacité la doctrine des utilitaristes et celle des métaphysiciens, toutes deux lui paraissant pour une raison identique aussi incapables l'une que l'autre d'expliquer le droit et le devoir. Ces deux « frères ennemis » sont moins éloignés l'un de l'autre qu'on ne le croit ordinairement : tous deux professent un individualisme presque identique. L'utilitariste est individualiste parce qu'il fait de l'intérêt personnel le seul guide de sa conduite, mais le métaphysicien ne l'est pas moins, parce que sa morale consiste en une apothéose de la personnalité individuelle. Or une doctrine individuelle ne saurait fonder le droit, puisque la pratique judiciaire n'est pas faite de charité. Le dogme de l'égoïsme, quelle que soit sa forme, enlève au devoir son but, car le devoir consiste surtout à se donner, à se sacrifier, à se résigner. C'est pourquoi il détruit en même temps le droit, qui ne peut pas être autre chose que la condition à la fois logique et physique du devoir. Ceux qui ont fait germer l'erreur individualiste, selon Richard, sont les empiristes et les métaphysiciens qui ont étudié l'idée de droit dans l'abstrait, en la détachant des conditions qui en ont déterminé la formation et le développement. On n'a pas vu que c'est le fait de vivre en société qui a conduit les hommes à définir leurs relations juridiques et à fixer « ce que tous peuvent exiger de chacun et ce que chacun peut recevoir de tous ». En un mot, la philosophie du droit ne peut être qu'une branche de la sociologie. Le problème tel que le pose notre auteur peut être formulé ainsi : quelles sont les influences sociales qui ont fait naître l'idée de droit et qui ont permis le développement de cette idée dans l'histoire ?

Nous ne reproduirons pas ici les analyses et les raisonnements qui constituent la trame de cette œuvre intéressante, mais nous ferons allusion aux conclusions générales : l'idée de droit est fille de la solidarité sociale. En effet, le droit – c'est au moins ce que Richard s'efforce d'établir en comparant les faits historiques – consiste essentiellement en un arbitrage – garanti, en cas d'offense, à l'offensé et imposé à l'offenseur. Or ce qui a déterminé l'institution de cet arbitrage est le sens de la sociabilité. Si les individus ont pris l'habitude de soumettre leurs controverses à des arbitres et si dans ce cas certains se désignent spontanément comme arbitres pour apaiser les adversaires, c'est que les premiers, ayant conscience des liens qui les unissent, répugnent à laisser leurs conflits dégénérer en guerre ouverte et que les seconds sont poussés à intervenir comme médiateurs par suite de la souffrance qu'inflige à leurs sentiments sociaux la vue du conflit dont ils sont les témoins.

Si, d'autre part, les jugements des arbitres ne sont pas de simples avis auxquels les parties sont libres de se conformer ou non mais ont force exécutoire, cela signifie que la société leur délègue cette force, et si elle attribue une telle autorité, c'est qu'elle se sent étroitement solidaire de la victime à laquelle ce jugement accorde une réparation. La grande sympathie qu'elle éprouve pour chacun de ses membres ne lui permet pas de rester impassible devant les dommages subis par l'un des deux, mais elle épouse naturellement une cause qui est la sienne. C'est pourquoi il n'est pas nécessaire qu'elle soit organisée en État, il suffit que les individus qui la composent se sentent solidaires dans la lutte pour l'existence, l'État, une fois constitué, pourra rendre plus régulier le fonctionnement de cette garantie, mais il ne la crée pas. Elle a ses racines dans la conscience même du groupe, quelle qu'en soit l'organisation.

Ainsi, le droit n'est ni la conséquence de je ne sais quel caractère mystique dont la personne humaine aurait le privilège, ni la conclusion d'un raisonnement purement intéressé ; ce n'est ni pour sauvegarder la dignité souveraine de l'individu ni pour prévenir les maux de l'anarchie qu'il s'est constitué. La première hypothèse est en dehors de la science parce qu'en dehors des faits (ce caractère métaphysique n'est pas directement observable). La seconde est contredite par eux ; puisque l'homme n'est pas, quoi qu'on en dise, un être utilitaire, le calcul n'est pas le mobile de l'histoire. Les relations juridiques sont un produit de l'altruisme : elles sont l'expression des sentiments de sympathie que l'homme a pour un autre homme, que la société a pour ses membres et que ceux-ci ont pour elle. L'explication donnée n'est, comme nous l'avions démontré, ni utilitaire, ni métaphysique. En même temps, on voit que dans cette théorie, la justice, c'est-à-dire la pratique du droit, et la charité cessent d'être deux choses radicalement distinctes pour devenir deux forces d'un même phénomène, deux moments de la même évolution, puisque la justice est déjà un acte de charité.

C'est dans ce groupe que nous pouvons nous classer nous-mêmes, puisque nous avons l'honneur d'appartenir au corps enseignant et aussi parce que nos travaux, notre enseignement sociologique, sans se limiter à un cercle rigoureusement circonscrit, se sont de préférence spécialisés dans l'étude des phénomènes moraux. Sans entrer dans les détails des questions particulières que nous avons traitées dans nos articles [1] et dans nos livres [2], nous indiquerons, de manière générale, la façon dont nous cherchons à orienter nos recherches sociologiques.

Le premier caractère de la méthode que nous nous efforçons de suivre est l'objectivité. Quand les hommes commencent à étudier scientifiquement un ordre de faits qui jusqu'alors n'étaient pas l'objet d'une science, ils ne le font pas sans avoir au préalable une idée de ces faits qui leur vient de leur pratique quotidienne, et, comme cette idée est évidemment plus proche d'eux et plus à leur portée, la représentation qu'ils se font plus ou moins confusément de la réalité, tend par conséquent à remplacer cette réalité.

La réflexion scientifique s'applique directement à ce concept au lieu de s'appliquer aux choses qu'il représente. Toutes les sciences, à leur début, traversent une phase qu'on pourrait appeler idéologique, dans laquelle elles s'attachent à analyser les idées qui se sont formées sans elles et que les savants trouvent en grande partie formées dans les esprits au lieu d'examiner directement les choses et à partir de là, de constituer de nouvelles idées qui en soient la traduction exacte.

---

1. Cf. en particulier les articles publiés depuis dix ans environ dans la *Revue philosophique*.
2. *De la division du travail social* et *Les Règles de la méthode sociologique*, Paris, Alcan.

C'est ainsi par exemple que la physique, à ses débuts, essaie de connaître les notions courantes de chaleur et de froid, de poids, de liquide et de solide, les décompose et les compare, beaucoup plus qu'elle ne cherche les rapports selon lesquels ses objectivations se rattachent aux faits dont ces représentations informes dérivent.

Non seulement la sociologie devait passer par cette phase initiale, mais elle devait, en vertu de sa nature même, s'y attarder beaucoup plus longtemps que les autres sciences. En effet les faits sociaux sont des réalisations humaines : ils sont un produit de l'intelligence et de la volonté humaines. Ils ne semblent pas à première vue pouvoir être autre chose que l'exposition des idées, innées ou non, que nous portons en nous, et leur application aux différents cas de la vie. L'organisation de la famille, du contrat, de l'État, de la religion apparaît ainsi comme un simple prolongement de l'idée que nous nous faisons de la religion, de l'État, de la famille, etc.

Ces idées semblent donc être l'essentiel, puisque c'est d'elles que dérivent les différentes organisations, et l'œuvre du sociologue – considérée de ce point de vue – consiste beaucoup moins à observer les détails des phénomènes qu'à découvrir ces idées génératrices qui contiennent en elles, au moins en germe, toutes les formations sociales.

Ainsi la sociologie n'a pas encore dépassé ce stade. C'est en vain que Comte et Spencer ont proclamé que les faits sociaux sont des faits de nature, que les sciences sociales sont des sciences naturelles. Quand, sortant des généralités, ils ont appliqué leurs principes, ils sont revenus à la conception et à la méthode anciennes. Pour Comte, l'évolution sociale consiste en la réalisation de l'idée d'humanité, pour Spencer, la société n'est que la réalisation de l'idée de coopération : pour les économistes, toutes les lois économiques ne sont que des corollaires bien déduits de l'idée d'utilité ; pour les moralistes, la vie morale n'est que le développement d'une même idée fondamentale que les utilitaristes et leurs adversaires ne comprennent pas de la même manière, mais qui, pour eux comme pour les autres, constitue toute l'éthique, alors que le système des préceptes particuliers, des règles juridico-morales ne serait que cette idée appliquée différemment selon les cas.

Le résultat de cette pratique est que la sociologie est restée essentiellement subjective,

Comment pourrait-il en être différemment ? Ces concepts courants sont nécessairement grossiers, puisqu'ils se sont formés jour après jour, au cours de l'expérience quotidienne, sans méthode et sans critique. Ils expriment les choses exactement comme la sensibilité nous les montre, comme il nous est utile de nous les représenter pour pouvoir nous adapter sans douleur et non comme elles sont. Ce n'est donc pas en les méditant qu'on pourra arriver à découvrir les lois de la réalité. Ils ne constituent pas non plus des catégories assez déterminées pour offrir une base définitive à l'analyse scientifique. Essentiellement élastiques, comme tous les états mentaux permanents, ils changent de forme selon nos désirs et selon nos préjugés. Selon notre humeur, selon le parti auquel nous appartenons, nous en traçons les limites : nous faisons de l'essentiel une chose secondaire et inversement. Que peut une science dont les prémisses sont, sous ces différents rapports, personnelles ?

En outre la façon dont elles sont élaborées n'est pas moins subjective. En effet si les événements sociaux – quand ils sont normaux – ne sont que le développement logique de certains concepts permettant de les connaître et de les exprimer, il n'est pas nécessaire de les observer, mais il suffit de chercher mentalement, par déduction, quelles conséquences logiques sont impliquées dans ces notions cardinales. Si l'évolution historique n'est que l'idée d'humanité se réalisant au cours du temps, on n'a qu'à émettre cette idée et la développer logiquement pour obtenir les lois de l'histoire. C'est ce qu'a fait Comte. Si la société n'est que l'idée de coopération incarnée, on n'a qu'à définir ce qu'on entend par coopération, les différentes formes qu'elle peut prendre, pour en déduire tous les types sociaux possibles dans le présent, dans le passé et dans l'avenir. C'est au fond ce qu'a fait Spencer. Or la déduction – à elle seule – ne peut donner que des résultats subjectifs. Opération tout intérieure, elle est trop intimement liée aux sentiments, aux habitudes et au caractère du sujet qui la fait, pour ne pas en subir l'influence et, par conséquent, pour ne pas en porter la marque. Ainsi, ce qui paraissait rigoureusement déduit à l'un semble faux à l'autre. Il n'y a qu'un moyen pour mettre les esprits d'accord, c'est de les soumettre au contrôle constant des choses. Mais pour faire cela, il faut bien se pénétrer de cette vérité que les faits sociaux sont des choses. Or c'est précisément ce sentiment qui fait défaut aux sociologues.

L'objectif principal de nos efforts a été précisément de permettre à la sociologie de dépasser ce stade inférieur pour la faire accéder au rang d'une science véritablement objective. C'est pourquoi, au lieu de partir de tel ou tel état mental pour arriver aux phénomènes sociaux, nous avons considéré ces phénomènes eux-mêmes comme point de départ et comme objet immédiat de la science, sans nous soucier de savoir s'ils exprimaient ou non une idée, ou telle idée plutôt que telle autre. Ainsi, au lieu de nous perdre dans les discussions traditionnelles pour décider, à première vue, si l'éthique dérive de l'idée d'utilité ou d'une autre, nous avons fait porter directement nos études sur les faits concrets de la vie morale, sur cette multitude de préceptes particuliers qui sont inscrits, les uns dans le code, les autres seulement dans la conscience populaire, et qui déterminent nos différents devoirs dans les différentes circonstances de la vie. Nous les avons classés selon leur ressemblance externe, et nous avons cherché les lois qui expliquent les groupes ainsi constitués [1].

Ayant traité de la religion dans un cours encore inédit, nous n'avons pas commencé par nous demander ce qu'est l'idée religieuse et le sentiment religieux, mais nous avons étudié les différentes religions qui ont existé et existent encore, nous les avons comparées, nous avons mis en relief leurs caractères communs et nous avons ainsi pu déterminer en quoi consiste objectivement le phénomène religieux. C'est sur la *chose* ainsi définie que nous avons fait porter notre analyse.

---

1. Cf. *De la division du travail social*, Introduction.

Nous avons fait de même avec les délits et les peines [1] pour l'étude de la responsabilité. Ce que nous avons étudié n'est pas l'idée que les hommes se sont fait et se font de la responsabilité, mais la responsabilité elle-même, l'institution sociale que nous nommons ainsi, indépendamment du concept qu'ont pu s'en faire les peuples et les individus. Non seulement nous considérons ainsi les faits sociaux de l'extérieur, comme des choses, mais encore nous nous efforçons de les montrer sous les aspects où ils présentent le plus ce caractère de choses, et, par conséquent, nous laissons le moins de place possible à l'impression personnelle et aux appréciations subjectives. Ainsi le droit présente un degré de détermination et par conséquent d'objectivité que n'ont pas les maximes de la morale courante : aussi, autant que cela est possible, est-ce à travers leurs expressions juridiques que nous avons étudié les phénomènes moraux [2].

Quand cette manifestation venait à manquer, nous en avons créé d'autres, qui, sans avoir le même degré d'objectivité, permettent néanmoins une observation impersonnelle. Par exemple, les domaines de la morale qui ne reçoivent pas de forme juridique peuvent être étudiés à l'aide des maximes populaires, des aphorismes, des doctrines, etc. En considérant de cette manière les phénomènes sociaux, nous ne faisons que leur appliquer les principes les plus généraux et les

---

1. Cf. *De la division du travail*, livre I, chap. II.
2. C'est ainsi que nous avons étudié la solidarité sociale, ses différentes formes et son développement historique (cf. *De la division du travail social*, livre I).

plus essentiels de la méthode que l'on applique aux autres sciences de la nature. En effet, ce que les physiciens, les chimistes, les biologistes étudient n'est pas l'idée que se font les hommes des phénomènes physiques, chimiques et biologiques, mais ce que sont ces phénomènes eux-mêmes, comme ils existent objectivement, indépendamment. Pour les phénomènes sociaux il faut choisir : ou les mettre résolument hors de la nature, c'est-à-dire admettre qu'ils ne sont pas soumis à la loi de causalité et constituent un monde à part dans le monde, ou procéder avec eux comme pour les autres phénomènes naturels. Mais il ne faut plus, à la suite de Comte et de Spencer, déclarer d'un côté qu'ils sont soumis aux lois générales de l'univers et ensuite les traiter comme s'ils n'avaient qu'une demi-réalité.

On nous dira que le règne social se distingue des autres par son caractère spécifique : en tant qu'œuvre humaine, il est le produit d'idées et de sentiments, et il est donc possible de rechercher quels sont les sentiments et les idées qu'il exprime. Mais, à supposer qu'il constitue seulement le développement logique de certaines notions, celles-ci ne s'offrent pas directement à l'observation. On ne peut les découvrir qu'à travers la réalité des phénomènes qui les révèle ; c'est donc de cette réalité qu'il faut partir, puisque les savants, à ce point de leur recherche, ne peuvent découvrir rien d'autre. Par exemple, ce qui constitue le donné immédiat de la science des mœurs n'est pas telle ou telle conception de l'idéal de moralité en général, ce n'est pas l'idée abstraite de richesse ou de valeur mais tout l'ensemble de l'organisation économique. C'est donc sur les détails que doit porter la réflexion du savant, puisque pour lui c'est tout le réel, et puisque c'est seulement à mesure qu'il avance dans ce travail qu'il pourra voir si les faits qu'il étudie dérivent vraiment d'un état mental, et dans ce cas de quel état mental ils dérivent.

Ce qui forme en définitive le principal obstacle à l'utilisation de cette méthode, c'est un préjugé qui, sous le voile du spiritualisme, est imprégné d'un matérialisme grossier. On répugne à admettre que les faits sociaux sont des choses et doivent être étudiés comme telles, parce qu'ils sont immatériels et qu'une telle assimilation semble les rabaisser, en leur prêtant une espèce de consistance et de solidité que nous n'attribuons ordinairement qu'aux objets. Mais d'autres faits de morphologie sociale s'inscrivent dans l'espace et consistent en arrangements stables et définis. Pourquoi alors n'admettre comme réalités objectives que celles qui ont une forme et une figure ? En quoi les pratiques juridiques, morales, économiques, pédagogiques, etc., sont-elles moins des choses que les mouvements qui constituent pour le physicien et le physiologue l'objet de leurs études ? Ne sont-elles pas, elles aussi, faites de mouvements et même de mouvements parvenus à un certain degré de consolidation ? Enfin si on pose que tout ce qui a une nature déterminée, indépendante des sujets qui la composent, est une chose, on voit que les faits sociaux ont cette qualité distinctive au plus haut point. En effet, ce qui prouve l'existence de cette nature est la résistance que la chose nous oppose quand nous essayons de la modifier, puisque, par ce moyen, elle s'affirme comme distincte de nous. Or non seulement nous ne pouvons pas créer ou changer à notre guise les constitutions sociales, mais ce sont elles qui s'imposent à nous. Non seulement elles ne nous obéissent pas à volonté, mais ce sont elles plutôt qui nous commandent. Ce qui caractérise en effet les faits sociaux, c'est la force impérative qu'ils possèdent, l'action coercitive qu'ils exercent et sont susceptibles d'exercer sur nous [1]. Nous sommes tenus de nous conformer aux règles du droit et de la morale, loin de pouvoir en disposer à notre guise, et si nous essayons de les violer, elles réagissent contre nous pour annuler ou neutraliser nos actions. De même, nous ne pouvons modifier à notre gré les conventions de notre monde, les usages de nos professions, la langue de notre pays, le système monétaire qui sert à nos échanges, etc. Ce n'est pas nous qui forgeons selon notre bon plaisir les faits sociaux, mais ce sont eux qui nous font à leur image. Il n'y a donc pas de réalité plus résistante et par conséquent plus objective.

Or la pratique de cette méthode n'a pas seulement pour effet d'introduire dans la sociologie plus de rigueur et de précision ; c'est l'esprit même de la science qui s'en trouve modifié. Ce principe une fois admis, les problèmes ne se posent plus de la même façon et leur solution ne se cherche plus de la même manière. Si les faits sociaux ne sont que des idées objectives, les expliquer revient à faire voir quelles idées elles expriment. Le savant possède donc en lui tous les éléments nécessaires à son explication, et il n'a alors pas besoin de sortir de lui-même pour faire de la science. Il n'a qu'à réfléchir intérieurement pour

---

1. *Les Règles de la méthode sociologique*, chap. I.

trouver, parmi les mobiles qui règlent sa conduite, quel est celui qui est le plus proche du fait qu'il veut expliquer. Aussi les théories sociologiques s'improvisent-elles ordinairement avec une facilité et une rapidité que ne connaissent pas les autres sciences.

Il est extrêmement rare qu'un sociologue s'arrête devant un phénomène, en déclarant qu'il ne peut ni le comprendre ni l'expliquer. Il est toujours possible de trouver une raison. Il semble que dans ce genre de matière, il ne puisse y avoir rien de mystérieux ni d'obscur, et que, pour comprendre ces faits humains, il suffise d'être un homme et d'avoir quelque connaissance des hommes. Par une conséquence naturelle ces explications faciles sont extrêmement simples puisque rien n'est plus simple que le mobile que la conscience découvre ainsi directement. C'est ainsi qu'on a cru expliquer l'institution juridique de la paternité par les sentiments réciproques des parents et des enfants, le mariage par la jalousie sexuelle, la religion par la peur de la mort et des grandes forces de la nature, la société par l'idée de coopération, etc. Mais tout est différent si les faits sociaux sont considérés comme des choses : ils ont alors une nature propre et la seule façon de les connaître est donc de les pénétrer. C'est vers l'extérieur que notre attention doit se porter, parce que c'est à l'extérieur qu'ils existent. Il faut les décrire, les classer, les comparer, les étudier de toutes les façons pour pénétrer leurs secrets. La réalité sociale – du moment qu'on a le sentiment que c'est une véritable réalité – n'est pas moins difficile à pénétrer que les autres, puisqu'elle n'est pas moins extérieure et que le savant doit garder à l'esprit la même réserve, la même attitude que devant les autres réalités. On peut même affirmer que sa complexité est plus grande, et c'est pour cela que le simplisme des explications que nous venons d'évoquer a de tout autres aspects. Du même point de vue, on ne peut plus admettre qu'on connaît un fait social simplement parce qu'on a fait voir qu'il sert à quelque chose, puisque l'existence d'une *chose* n'est pas intelligible uniquement par le fait qu'elle est utile. L'intérêt qu'elle présente ne suffit pas à la faire sortir du néant. Elle ne peut pas être née de rien, donc, pour l'expliquer, il faut chercher de quelles autres choses elle résulte, quelles sont les forces qui ont engendré cette force. La recherche des causes efficientes prend ainsi en sociologie la place et l'importance qu'elle a dans les autres sciences, alors que jusqu'à présent ce sont les considérations téléologiques qui ont presque exclusivement prévalu. Mais si nous considérons les faits sociaux comme des choses, c'est comme des *choses sociales*. Et c'est un autre caractère, non moins fondamental, de notre méthode, que d'être essentiellement sociologique. Alors que d'une manière générale les sociologues n'ont vu dans les faits sociaux que des faits psychiques dérivés, c'est-à-dire agrandis et généralisés, nous avons établi qu'entre les premiers et les seconds, il y a une ligne de démarcation analogue à celle qui sépare le règne biologique du règne minéral, et nous avons posé comme règle qu'un phénomène social *ne peut être produit que par un autre phénomène social*. Pour démontrer cette assertion, nous avons d'abord montré que le développement historique est inexplicable par les mouvements purement individuels, c'est-à-dire purement psychiques, que c'est hors de l'individu dans le milieu qui l'entoure, et par conséquent dans son milieu social qu'il convient de chercher la cause de l'évolution sociale [1]. Puis, considérant les faits sociaux en eux-mêmes et d'une manière générale, nous avons trouvé que les propriétés qui les caractérisent sont irréductibles à celles des phénomènes psychologiques [2]. En effet, comme nous l'avons brièvement montré plus haut, ce qui distingue les phénomènes sociaux, c'est la force impérative par laquelle ils s'imposent à nous. Ils consistent en une manière de penser, d'agir, de sentir, à laquelle nous sommes obligés de nous conformer. Si donc ils exercent une telle pression sur les consciences individuelles, c'est qu'ils ne sont pas dérivés et, partant, la sociologie n'est pas un corollaire de la psychologie. Mais ce pouvoir contraignant dont ils possèdent le privilège montre qu'ils dérivent de quelque chose qui est d'une nature supérieure à la nôtre et, pour cette raison, différente. Ce n'est pas de l'individu que peut émaner cette autorité devant laquelle il s'incline ; elle ne peut être que le produit de forces qui le dépassent et qui, par conséquent, ne peuvent être dérivées. Enfin, nous avons vérifié cette règle par l'application même que nous en avons faite, en expliquant par des causes purement sociales les faits sociaux les plus essentiels, comme le progrès de la personnalité individuelle, celui de la division du travail social et les transformations juridiques et morales qui en dérivent, etc. [3]. Il reste, il est vrai, l'objection traditionnelle – si chère, en vérité, aux

---

1. Cf. *De la division du travail social*, livre I, chap. I.
2. *Les Règles de la méthode sociologique*, chap. I et VI.
3. *De la division du travail social*, livre II, chap. II-VI.

économistes – en vertu de laquelle la vie sociale ne peut être qu'une forme de la vie psychique, puisque la société ne comprend que des individus. Mais on oublie ainsi que le tout n'est pas identique à la somme de ses parties, surtout quand celles-ci ne sont pas seulement extérieurement superposées, mais sont étroitement associées. Il n'y a, certes, dans la société que des consciences individuelles : mais, au lieu de rester extérieures les unes aux autres, elles sont étroitement unies et fondues ensemble. De cette pénétration réciproque d'actions et de réactions, qui par la suite deviennent interchangeables, naît un nouvel ordre de faits dont les propriétés sont indépendantes des éléments qui la composent : c'est le règne social. C'est ainsi que, bien que les cellules vivantes ne contiennent que des molécules inorganiques, les propriétés caractéristiques de la vie ne sont pas directement réductibles à celles des phénomènes physico-chimiques. Les premières seraient certainement impossibles sans les secondes ; de la même façon la vie sociale suppose la vie psychique, mais elle est autre chose.

Ainsi se trouve écartée la seule raison sérieuse qui s'oppose à la méthode objective en sociologie. En effet, la répugnance que certains éprouvent à voir les faits sociaux assimilés à des choses tient, en partie, à la façon dont cette proposition était comprise.

Les sociologues qui, les premiers, ont proclamé que la sociologie est une science naturelle comme les autres, ont été naturellement conduits à insister surtout sur les ressemblances qui existent entre les faits sociaux et les autres faits naturels, et c'est sur cette ressemblance qu'ils ont fondé leur théorie.

On a pu croire ainsi que le règne social ne pouvait être l'objet d'une science positive qu'à condition d'être dénudé de sa nature propre et de ses propriétés spécifiques. N'a-t-on pas vu récemment une école qui se pique de rigueur scientifique, affirmer qu'un fait aussi éminemment social que le crime pouvait être le produit de certaines particularités psychologiques et anatomiques ? Mais pour quiconque a le sens de la réalité, de sa richesse et de sa complexité, une telle conception est inadmissible, puisqu'en revenant au simple elle nie l'ensemble, et ne tient pas compte des différences qui séparent les différents points de la réalité. Tout autre est la méthode scientifique dont nous avons évoqué les principes. Elle laisse à la vie sociale sa physionomie distincte, sans la placer pour cela hors de la nature et de la science.

De notre point de vue, traiter les faits objectivement ne revient pas à les dépouiller de toute originalité, pour les confondre avec ceux des autres règnes ; c'est au contraire chercher à les comprendre dans ce qu'ils ont de plus caractéristique. Ce n'est pas leur appliquer de force les procédés et les formules qui, n'ayant pas été trouvés à cette occasion, ne leur conviendraient pas exactement ; c'est instituer spécialement pour eux un système de recherche qui permet d'exprimer leur nature spéciale dans un langage intelligible. Ainsi pratiquée, la sociologie n'est plus une simple adjonction ou une répétition d'autres sciences positives, elle devient une science distincte et autonome, dans les limites qu'une science peut et doit avoir.

Ce progrès est peut-être le plus important qu'il lui reste à faire. Quand une science est seulement en voie de formation, il est naturel que, pour la former, on se serve de modèles qui existent déjà, c'est-à-dire de sciences déjà formées. Il y a eu des expériences déjà faites, qu'il serait absurde de ne pas mettre à profit. Et c'est pour cela qu'il y a des sciences qui ne commencent qu'en se mettant à la remorque de sciences plus anciennes. On ne peut les considérer comme définitivement constituées que quand elles se sont libérées de toute tutelle et qu'elles se sont orientées dans un sens propre, quand, en un mot, elles ont acquis une physionomie propre et indépendante.

Car elles n'ont de raison d'être que dans le cas où les faits qu'elles étudient sont distincts de ceux qu'étudient les autres sciences. Or il est impossible que les mêmes notions et les mêmes procédés puissent convenir également à des choses de nature différente. C'est à ce point de son développement qu'est parvenue la sociologie. Les efforts principaux du sociologue doivent tendre actuellement à chercher, parmi les faits sociaux, quels sont ceux dont la vie collective, dans son ensemble, dépend plus particulièrement, puisque ce sont eux qui doivent ainsi jouer un rôle – le plus important – dans les explications sociologiques. Jusqu'à présent, nous avons rencontré deux ordres de faits qui nous ont semblé répondre de façon remarquable à cette condition : la somme des sociétés, c'est-à-dire le nombre de ses unités sociales, et le degré de concentration de la masse, ou ce que nous avons appelé la *densité* dynamique [1]. Ils nous ont, en effet,

---

1. *Les Règles de la méthode sociologique*, chap. V, p. 3 et *De la division du travail social*, chap. II *sqq*.

servi à résoudre un grand nombre de problèmes particuliers. Mais il ne faut pas que nous considérions cette liste comme définitivement arrêtée. Nous n'avons pas la prétention d'avoir découvert la formule de l'évolution sociale, à supposer que cette formule existe. Nous nous contentons seulement d'indiquer la façon dont nos recherches ont été faites ainsi que leur résultat.

Conclusion

De tout ce que nous avons exposé, il se dégage une conclusion générale.

Si la France a été l'un des premiers pays où l'on a cherché à soumettre les faits sociaux à la réflexion scientifique, on a pu cependant reprocher à ses savants, au moins pendant longtemps, de n'avoir mené à terme leur entreprise qu'en faisant violence à la réalité. En effet, notre esprit national, épris de clarté, a une affinité naturelle avec tout ce qui est simple et, pour cette raison, en arrive à ne pas vouloir admettre la complexité, même là où elle existe. Il en résulte que, dans l'étude des sociétés, nous avons concentré toute notre attention sur les éléments simples dont elles sont formées, c'est-à-dire sur l'individu, et nous avons essayé d'y ramener le reste ; nous avons été ainsi conduits à ne voir dans l'être collectif qu'une pluralité, une simple répétition de l'individu.

Dans ces conditions, tous les problèmes sociologiques consistaient à chercher comment ces individus peuvent exister sans se gêner mutuellement ou en se gênant le moins possible. Tel est, en effet, le caractère de la philosophie politique du XVIIIe siècle qui, jusqu'à une époque très récente, a été aussi la nôtre. Or, malgré leurs divergences, toutes les doctrines sociologiques dont il est question s'accordent sur un point : elles constituent une réaction et une protestation contre cette conception simpliste des faits sociaux. Tout le monde reconnaît que la société ne consiste pas simplement en une limitation des individus les uns par les autres, mais qu'elle a des fins positives qui lui sont propres, qui dépassent donc les fins individuelles. Tout le monde comprend que la réalité sociale n'est pas une chose aussi simple, mais qu'au contraire elle a des secrets et des profondeurs que les penseurs du siècle dernier ne soupçonnaient pas. L'idée contraire n'a certes pas disparu. Elle persiste encore dans certains milieux, en particulier chez les économistes orthodoxes qui sont toujours nombreux et puissants, et chez leurs disciples ; nos facultés de droit sont leur dernier asile [1].

Il n'en est pas moins certain qu'elle perd chaque jour du terrain. On peut dire qu'elle recule au fur et à mesure que la sociologie avance. Il y a dans l'état d'esprit actuel un changement d'orientation extrême-

---

1. Voilà pourquoi les juristes ne créent pas un groupe spécial de sociologues à côté de ceux que nous avons passés en revue, bien que la nature sociale de leurs études semble les prédestiner à fournir à notre science d'importantes ressources. Mais les esprits juridiques se sont montrés jusqu'à présent hostiles à la sociologie. Ajoutons cependant que cette résistance est quelque peu ébranlée : parmi nos jeunes professeurs de droit, il y en a plusieurs qui professent les idées modernes et leur nombre va toujours croissant.

ment important que représentent précisément les différentes doctrines que nous avons énumérées.

Ce changement n'a pas seulement un intérêt national, mais il a aussi des conséquences d'intérêt général. Cette conception de l'existence collective n'est certes pas entièrement neuve. Elle est populaire en Allemagne, en particulier auprès des économistes. Les Allemands ont toujours pensé très profondément qu'il y a une espèce d'hétérogénéité entre les individus et la société et que la vie sociale ne peut pas être enfermée dans les formules simplistes qui enthousiasmèrent nos pères. Mais ce même sentiment se présente chez nous actuellement sous une forme particulière. Si l'esprit allemand est plus sensible que le nôtre à ce qu'il y a de complexe dans les choses sociales, en revanche, comme il est médiocrement analytique, il lui a semblé très difficile sinon impossible de soumettre entièrement à l'analyse scientifique une réalité aussi compliquée ; c'est pourquoi de cette complexité des faits sociaux il a volontiers conclu à leur inintelligibilité au moins partielle. Telle est, on le sait bien, la théorie des « socialistes de la chaire » allemands.

Non seulement la science du siècle dernier leur semble un peu truquée (ce qui est vrai), mais ils affirment que la société ne peut être l'objet que d'une semi-science, d'une pseudo-science, où il n'y a pas de lois au sens strict du mot, mais seulement des généralités approximatives, sujettes à toutes sortes d'exceptions[1]. L'esprit français, au contraire, bien qu'il ait

---

1. Les Allemands expriment cette idée en disant qu'il n'existe pas pour les faits sociaux de *Gesetze* (lois) mais seulement une *Gesetzmässigkeit* (régularité).

embrassé les idées nouvelles dont nous avons parlé, est resté ce qu'il a toujours été, profondément rationaliste. Nous sommes malgré tout restés fidèles à la loi cartésienne en vertu de laquelle l'univers intelligible peut être traduit entièrement en symboles scientifiques. Nous avons seulement reconnu la nécessité – en ce qui concerne les faits sociaux – d'élargir les symboles dont jusqu'à présent nous nous sommes contentés, avec l'idée que même s'ils sont moins rigoureux, ils sont mieux adaptés à la réalité qu'ils doivent exprimer, mais nous n'avons pas renoncé à les découvrir. Nous sommes convaincus qu'ils existent, et nous les cherchons avec confiance.

On voit comment la coexistence de ces deux dispositions à l'intérieur d'un même esprit national intéresse l'avenir des études sociologiques. Une sociologie scientifique n'est possible qu'à ce prix ; elle suppose face à des phénomènes obscurs à expliquer, à la fois la conscience qu'ils sont assez complexes pour que le sociologue ne se laisse pas séduire par des explications trop faciles et trop claires, et un état d'esprit rationaliste qui permette de ne pas désespérer d'introduire de la clarté dans une telle obscurité. Et c'est pour cela que nous estimons que la France se trouve dans les conditions les plus favorables pour contribuer au progrès de la sociologie. On peut voir en effet, d'après ce que nous avons exposé, le nombre et l'importance des travaux qui sont publiés chaque jour et qui permettent d'espérer que la sociologie reposera désormais sur des bases rationnelles.

On peut trouver dans d'autres pays des études de détail plus importantes, des recueils de faits plus complets, mais nous ne croyons pas qu'ailleurs on ait fait un effort plus diversifié et plus intense pour trouver le moyen de soumettre ces faits à une analyse véritablement scientifique.

Du point de vue de la pratique, il est permis de croire que cette attitude intellectuelle aura des résultats utiles. La conception simpliste de l'ancienne philosophie sociale avait pour conséquence, dans ses applications, l'individualisme anarchique qui, pendant longtemps, a été notre credo. Inversement, le sentiment contraire prédispose à voir dans la société et dans l'État, je ne sais quelle puissance transcendante et mystique devant laquelle l'individu est anéanti, donnant lieu maintes fois à un socialisme autoritaire et violent. On peut espérer que, à mesure que les faits sociaux seront étudiés plus objectivement, on verra enfin se former une doctrine pratique qui, sans rechercher mystiquement un éclectisme vain et fluctuant, saura éviter les conclusions trop partiales et donnera à chaque élément de la réalité sociale le poids qui lui revient, en prenant pour guide, non pas la passion qui ne voit jamais qu'un aspect des choses, mais la science qui s'efforce de les connaître et de les étudier dans leur intégrité.

TABLE

Cinq questions à Florence Weber I
Introduction 7
Note sur cette édition 64

LES RÈGLES DE LA MÉTHODE SOCIOLOGIQUE

Préface de la première édition 67
Préface de la deuxième édition 73
Introduction 95

Chapitre premier. Qu'est-ce qu'un fait social ? ... 99
Chapitre II. Règles relatives à l'observation des faits sociaux 115
Chapitre III. Règles relatives à la distinction du normal et du pathologique 155
Chapitre IV. Règles relatives à la constitution des types sociaux 191
Chapitre V. Règles relatives à l'explication des faits sociaux 207

Chapitre VI. Règles relatives à l'administration
   de la preuve 251
Conclusion 271

Variantes 279
*Annexe : « L'état actuel des études sociologiques
en France » (1895)* 285

Cet ouvrage a été mis en pages par

<pixellence>

N° d'édition : L.01EHQN000973.N001
Dépôt légal : octobre 2017
Imprimé en Espagne par Novoprint (Barcelone)